ICE CYCLE

Poems about the Life of Ice

Maria Gianferrari
illustrated by Jieting Chen

Millbrook Press / Minneapolis

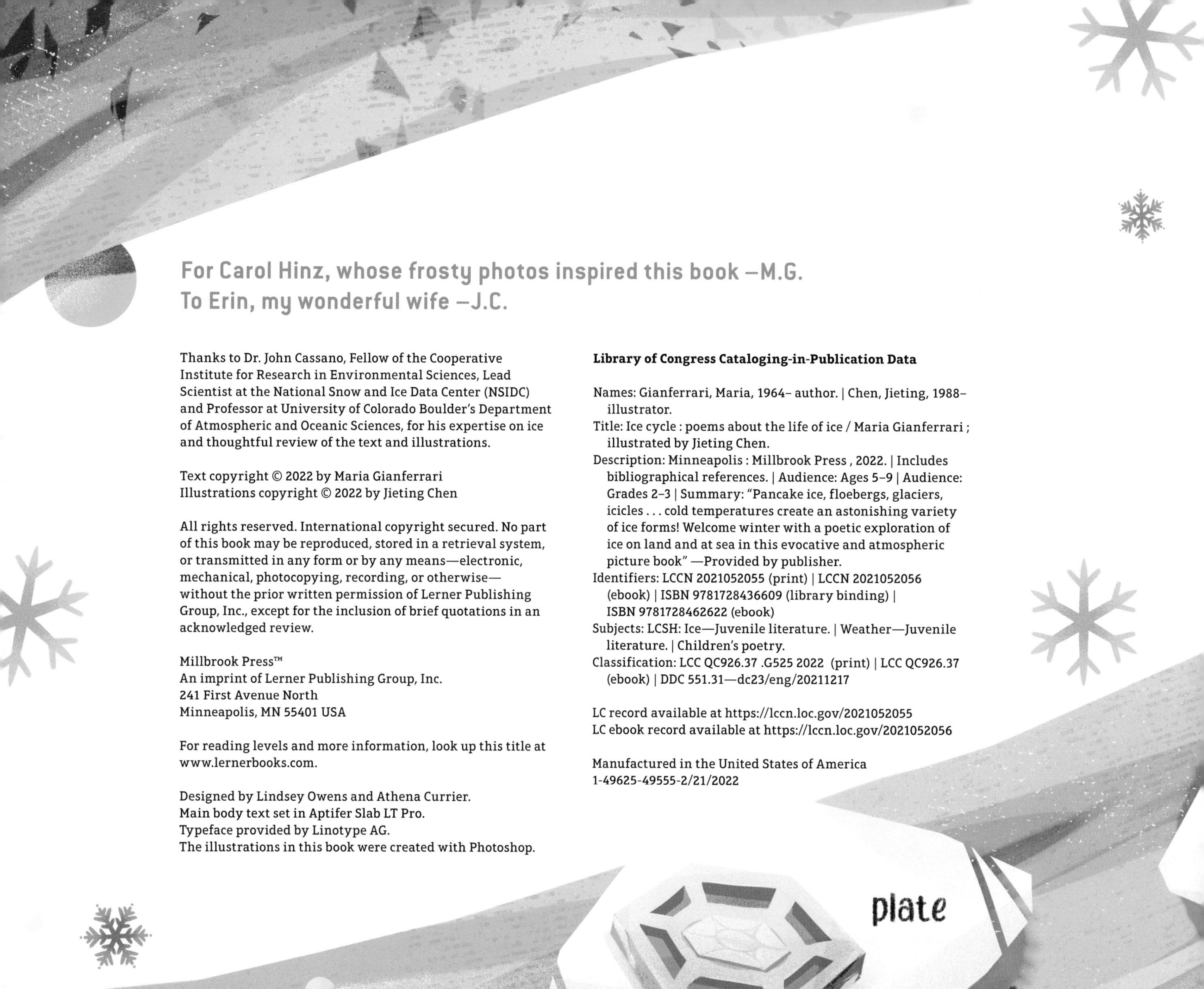

For Carol Hinz, whose frosty photos inspired this book —M.G.
To Erin, my wonderful wife —J.C.

Thanks to Dr. John Cassano, Fellow of the Cooperative Institute for Research in Environmental Sciences, Lead Scientist at the National Snow and Ice Data Center (NSIDC) and Professor at University of Colorado Boulder's Department of Atmospheric and Oceanic Sciences, for his expertise on ice and thoughtful review of the text and illustrations.

Millbrook Press™
An imprint of Lerner Publishing Group, Inc.
241 First Avenue North
Minneapolis, MN 55401 USA

For reading levels and more information, look up this title at www.lernerbooks.com.

Designed by Lindsey Owens and Athena Currier.
Main body text set in Aptifer Slab LT Pro.
Typeface provided by Linotype AG.
The illustrations in this book were created with Photoshop.

Library of Congress Cataloging-in-Publication Data

Names: Gianferrari, Maria, 1964– author. | Chen, Jieting, 1988– illustrator.
Title: Ice cycle : poems about the life of ice / Maria Gianferrari ; illustrated by Jieting Chen.
Description: Minneapolis : Millbrook Press , 2022. | Includes bibliographical references. | Audience: Ages 5–9 | Audience: Grades 2–3 | Summary: "Pancake ice, floebergs, glaciers, icicles . . . cold temperatures create an astonishing variety of ice forms! Welcome winter with a poetic exploration of ice on land and at sea in this evocative and atmospheric picture book" —Provided by publisher.
Identifiers: LCCN 2021052055 (print) | LCCN 2021052056 (ebook) | ISBN 9781728436609 (library binding) | ISBN 9781728462622 (ebook)
Subjects: LCSH: Ice—Juvenile literature. | Weather—Juvenile literature. | Children's poetry.
Classification: LCC QC926.37 .G525 2022 (print) | LCC QC926.37 (ebook) | DDC 551.31—dc23/eng/20211217

LC record available at https://lccn.loc.gov/2021052055
LC ebook record available at https://lccn.loc.gov/2021052056

Manufactured in the United States of America
1-49625-49555-2/21/2022

Ice Is Born

From freezing water,
Bonds settle into order.

Shapes unfold
Temperature and vapor mold.

Lattice facets
Crystals form habits.

Ice Grows

Frost ferns.
It swirls and curls.
Its fronds unfurl.
It binds and winds
Its feathery spines.

Frost fans
Forks
Flowers.

Ice Flows

Liquid water
Meets freezing air—

On wood,
Ice threads
Grow hairs.

In soil,
Ice spikes
Narrow needles.

On plants,
Ice petals
Form flowers.

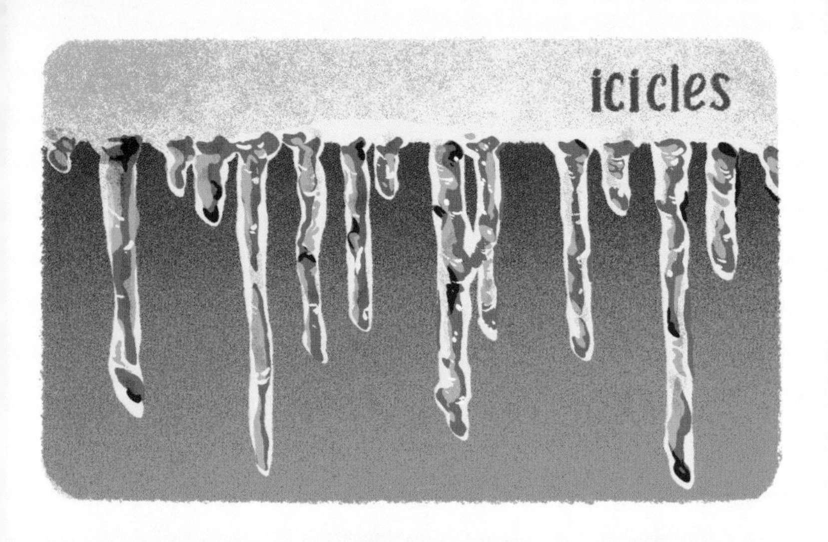

Ice Plays

Icicles shine,
Drip and drop.

Ice spikes launch,
Stick and prick.

Cat ice whorls
Swirl and twirl.

Brinicles sink,
Plume and bloom.

Pancake ice stacks
Smack and crack.

Shelf ice sweeps
Whip and dip.

Ice foot kicks.
Ice tongue licks.

Ice Speaks

Ice creaks and cracks.
Ice snarls and snaps.
Ice grumbles and mumbles.
Ice sings and pings:
Ring!
Boing!
Ding!

Ice on Land Meets . . .

Fields of freshwater ice form
When winter snows stay for summer,
Layer, spread, and s t r e t c h
As sheets.

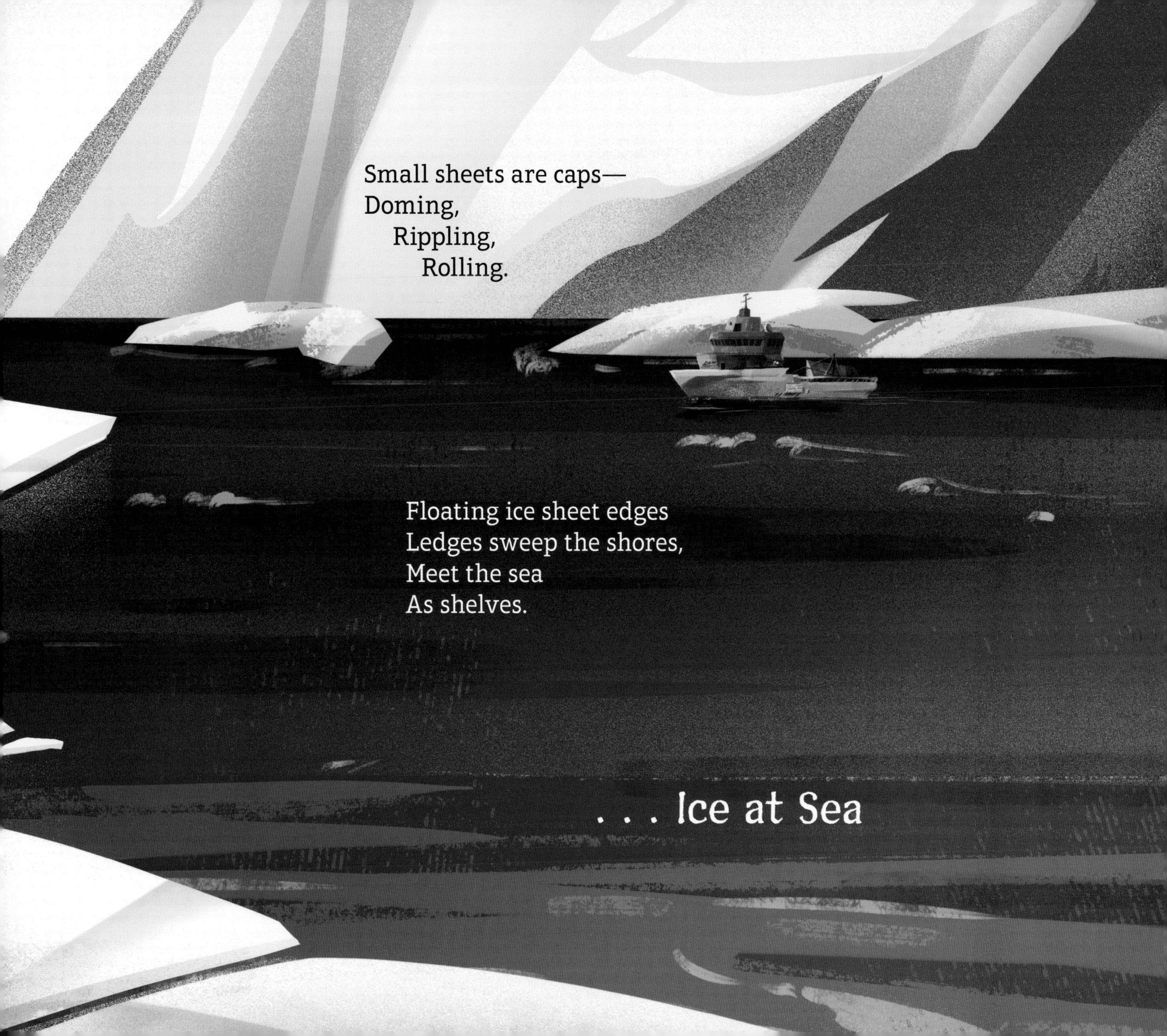

Small sheets are caps—
Doming,
Rippling,
Rolling.

Floating ice sheet edges
Ledges sweep the shores,
Meet the sea
As shelves.

. . . Ice at Sea

Sea Ice Is Born

Begin with
Frazil.
Needle crystals
Branch,
Shedding salt.

What comes next
Depends on wind
And waves—

Waters calm
And grease ice comes—
Looks like oil,
Thin sheets
Stretch
Become nilas,
First dark,
Then light
Rafting into
Congelation,
Then sheet ice.

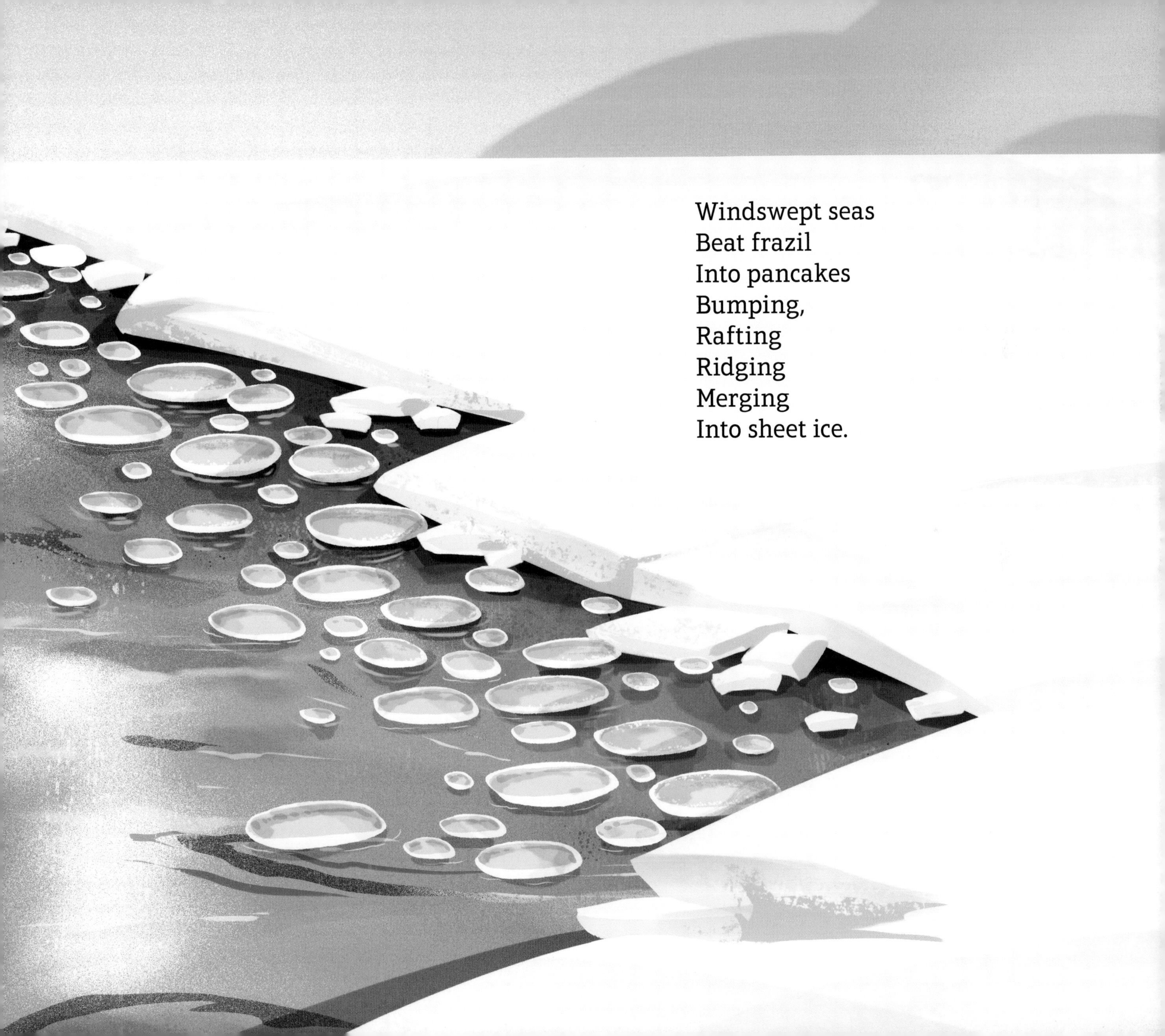

Windswept seas
Beat frazil
Into pancakes
Bumping,
Rafting
Ridging
Merging
Into sheet ice.

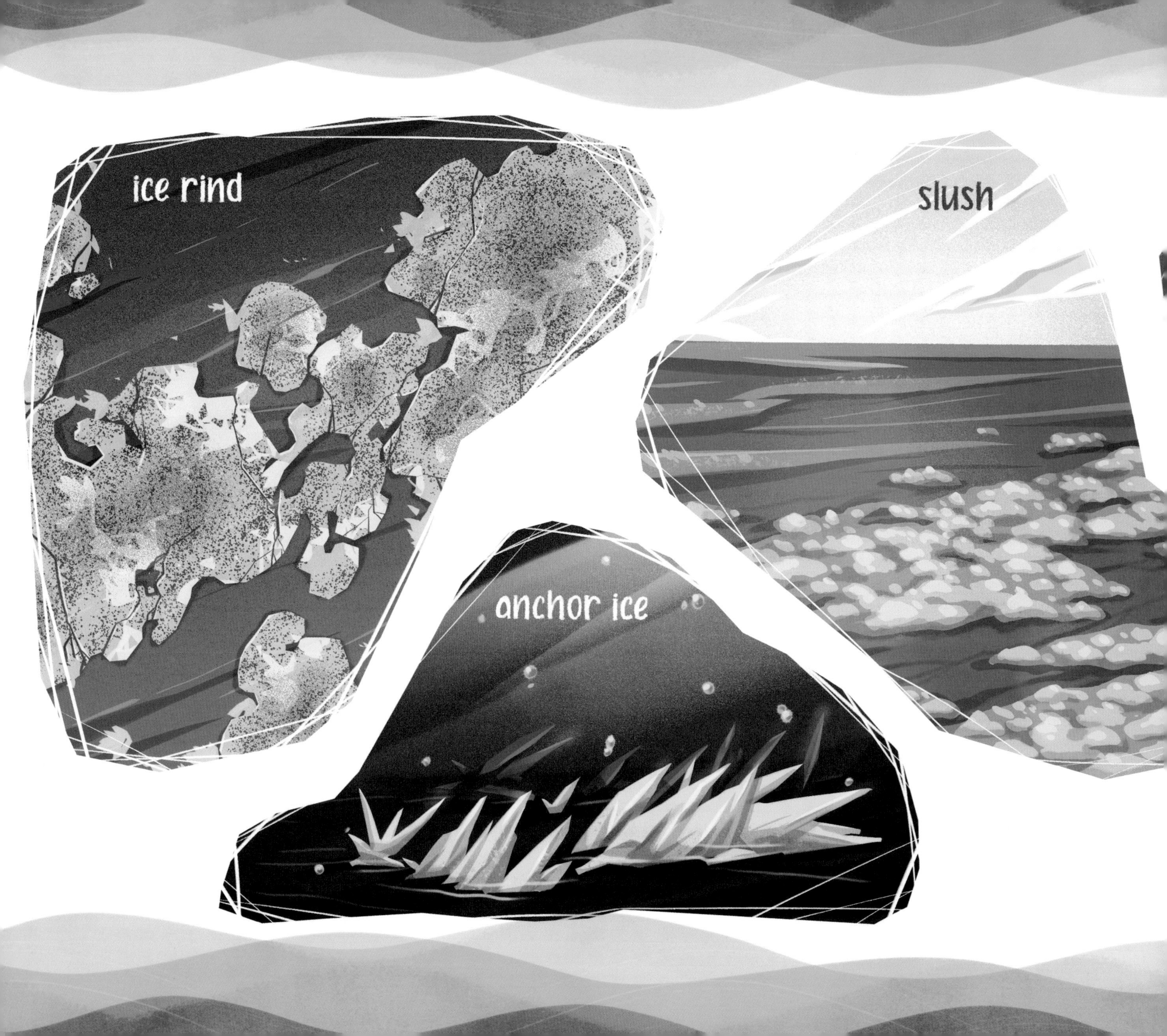
ice rind
slush
anchor ice

Sea Ice Sprouts

Into ice rind
Anchor
Slush
Shuga
Hummock
And bummock.

Sea Ice Flows

Floes float.

Floebergs glide,
Floebits ride.
Ice floes drift,
Floe edge shifts.

And Goes

Glaciers trail
Brash ice buoys
Pack ice sails
Icebergs crack
And calve *in half.*

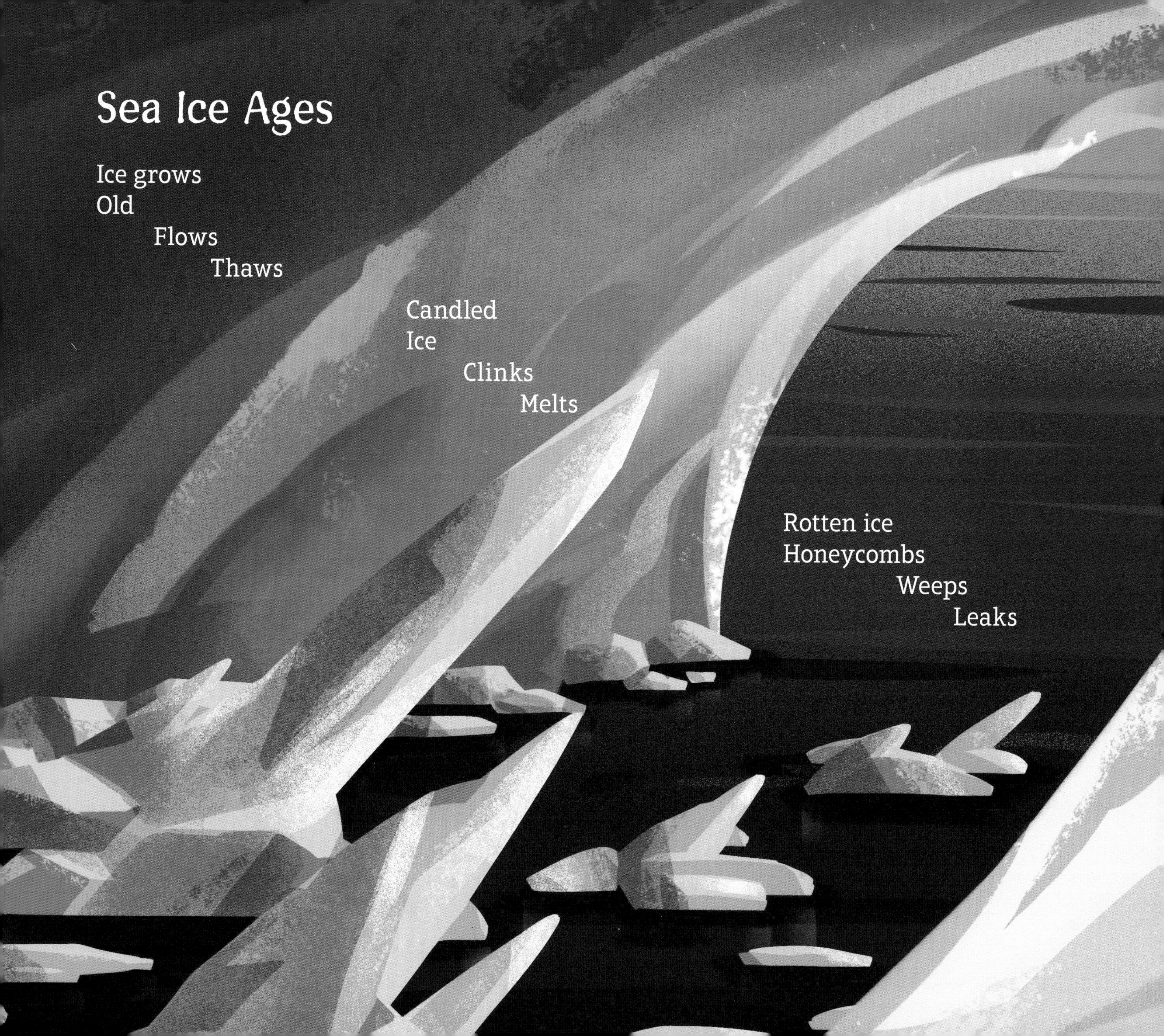

Sea Ice Ages

Ice grows
Old
Flows
Thaws

Candled
Ice
Clinks
Melts

Rotten ice
Honeycombs
Weeps
Leaks

Ebbs
And
O
o
z
e
s
And
Floods.

Temperatures rise
Ice dies . . .

Temperatures dive
Ice comes alive.

Then,
The ice cycle
Life cycle
Begins again.

sufragistas importantes, y desde entonces se había dormido en los laureles de la política. Su feminismo se basaba en organizar grupos de debate sobre «Las mujeres en Medicina» y «Las mujeres en Economía», siempre impartidos con un aire de asombro revolucionario, como si cualquier combinación de *mujeres* y *profesión* fuera todavía subversiva.

Nuestras habitaciones estaban en la primera planta del Ala de Primer Curso, un bloque de ladrillos octogonal construido en los setenta que destacaba al lado del edificio victoriano original por su extraordinaria y desacomplejada fealdad. Las habitaciones eran exactamente lo que uno se podría esperar de una institución que alojaba a cientos de jóvenes adultos: camas individuales, pequeños escritorios que parecían haber sido grapados a la pared y una moqueta lo suficientemente atrevida como para resistir ante cualquier cosa que pudiéramos arrojarle.

Oí a Eve antes de verla.

Mi habitación era pequeña, con una ventana que daba a un árbol y, a través de sus hojas, veías el aparcamiento.

—Hay mucha luz —dije.

Mi madre miró a su alrededor. En el reluciente folleto que había sobre la cama salían mujeres blancas y delgadas remando, otras que se reían en grupo, y otras sentadas en unas sillas con el respaldo alto frente a mesas con manteles blancos. Ese tipo de vida suntuosa era el que yo me había imaginado que tendría cuando me concedieron una beca para el Colegio Mayor Fairfax. Esta habitación, con su endeble carpintería y su cama sin hacer, con un colchón fino y poco prometedor, parecía ser parte de otra institución.

—Sí, bueno, es la típica residencia de estudiantes, ¿no? —contestó.

Me pregunté en qué lugar de la cultura pop se situaba esta *típica residencia*.

Abrió el armario y dentro había cinco perchas de plástico. En una colgó mi jersey azul marino de Fairfax. Una chica de pelo lacio que llevaba unas grandes perlas como pendientes nos lo había vendido en el patio antes de entrar en el edificio. Costó dieciocho dólares.

—¿Es obligatorio? —había preguntado mi madre.

La chica jugaba con un mechón de su pelo platino enrollado en el dedo, y me di cuenta de que llevaba ese mismo jersey azul marino sobre los hombros, como una capa.

—No es que sea un uniforme, pero se supone que debes llevarlo cuando representas a tu residencia.

—Como si fuera un uniforme —dijo mi madre.

—¿Qué?

Cuando mi madre le dio el dinero, le di las gracias en voz alta para que la chica no pensara que era una de esas adultas que siguen pretendiendo que sus madres les compren la ropa.

—No es nada —dijo mientras me miraba con una de esas medias sonrisas maternales, la cual resultaba exasperante por lo mucho que daba a entender—. El jersey lo pago yo, faltaría más.

Ahora ese jersey colgaba de la percha, y mi madre se dio la vuelta para mirarme.

—Escucha.

Vi su sonrisita, esa que solía preceder a un comentario malicioso, e hizo un movimiento con la cabeza para señalar la pared.

Me paré a escuchar. Alguien de la habitación de al lado estaba tocando la guitarra: dedos yendo de aquí para allá haciendo sonar acordes y una voz agradable por encima.

—Deberías ir y presentarte.

—Mamá, está tocando la guitarra.

—Ni que fuera la Orquesta Sinfónica de Sídney. —Volvía a tener esa sonrisa—. Puedes interrumpirla.

—No quiero interrumpirla.

—¿Por?

—Todos estamos deshaciendo las maletas; ella está improvisando una canción. Eso es mala señal.

—No sabes cuánto hace que ha llegado. Puede que ya haya terminado de deshacer sus maletas.

En ese momento no lo sabía, pero la mayoría de la gente había llegado antes que yo. La mayoría de los residentes del colegio, incluida la guitarrista de la puerta de al lado, eran de Sídney. Me sorprendió, porque pensaba que ellos ya tendrían otros sitios en los que vivir, probablemente con habitaciones mucho más grandes. Pero Fairfax no era «la típica residencia de estudiantes», era una comunidad, tal y como te lo ponían en ese reluciente folleto.

Mi madre y yo, en cambio, veníamos desde Canberra, habíamos salido justo a las ocho de la mañana. La cosa había durado, de hecho, dos días, ya que el día anterior nos lo pasamos haciendo maletas y peleándonos. Mi madre quería que metiera todo lo necesario para enfrentarme a cualquier tipo de imprevisto. Yo quería dar una imagen de indiferencia y despreocupación, lo cual implicaba que tenía que meter en la maleta lo mínimo posible para parecer que estaba por encima de las posesiones materiales, como si lo de ser materialista no fuera conmigo. Mi madre me pasaba de todo, desde unos calcetines térmicos hasta un gorro de ducha con un estampado estrambótico, y yo lo descartaba aludiendo que era «visiblemente ridículo» de una forma tan virulenta que me ponía en evidencia. Después nos sentamos a cenar, solo nosotras dos, y ambas nos enfrentamos a la situación con un aire de «esto se acaba». Yo solo sentía como una especie de depresión profunda y típica de colegiala, como la que te viene los domingos cuando sabes que tienes que acostarte pronto porque al día siguiente tienes cosas que hacer.

Mi madre empezó a deshacer una de mis dos maletas (consiguió que me llevara una segunda tras una dura negociación). Sacó *Middlemarch* (900 páginas de concesiones para mí) y lo puso sobre el escritorio. Lo cambié de sitio, como para hacerle notar que no estaba siendo de gran ayuda.

—¿Ahora qué te pasa? —preguntó.

—Nada.

—Dime, ¿qué?

—No quiero vivir al lado de una persona a la que le gusta tocar la guitarra a solas.

—No se escucha tanto. Y tú tienes el sueño profundo.

—No me preocupa el ruido. Me preocupa lo que eso dice de ella.

—Por Dios, Michaela, cómo te gusta juzgar a la gente. Tienes que darle una oportunidad primero. —Debió de notar que me sentía dolida, porque su expresión se suavizó—. ¿Lo que pasa es que no quieres ir a saludar mientras tu madre está por aquí? Porque yo me voy en nada.

—No te vayas todavía —dije en un tono que, de haber sido más alto, habría sonado como un lloriqueo. En lugar de eso, fue un susurro.

Mi madre pasó por encima de la maleta abierta y me abrazó.

—Vas a estar bien —dijo, y me dio un beso en la cabeza, lo que me dio ganas de llorar—. Harás amigos. Todo el mundo te quiere.

—Eso no es cierto —dije—. Tú me quieres.

—Vas a estar bien. La gente siempre nos acaba sorprendiendo.

En ese momento se oía más claramente cómo la chica de al lado cantaba. La guitarra ya no sonaba y solo se escuchaba «Mercedes Benz», de Janis Joplin, a través de la pared.

Mi madre se rio y noté cómo sus hombros se movían bajo mi barbilla mientras seguía abrazada a ella.

—Lo cierto es que sí suena bastante patética.

• • •

Recuerdo que la primera vez que vi a Eve ella estaba en un escenario y yo entre el público. Claro que, probablemente, ya la había visto antes. Estoy segura de que debimos intercambiar algunas palabras sobre algo trivial por los pasillos.

—¿Saliste anoche?

—Sí, ¿y tú?

—Sí. ¿Estuvo bien?

—Eso creo.

—¿Cómo acabaste?

—Pues algo perjudicada.

Este tipo de conversaciones se repetían varias veces al día, las participantes iban cambiando. Así que, a pesar de vivir en habitaciones contiguas, para finales de esa primera semana sabía tanto de Eve como de cualquier otra persona de la residencia. Es decir, nada.

Una de las cosas que ofrecía Fairfax —esa «comunidad» de la que tanto presumía— era la oportunidad de distinguirnos mediante la competencia con otros colegios mayores. Había torneos de deporte y premios culturales amorfos, lo que significaba que todo el abanico de posibilidades de llamar la atención se camuflaba bajo el lema de la autoexpresión: debatir, hacer teatro, hablar en público, cantar, bailar, dibujar.

Eve se apuntó a teatro para representar a nuestro colegio, y lo hizo con una pieza que tenía un título prometedor: «Lo que quieren las mujeres». El contenido, que se autoproclamaba feminista, solía agradar a los jueces, quienes estaban en busca de «voces diversas» y, al haber sido antiguos residentes, no solían buscar más allá de aquellos recién graduados que venían de las escuelas privadas de Sídney.

Una semana después de habernos mudado, nos pusimos nuestros jerséis azul marino de Fairfax y nos reunimos en el vestíbulo principal, donde escuchamos una serie de monólogos de gente que tenía un acento muy marcado. Casi todos los chicos hablaban con un acento *cockney* y todas las chicas parecían salidas de la mítica serie australiana *Kath and Kim*, con sus vocales cerradas hasta el extremo. Al menos así fue hasta que Eve subió al escenario. Fue como una estrella fugaz que se queda quieta o un cometa que va marcha atrás.

Empezó por subvertir la forma: un monólogo sin palabras.

Miró al público, impasible.

Suspiró.

Empezó a llorar. (Lágrimas de verdad, lo cual despertó un respeto algo reacio en el público).

Se secó las lágrimas con las manos y luego se secó estas con los pantalones. Las lágrimas dejaron pequeñas manchas en el azul de los tejanos.

Se desabrochó el pantalón.

No puede ser.

Su mano descendió.

El público estaba perturbado pero atento. La mitad eran chicos, la mayoría venían de colegios privados, habían crecido siguiendo a las modelos de Victoria's Secret en Instagram y se habían pasado la adolescencia infectando el ordenador familiar con todos los virus que pueden existir en los confines más recónditos de Pornhub. Muchos de ellos habían perdido la inocencia en una habitación de hostal, pero eso se mantenía en estricto secreto y no salía de los vestuarios. Aun así, no costaba mucho imaginárselo: unas literas, sus cabezas apoyadas en la pared, penes erguidos uno al lado del otro y pajas sincronizadas bajo la luz azulada de un único portátil que compartían todos. (Un portátil en vez de un iPod Touch porque, si hay algo que realmente puede evitar que los hombres de hoy en día pierdan su sentido de virilidad, es el tamaño de la pantalla).

La otra mitad éramos mujeres. Por supuesto, todas estábamos al día de las políticas de masturbación femenina. Fuentes fiables como las famosas del momento se habían encargado de informarnos: nuestra mano era nuestro nuevo novio. Una de las nuevas amigas que había conocido en la residencia, Portia, incluso me dijo que, en el último curso de primaria, el orientador había recomendado a las alumnas de doce años que practicaran frecuentemente la masturbación para aliviar el estrés. La escuela a la que había asistido Portia era una institución laica, cara y urbana. Uno de esos sitios a los que los ejecutivos publicitarios y los mánagers ricos del sector musical mandaban a sus hijos. Durante los musicales de los de último año, en los baños abundaba la cocaína, y durante los fines de semana, las familias se llevaban a sus labradores a las manifestaciones por el clima. Así que quizá la historia de Portia no era más que una muestra anecdótica de gran tolerancia, pero la cuestión seguía siendo la misma: todo era muy sano, muy moderno y muy impresionante. Pero solo hasta cierto punto. Un punto que no se había alcanzado hasta que la cara angular y cristalina de Eve Herbert Shaw apareció en el escenario, con una mano bien agarrada al asiento de su silla y la otra removiéndose en su entrepierna.

Eve expiraba con un gemido. El público inspiraba con ansiedad.

—Oh, sí —gritó mientras su cabeza temblaba por el placer.

—Oh, no —susurró el público mientras se tapaba la boca abierta con las manos.

Después, silencio.

—Acabo de correrme —anunció Eve, lo que desencadenó otra ola de susurros—. ¿Te parece gracioso? —Interacción con el público, seguía en marcha lo de experimentar con la forma. Se dirigía a un chico que estaba en primera fila. Llevaba el pelo largo y descuidado y el acné hormonal la había tomado con él—. ¿Te parece que el placer femenino es gracioso? —preguntó mientras abría mucho los ojos.

Podría haber resultado gracioso si hubiera optado por hacerlo al estilo confesional propio de Phoebe Waller-Bridge: sin tapujos pero con autocrítica. Esto fue sin tapujos y con orgullo. Me imagino que gran parte de la incomodidad vino por el evidente endurecimiento de ciertas partes del cuerpo de los asistentes masculinos. Aquello no eran risas de «me lo estoy pasando bien»; eran risas de «me río para no llorar».

—Me la suda lo que penséis. —Eve tiró su silla al suelo y se fue.

El escenario era una frágil plataforma de madera, no un escenario de verdad, por lo que, para poder irse del todo, tuvo que bajar unas escaleras de madera y dar un portazo. Una brisa nos hizo cosquillas en los tobillos.

Hubo más susurros entremezclados con un aplauso cauteloso.

Al abrirse la puerta de repente, la brisa volvió.

Eve se abalanzó hacia el escenario, subiendo los escalones de dos en dos, y gritó con las cejas fruncidas y apretando los puños:

—¡HE DICHO QUE ME LA SUDA!

Jugada maestra.

Los jueces opinaron lo mismo y se llevó el segundo puesto.

La chica que ganó interpretó un monólogo de Shakespeare sobre una mujer que, por algún motivo que no quedó muy claro, fue obligada a elegir entre salvar la vida de su hermano o salvar su castidad. Los jueces felicitaron tanto a la ganadora (eligió salvar su castidad) como a la subcampeona por capturar «la experiencia femenina sin tapujos», y le dijeron a Eve que la forma en que había usado la interacción con el público había sido «muy brechtiana».

Eve, por supuesto, pensaba que debería haber quedado primera, y más adelante hablaría de ese evento como si aquello hubiera sido un robo. Pero había conseguido alcanzar su principal objetivo: ahora todos la conocían. Incluso las personas que no estaban ahí y que solo vieron su actuación porque algunos la grabaron en vídeo. El nombre de Eve pasó a ir siempre ligado a una historia. Era ambas cosas, una persona y el concepto de una persona, algo que yo, más adelante, descubriría que era muy importante para ella.

• • •

Esa noche vi a Eve en el pasillo, venía de darse una ducha. Llevaba una toalla, el pelo mojado le goteaba sobre los hombros. La luz hacía destacar sus clavículas.

—Has estado bien esta noche —le dije.

—Gracias —me respondió sonriendo. Abrió la puerta de su habitación, entró y, antes de que se cerrara por completo, se giró hacia mí y la paró con el pie—. ¿No te parece que me he... pasado?

—No, me ha parecido muy guay. Ha sido muy mmm... experimental.

Ella asintió al oír la palabra «experimental», como si estuviéramos hablando sobre un asunto abstracto y ella estuviera completamente de acuerdo.

—Eso es exactamente lo que pretendía.

Traté de pensar en un dramaturgo experimental. Cuando el silencio ya se estaba volviendo incómodo, me vino:

—Fue muy al estilo Sarah Kane.

—¿Tú crees? —Eve dio un paso hacia mí, se apoyó con el hombro en la puerta abierta y se ajustó la toalla. Su cara estaba húmeda por la ducha y el agua acariciaba sus hombros inclinados.

Desvié la mirada.

—¿Te gusta Sarah Kane? —me preguntó.

Volví a mirarla. La toalla parecía estar bien agarrada.

—Supongo que sí —dije—. Aunque no sé si es el tipo de persona que suele «gustar» a la gente. Sus obras de teatro son muy duras, ¿no?

—Yo la amo —pronunció el verbo «amar» como si estuviera empuñando un arma—. Es un poco raro hablar de esto aquí, en el pasillo. ¿Quieres entrar?

Su habitación era igual a la mía, pero el escritorio y la cama estaban en la pared opuesta, como reflejados en un espejo. Y la suya era un caos. Ropa que sobresalía de los cajones, perchas que ibas pisando, bolsas de la compra vacías en el suelo, debajo de libros de texto... Había una cesta de la ropa sucia a los pies de la cama que solo contenía la piel de un plátano y unas llaves de coche.

Se sentó en la cama y se echó el pelo mojado hacia atrás. Recogió un cepillo de pelo del suelo y empezó a peinarse con tanta fuerza que algunas gotas salpicaron la pared.

—Me alegro mucho de que te haya gustado el monólogo. No sé por qué me ha resultado tan abrumador. Normalmente no me importa lo que piense la gente. Debería importarme más, si te soy sincera.

—A mí me gustaría que no me importara tanto.

—Puedo llegar a ser increíblemente hostil —continuó Eve, como si yo no hubiera dicho nada—. Mi madre siempre me dice que soy hostil, pero es una alcohólica, así que, como le digo siempre, de algún lado lo habré aprendido.

—Debe ser duro.

—Sí, pero tiene razón. Cuando iba a la escuela era muy fanfarrona. Me creía muy lista. Me creía la más lista de todos, incluidos los profesores. Pero porque eran todos unos imbéciles.

Me reí y me recosté contra la ventana. Llevaba un pijama muy fino y noté lo frío que estaba el cristal al apoyar los hombros. Ella se disculpó por el desorden.

—Tranquila. Me gustan tus fotos.

Sus paredes estaban cubiertas de polaroids y todas tenían escrita una fecha con rotulador negro en la parte de abajo. Desde donde yo estaba, al lado de la ventana, podía ver todo el conjunto de fotos en la pared que había sobre la cama, separadas a exactamente la misma distancia las unas de las otras. Parecían juzgar ese suelo tan desordenado desde su posición.

—¿A que sí? —Eve levantó la vista hacia las fotos—. ¿Tú tienes cámara analógica?

—Suelo usar la de mi móvil. Los carretes son caros, ¿no?

—¿Has leído *Sobre la fotografía*, de Susan Sontag?

—No.

—Es que no quiero exhibir todo lo que soy a través de las redes sociales. —Eve continuó peinándose el pelo enérgicamente—. Pienso que las fotografías deberían ser un instante robado en el tiempo, no algo que guardas en el móvil. Eso de estar constantemente mostrando tu vida mientras la estás viviendo... Si se hace así, el valor de nuestras vidas pasa a medirse según si las experiencias que fotografiamos, como los viajes, los eventos sociales o lo que sea, gustan más o menos al resto del mundo. Y eso es muy arbitrario y deprimente, ¿no crees?

Nunca me había parado a pensar en eso, más bien creía que no merecía ser analizado en profundidad. Ahora me preguntaba si eso había sido poco inteligente por mi parte.

—¿De eso habla Susan Sontag? —pregunté.

—Lo cierto es que no. Son solo reflexiones que hago. —Dejó caer el cepillo entre las sábanas deshechas—. De todas formas, suelo escanear mis polaroids y subirlas a redes, así que tómate mis reflexiones con pinzas.

Me reí, aunque no estaba segura de en qué momento había empezado a bromear. Su gran autopercepción no quería que ella misma se tomara muy en serio. Mi problema con Eve era que yo nunca estaba segura de hasta qué punto debía tomármela en serio.

Se estremeció. Fue un movimiento brusco y agarró la toalla para mantenerla en su sitio.

—Por Dios, me estoy helando.

—Alguien ha pisado tu tumba —contesté.

—¿Cómo?

—Es algo que solía decir mi padre cuando te da un escalofrío repentino.

—¿Tienes buena relación con tu padre?

Aquello no parecía relevante.

—Creo que no es más que una frase hecha —dije.

—Debería vestirme.

Antes de irme, le dije:

—De nuevo, te felicito por lo de esta noche.

No respondió.

Me tumbé en la cama y escuché cómo se movía por su habitación, tarareando. Parecía una persona hecha y derecha, como si fuera la versión final de sí misma. Justo antes de dormirme con el sonido de sus canciones dulces e indescifrables, pensé que debería probar eso de tener opiniones sobre las cosas.

2

El chico que estaba a mi lado estaba preparando un bong y yo trataba de aparentar normalidad. Tras cortar la marihuana con unas tijeras, la metió con cuidado en la cazoleta y se le notaba una devoción tan meticulosa que hasta me conmovió. Era un sábado por lo noche, una semana después de la semana de bienvenida. Desde que le había dicho adiós a mi madre con el sonido de la guitarra de Eve de fondo, me había pasado los días borracha perdida o con una resaca impresionante.

El alcohol fue útil a la hora de hacer amigos. En mi caso fue, literalmente, una herramienta para conseguir amistades. Conocí a Emily la primera noche en la cola para entrar en el bar del Colegio Mayor St. Thomas. Esa residencia era solo para chicos y estaba al lado de la nuestra, así que la cola era larga, y Emily mataba el tiempo bebiendo Smirnoff que llevaba en una botella de agua. Cuando nos estábamos acercando a la entrada del bar, me ofrecí a esconder la botella debajo de mi falda. Emily aceptó de buen grado y yo me pasé el resto de la noche yendo delante y detrás de ella y sus amigas, Claudia y Portia, sin llegar a conocer sus nombres en ningún momento. Las perdí cuando estábamos en la pista de baile y nos reencontramos al día siguiente en el comedor, donde tratamos de concretar en qué momento nos habíamos separado y hablamos sobre cómo habíamos llegado a casa con un interés fingido. Como si estuviéramos resolviendo un misterio, o escribiendo un guion.

—¿Dónde acabaste anoche? —preguntaban.

—No lo sé, de verdad que no lo sé —contestaba yo.

—Míranos, recién empezamos y ya estamos así.

Por motivos relacionados con el ascenso social —el tipo de ascenso del que sales con las manos ensangrentadas— nuestro vínculo se hizo más fuerte y terminamos creando un grupito: *nosotras*.

No me paré a pensar si esta gente era realmente «mi gente». Eso implicaba tomar una postura demasiado crítica. Me centraba solamente en sobrevivir durante la semana manteniendo mi reputación y, más que sentir que había elegido a esas amigas, sentía que el azar y las circunstancias me habían llevado a ellas.

Y ahora ahí estaba yo, con mis tres nuevas amigas y otros seis o siete chicos en un dormitorio del St. Thomas. Era más grande que los de Fairfax: tenía cama doble y una chimenea encendida. Todos los demás se sentaron en la cama y el escritorio y yo estaba al lado del anfitrión, en un sofá color carne.

—Ese sofá parece una vagina —comenté al llegar, lo cual les hizo mucha gracia a los chicos.

Las ventanas en el otro lado de la habitación estaban abiertas, pero no servían de gran cosa con ese calor. La parte de atrás de mis piernas se pegaba al sofá de piel rosa claro como si fuera un apretón de manos sudadas.

—¿De dónde la has sacado? —pregunté, señalando la marihuana que nuestro anfitrión estaba manejando con tanta delicadeza.

—¿Buscas un camello?

Su cabeza estaba cubierta por unos finos rizos rubios que parecían pelo de cordero, lo cual contrastaba con su apariencia de musculitos. Llevaba una camiseta gris con una mancha de sudor en su ancha espalda y una gorra del St. Thomas puesta hacia atrás, lo que hacía que una nube de rizos rubios asomara por delante.

—Sí —mentí. Nunca había probado las drogas. No fue hasta ese momento en el que vi cómo ese chico molía y acomodaba la hierba que me di cuenta de lo complejo que era consumirlas. No solo iba de consumir; había mucho más detrás. Tenía todo lo que los paleontólogos tratan de identificar en los fósiles de los primeros homínidos: herramientas, ritual, lenguaje.

—Hay una chica en el Uni Village que se llama Jenny. Nosotros la llamamos Jenny Cuatro-Veinty. —Me lo quedé mirando con cara de no entender nada—. Cuatro veinte. La hora del porro.

—Ah, claro.

Me reí para sentirme incluida y me pregunté cuánta marihuana debería fumar para sentirme cómoda haciendo ese tipo de referencias: hablar el idioma de las drogas con fluidez.

El chico ni siquiera me miró. Estaba ocupado dándole una gran calada al bong. Se crearon burbujas en el agua de la base y me reí, como si fuera una broma interna que nadie más ahí podía entender.

Exhaló mientras tenía el bong en el regazo y ofreció pasármelo. Lo tomé sin dar siquiera las gracias y aspiré mientras pensaba lo satisfactorio que era ver las burbujas. Se lo devolví y lo pasó al chico que estaba a su lado.

—¿A ti te gustan las chicas? —me preguntó.

—¿Cómo? —Dudé sobre si ya me estaba haciendo efecto lo marihuana. Recordé la asignatura de desarrollo personal y salud que tuve en el colegio, donde nos explicaron que un hombre era esquizofrénico y no lo supo hasta que se comió un brownie de maría y mató a toda su familia. Mi madre estaría muy decepcionada, pensé, si matara a todos mis amigos.

—Tienes pinta de ser lesbiana —dijo.

—¿Qué?

—Llevas el pelo corto.

Me pasé la mano por la nuca, donde lo tenía más corto.

—¿Y eso significa que me acuesto con chicas? —Me estaba empezando a enfadar mucho, lo cual no iba en consonancia con lo de cometer una masacre ni con las canciones de Bob Marley. Quizá todavía no iba colocada.

—Sí.

—Bueno, tienes derecho a tener tus fantasías —le contesté.

—Venga, va, dale caña —dijo en voz alta, con el mismo tono que había usado antes para decir «la hora del porro», así que intuí que pretendía hacerse el gracioso.

Lo miré con los ojos entrecerrados y una mirada punzante.

—¿Dónde sueles correrte?

Se rio, echó la cabeza hacia atrás, soltó una carcajada y me dio unas palmadas tan fuertes en la espalda que sentí un hormigueo.

—¡Eh, Claudia! —gritó con fuerza, como si estuviéramos en un campo de futbol.

Claudia, que estaba sentada en la cama, a menos de un metro de distancia, gritó de vuelta:

—¿Qué?

—¿Dónde te sueles correr?

—Vete a la mierda, Sackers.

Me dio un codazo y se rio, como si hubiéramos llevado a cabo una broma de forma satisfactoria.

Portia estaba sentada entre Claudia y Emily, y se la escuchó gritar por encima de la risa:

—Espera, ¿qué?

Las elegantes piernas finas como fideos de Portia estaban enlazadas con las de Emily. Dado que Emily tenía un tobillo roto embutido en una bota ortopédica que le llegaba hasta la rodilla, no parecía ser una postura muy cómoda. Pero el alcohol hacía que las piernas de Portia fueran más maleables. En efecto, los principales rasgos de su personalidad eran estar borracha y que la grabaran estando borracha, lo que significaba que era una de las chicas más populares de la uni.

Debido a la particular combinación de ser guapa y ser tonta, a los ojos de los tíos del St. Thomas, era la mujer ideal. Normalmente, sus únicas aportaciones en una conversación se limitaban a decir: «Espera, ¿qué?». Nunca lo decía en tono de disculpa, sino que más bien era una muletilla que soltaba mientras se dibujaba una deslumbrante sonrisa en su cara. Lo decía con tanto encanto y tanta frecuencia que a uno se le olvidaba fácilmente que estaba estudiando para ser ingeniera biomédica y que, a todos los efectos y dejando de lado su comportamiento, era muy inteligente. O, al menos, lo suficientemente inteligente como para saber que no hay nada más sexy para un hombre joven y frágil que una chica que no entiende lo que le dice.

—Eh, Emily —dije ignorando a Portia—, ¿por qué no les cuentas cómo te rompiste el pie?

Emily repitió varias veces que no quería contarlo hasta asegurarse de que sus protestas habían captado la atención de todos los presentes. Entonces empezó a hablar:

—Pues resulta que, anoche, por algún motivo, se me olvidó cenar y, sobre la una de la mañana o así, me estaba volviendo loca y me di cuenta de que estaba tan hambrienta que pensé: «O me pillo algo del McDonald's o moriré». Y Nick no había bebido porque está con los entrenamientos de futbol y me dijo: «Yo te llevo».

El chico que tenía el bong hizo un sonido insinuante, como si Nick no se hubiera ofrecido a llevarla al McDonald's, sino a hacerle el amor apasionadamente. Nick era un chico alto y delgado con una mirada penetrante y el pelo oscuro y rizado que iba a juego con su apellido italiano. Alzó su cerveza como toda respuesta, a modo de afirmación. Todo el mundo soltó una risilla.

—Como iba diciendo... —Emily lo dijo en tono de reprimenda, como si fuera una profesora que solo iba a seguir cuando hubiera silencio—. Nick me llevó al McDonald's, aparcó su moto y yo iba tan borracha que ni siquiera pensé en ir hasta el mostrador para hacer el pedido. En vez de eso, me metí andando por el autoservicio.

Nick asintió mientras se reía por encima de su cerveza.

—Yo estaba dentro, en el mostrador, pensando: «Madre mía, ¿cómo es posible que ya la haya perdido?».

El chico que había a mi lado en el sofá se reía tanto que se ahogaba. No paraba de repetir lentamente:

—Meterse andando por el autoservicio. —Extendió las manos y las deslizo como si tuviera una pantalla.

—Espera, ¿qué? —dijo Portia.

Me recliné contra el sofá de piel y puse el culo tan al borde que casi estaba tumbada. Tenía los brazos cruzados y notaba cómo se movían arriba y abajo al reírme con una risa artificial, como si estuviera haciendo abdominales.

—Al final Nick me encontró y me sacó del autoservicio —continuó Emily— y emprendimos el camino de vuelta con la moto, pero al parar en un semáforo, no sé cómo, me caí.

Portia, Claudia y yo ya habíamos escuchado la historia varias veces ese día, pero al llegar a esta parte ahogamos un grito igualmente y dijimos cosas del estilo:

—¡Oh, no!

—Total, que por suerte estábamos justo enfrente del Hospital RPA, así que Nick se bajó y literalmente me llevó en brazos hasta Urgencias.

—¿Y qué hizo después de dejarte ahí como si fueras un paquete? —preguntó alguien, y nos recreamos un poco con esta idea.

—Paquete entregado.

—No hace falta que firme.

Nick se ruborizó.

Emily tuvo que empezar a gritar para poder acabar su historia.

—No, se quedó. Se quedó conmigo durante horas hasta que me dieron una cama.

La palabra «cama» fue suficiente para provocar más risas. Uno de los chicos se levantó del escritorio donde estaba sentado e imitó lo que creía que Nick y Emily habían hecho en esa cama de hospital.

—Así que ahí estaba, en la cama, con los *nuggets* de pollo en mi regazo, esperando que me hicieran las radiografías. Cuando desperté estaba en el hospital, me dolía muchísimo y tenía un gran trozo, como medio *nugget* metido en la boca, ahí, pudriéndose. Así que pensé: «Bueno, solo hay una forma de hacer esto».

—Dime que no lo hiciste —saltó Claudia.

—Me lo tragué y ya.

Eso me hizo gracia, pero no me di cuenta de cuánto hasta que tuve que secarme las lágrimas de los ojos. El chico que estaba sentado a mi lado no paraba de moverse porque se estaba descojonando. De vez en cuando daba una palmada en su pierna y de vez en cuando la daba en la mía. No paraba de decir:

—Eso es raro. —Entonces señaló a Emily—. Tú, tú vas cieguísima —dijo usando su dedo para darle énfasis.

Durante las siguientes semanas, cada vez que uno de los chicos veía a Emily tambaleándose con las muletas alrededor del campus, hacían un choca los cinco con ella y le decían algo tipo:

—¡*Nugget* de pollo picantote!

Si yo también estaba, chocaban los cinco conmigo también porque sabían que entendía la referencia. Esto me provocó la agradable sensación de que nos conocíamos los unos a los otros de verdad. Que éramos amigos, incluso. Lo de chocar los cinco era complicado para Emily porque para hacerlo tenía que agarrar las dos muletas con una sola mano, pero siempre llevaba a cabo la maniobra con elegancia. Incluso con una sola pierna operativa, era capaz de moverse de la forma más conveniente.

Emily Teo era la hija más bonita y menos inteligente de un abogado sidneyés muy prolífico. Su hermana mayor era la mejor en el colegio y estaba estudiando Derecho y Comercio. Para su vergüenza, Emily fue la segunda y estaba estudiando Derecho y Arte. Tenía otras tres hermanas menores, lo cual la convertía en la segunda de cinco hijas.

—Como las Bennets —mencioné.

—Excepto que yo soy medio china y que no busco marido —respondió.

Cuando me reí se disculpó de inmediato.

—Nos tocó estudiar *Orgullo y prejuicio* en el último año de instituto. Llevo siglos haciendo esta broma.

• • •

—Parece que le gustas a Sackers.

Estaba sentada con Claudia en la pista de atletismo de detrás de Fairfax y estábamos bebiendo café. Era más o menos mediodía y el café nos estaba provocando náuseas.

—¿Quién es Sackers? —pregunté.

—Ya sabes quién es Sackers. Siempre haces lo mismo.

No sabía cómo decirle que, para mí, los chicos del St. Thomas eran todos verdaderamente indistinguibles. Me pregunté si tendría una de esas afecciones que impiden diferenciar las caras humanas. Su corte de pelo tampoco ayudaba, eso seguro: corto por los lados y largo por arriba, pero no lo suficientemente corto como para parecer de las Juventudes Hitlerianas ni lo suficientemente largo como para ser un poco gay. Era un corte de pelo masculino que desprendía buen gusto y seguridad con su físico, aunque empezaba a pensar que las dos cosas eran lo mismo.

—¿No te suena Sackers? Estuvimos en su habitación anoche. Era el que tenía la maría.

Recordé la noche anterior, la historia de Emily con el *nugget* de pollo y el sofá color piel.

—¿El que tenía el cabello esponjoso y rubio?

—Sí.

—Me sonaba que había dicho que su nombre era Jack.

—Jack Sackville.

—¿Cómo se supone que tengo que saber yo que a Jack lo llaman Sackers? Esto parece una novela rusa.

Claudia se rio y empezó a arrancar hojas del césped para ponerlas en el vaso de su café como si fuera una papelera.

—Creo que quiere algo contigo.

—Venga ya.

—¿No te lo parece?

—No.

—¿Por qué no?

—Cree que soy lesbiana.

Se quedó mirando el vaso de café, pensativa, y le volvió a poner la tapa de plástico.

—Probablemente solo esté flirteando contigo —dijo.

Nos quedamos en silencio un momento y alzamos la vista. Al otro lado de la pista de atletismo, un hombre que llevaba un chaleco reflectante conducía un tractor cortacésped y se dirigía lentamente hacia nosotras haciendo zigzag. El césped recién cortado olía a seco por el calor.

—¿Sabes qué? Mataron a una persona en esta pista de atletismo —comentó Claudia, con el mismo tono que si estuviera hablando del tiempo.

—¿Qué?

—Sí, hace décadas.

—¿Una estudiante?

Claudia asintió.

—Había ido a ver a un chico del St. Thomas. La encontraron por la mañana, le habían dado una paliza. Y estaba muerta, obviamente.

—¿Se sabe quién lo hizo?

—No, nunca le pillaron.

—¿Fue otro estudiante?

—No creo. Seguramente el St. Thomas fue el primer sitio al que fueron a buscar.

—Sería lo lógico.

Volví a mi habitación y leí sobre el asesinato en internet. Me dolía la cabeza y mi estómago empezaba a dar señales de estar revuelto, sin decidirse sobre si provocarme náuseas o quedarse quieto. Lo que leí fue que, hace unos treinta años, una chica había sido violada y asesinada en la pista de atletismo del St. Thomas. No me sorprendió saber que además de matarla la habían violado, aunque Claudia no lo había mencionado. Tristemente, me parecía que aquello iba implícito. Lo que me sorprendió fue su edad. Tenía dieciocho años, igual que yo.

• • •

Sucumbí a los consejos de mi madre. Como suele pasar en estos casos, los consejos maternos, a pesar de que los recibimos sin haberlos solicitado, dan en el clavo.

Mi madre creía en que, si quieres hacer amigos, tienes que apuntarte a cosas. A mí, esto me parecía una actitud despreciable y fascista, pero quería hacer amigos y me gustaba cantar. Pensé que, entre tanto alcohol y tantas drogas, no me haría daño conocer a gente que estuviera en un terreno más familiar. Así que me presenté al coro de la capilla St. Thomas y, como podía leer partituras y había pocas contraltos ese año, me aceptaron. Ensayábamos cada lunes y jueves por la tarde, y actuábamos los sábados por la tarde en la pequeña capilla que había en el St. Thomas.

La capilla, que en algún momento fue una estructura independiente, había sido incluida en un ala donde estaban los dormitorios de los de primer curso. Los ladrillos eran de un color amarillo pálido y las ventanas estaban cubiertas con rejillas de cobre que goteaban óxido verde cuando llovía. Esto le daba al edificio, que a menudo tenía un olor entre dulce y ácido mezcla de marihuana y vómito, un aspecto melodramático.

Por dentro, la capilla era pequeña y estaba repleta de atriles y bancos vacíos. Fue en esa sala donde hice las audiciones para ser directora del coro, y fue ahí donde nos reuníamos después de los ensayos, los domingos a última hora de la tarde. Un chico que estaba delgado hasta un extremo preocupante, mucho más que Jesús en el crucifijo que colgaba por encima de nuestras cabezas, y que tenía un mechón de pelo negro y las uñas largas y dejadas, había traído cervezas al ensayo.

—¿Y tú qué estudias? —le pregunté a Nicola, la soprano, otra del coro que también era de primer curso. Yo todavía tenía un poco de resaca y acariciaba la etiqueta de la botella de cerveza suavemente. La etiqueta estaba húmeda por la condensación y se peló cuando pasé el pulgar.

—Música —respondió ella—. En el conservatorio.

—Qué guay —dije—. ¿Tu instrumento es el canto? O la voz, me imagino. ¿Lo llamáis así, «voz»?

—Se llaman «estudios vocales y de ópera». —Sus ojos eran redondos y blancos como platos, y su boca muy flexible. Su barbilla era pequeña y la bajaba cada vez que hablaba. Todas sus frases sonaban a disculpa.

—Vale. Entonces, ¿tú eres de ópera o solo vocal?

—Toco el violoncelo. —Agachó la cabeza, como si sintiera mucho tener que importunarme con esta pequeña parte de su biografía. Opté por dejarla tranquila y me giré hacia el otro lado de la habitación en un intento por enganchar el hilo de la conversación.

Eve llevaba las riendas. Hablaba de qué había hecho durante su año sabático. Se enfocaba particularmente en lo reduccionista que era que la gente asociara el turismo en Colombia con la cocaína y daba a entender que ella también había caído en eso. Me reí como si pensar en cocaína no me diera escalofríos por todo el cuerpo y Nicola, que estaba sentada al borde de uno de los bancos, hizo un ruido que solo se podría definir como un chillido.

Eve tenía la capacidad de hacer girar las conversaciones en torno a sus experiencias e intereses. Como resultado, a menudo aparentaba ser la persona mejor informada y más interesante de todos los presentes.

El chico que había comprado las cervezas estaba a mi otro lado y se giró hacia mí. Parecía tan cansado de Eve como yo lo estaba de Nicola.

—Creo que no nos hemos presentado.

—Soy Michaela —contesté—. Gracias por la cerveza.

Di un trago.

—No hay de qué. Está malísima, ¿verdad?

Aparté la botella de mis labios y me reí, lo cual hizo que acabara tosiendo en el dorso de mi mano. Me dio unas palmadas tan fuertes en la espalda que los demás se quedaron mirando.

—¡Está todo bien, nada interesante que ver aquí! ¡Está todo bien! —dijo él mientras seguía dándome palmadas en la espalda y con la otra mano hacía un gesto disuasorio—. Solo una chica tratando de tragar una deliciosa cerveza.

—Así que Michaela —dijo cuando mi tos se hubo calmado—. No te había visto nunca, así que me veo en la obligación de preguntarte, por orden de importancia: ¿a qué colegio fuiste? ¿Cuál fue tu nota de acceso? ¿Qué carrera estás estudiando? —enumeró las preguntas con los dedos, moviendo la cabeza de un lado a otro mientras lo hacía.

Me reí de nuevo. Era gracioso de una forma que no parecía implicar que el humor era solo una tapadera para esconder sus inseguridades. Ni siquiera sentí que se estuviera esforzando demasiado por impresionarme. Más bien parecía que solo estaba tratando de pasar un buen rato.

—Yo fui a un colegio de Canberra. Uno católico.

Al escuchar eso se levantó tan rápido que empujó el banco hacia atrás con su consiguiente chirrido, y luego empezó a andar como si fuera a irse.

—Es broma, obviamente —dijo mientras volvía a sentarse—. Los católicos tenemos que estar unidos.

—Solo soy católica en la teoría. Quiero decir que no practico.

—Michaela —dijo mientras ponía la mano en mi hombro—, aquí no hace falta que te escondas.

Sus cejas, pobladas y negras, estaban fruncidas y mostraban una falsa preocupación, y al fijarme en su cara me di cuenta, de repente, de que me parecía feo. Tenía pinta de ser una persona sudorosa, resbaladiza y larguirucha. No estaba segura de cómo había pasado de meterse consigo mismo a meterse conmigo, o en qué momento exactamente había cruzado la línea.

—No creo que los católicos blancos sean los que suelen tener que esconderse —dije sin un ápice de broma mientras daba otro gran sorbo a la cerveza que él me había comprado.

—Nada de bromas sobre esconderse —dijo mientras hacía como que tomaba nota. Por la forma como lo había representado, y por cómo había puesto su espalda recta y abierto los ojos para hacer como que tomaba notas de todo, le di el gusto y me reí.

Eve, que al parecer se había cansado del otro lado de la sala, se había acercado hasta el banco en el que estábamos y se había quedado de pie en el altar.

—Eve, un placer volver a verte. —Él se levantó y la besó en la mejilla. Nunca antes había visto a un chico saludar así a una chica.

—Hacíamos musicales juntos en el colegio —dijo Eve mientras lo señalaba.

—¡Michaela justo me estaba contando que viene de la capital de nuestra nación!

—Ah, ¿sí? ¿Tus padres trabajan para el gobierno? —preguntó Eve.

Se sentó en el borde del banco que había enfrente de nosotros, con los pies separados sobre el altar, y se inclinó hacia delante apoyando la cerveza en su rodilla. Tragué saliva.

—No. Bueno, más o menos. Mi madre es maestra.

—Creo que ser maestro es un trabajo muy importante —dijo Eve, como si fuera una gran reflexión.

—Maravilloso, Eve. ¿Qué hay de los médicos? ¿Te parecen importantes también? —preguntó el chico delgaducho.

Me reí, después me arrepentí de haberlo hecho tan alto porque Eve se irguió y cruzó las piernas; me pregunté si se habría molestado.

—No es lo mismo. No es un oficio tradicionalmente femenino y, por tanto, infravalorado por la sociedad. Las enfermeras, en cambio…

—¡Uy, no me hagas hablar! —la interrumpió él mientras levantaba las manos.

—¿No te gustan las enfermeras? —Eve sonrió y creí que estaban jugando.

—Me encantan las enfermeras —contestó él—. Las adoro. —Hizo una pausa mientras Eve daba un trago de cerveza, y luego soltó de golpe—: Me vuelvo priápico solo de pensar en una enfermera.

Eve casi escupe la cerveza, pero consiguió tragar sin ahogarse.

—Casi me pillas ahí —dijo ella mientras movía el índice en señal de advertencia.

—¿Qué significa «priápico»? —pregunté.

—Es una enfermedad que provoca que tengas constantemente una erección —dijo Eve sin un ápice de condescendencia, lo cual hizo que me alegrara de haber preguntado.

—¿De qué te ríes? —preguntó el chico agudizando la voz para fingir indignación—. Es una enfermedad muy grave. Es muy triste. ¿Te imaginas ir por la vida con una erección constante?

—No, no me lo puedo imaginar —dije.

—Bueno, no es que sea algo imposible de imaginar, a no ser que tengas una capacidad de empatizar muy limitada. Podrías llegar a imaginártelo si lo intentaras. No le estás poniendo ganas suficientes. Piénsalo. Te despiertas por la mañana, tienes una erección. Pasas por la cafetería para comprarte un café y todo el mundo te mira como diciendo: «Madre mía, ¿eso es una erección? ¡Es demasiado pronto para esto!».

—Lo pillamos, Balthazar —dijo Eve.

Di por hecho que lo había escuchado bien.

—¿Balthazar?

—Ay, disculpa, no nos hemos presentado como Dios manda. —Se giró hacia mí y me ofreció la mano.

—¿Te llamas Balthazar?

—Mis padres son unos sádicos, sí.

Me reí. Solté una carcajada mucho más fuerte y desenvuelta que cualquier otra que había soltado esa tarde.

—Es lo más burgués que he escuchado nunca.

—Todos me llaman Balth.

—Eso tampoco es mucho mejor.

—Iba a cambiarme el nombre al llegar aquí, ya sabes, empezar de cero. Pero fui a un instituto privado de Sídney, de modo que tú eres la primera persona que conozco que no lo sabía ya de antes. Mi pasado me persigue.

—¿Y qué tal le fue a Balth en…? —Levanté mis cejas en señal de expectación.

—Grammar.

—Ah. ¿Qué tal fue la acogida de Balth en el Grammar?

—Bastante penosa, hasta que me inscribí en el grupo de debate. Ya ves, debate es para los del Sídney Grammar lo que el campeonato de rugby es para los demás institutos.

—Eso suena a mentira.

Eve se inclinó hacia delante y, con la fuerza suficiente como para reafirmar que era ella el centro de atención, dijo:

—No es que suene a, es que es mentira. —Cruzó el altar para darle un golpe en el brazo a Balth, pero estaban a mucha distancia y la forma en la que se tuvo que estirar para hacerlo resultó incómoda, por lo que todo quedó en un golpecito.

—¡Es verdad! ¡Es verdad! —dijo él.

—Que sea de Canberra no significa que me vaya a tragar todas tus patrañas sobre lo guay que eras en el instituto.

Se giró hacia mí, tapando a Eve.

—Me caes bien, Michaela. Sabes lo que hay.

—Lo que sabe es que eres un trolero —dijo Eve—. ¿Sabías que Michaela y yo tenemos habitaciones contiguas?

—No, no sabía eso y es porque no estoy obsesionado con tu persona.

—Me alegro por ti. Voy a tratar de conocer gente nueva. Un gusto volver a verte, Balth —dijo Eve con tan poca convicción que sonó hasta íntimo, como si solo estuviera fingiendo que no le caía bien por diversión.

—Así que… —Balth se giró de vuelta hacia mí—. ¿Vosotras dos sois muy íntimas?

—Nuestras habitaciones están una al lado de la otra, como ella ha dicho.

Acercó la cerveza a su boca y levantó las cejas.

—¿Qué?

—Nada —dijo.

—¿Vas a decirme que es evidente que soy lesbiana por mi corte de pelo?

—¿Cómo? No. Qué tontería es esa.

—Ah, perdón. No serías el primero.

—Bueno, no soy tan reduccionista. Y son tus sandalias las que te delatan.

—Ja.

—Es broma. Es solo que me hace gracia que seas amiga de Eve, nada más.

—¿Por?

—Bueno... Nunca he sabido de ninguna amistad funcional que fuera capaz de mantener.

—Ya veo.

No sabía por qué estaba tan a la defensiva. Eve y yo ni siquiera éramos amigas. De hecho, no habíamos vuelto a hablar desde la noche de su actuación.

Balth debió pensar que estaba irritable y se fue a otro lado. Me quedé ahí sentada, sola, durante un rato, observando la sala. Noté un leve dolor detrás de mi ojo izquierdo y me dije que debía de ser una jaqueca. Entonces noté cómo se expandía y cada vez era más un dolor palpitante que un espasmo, hasta llegar a ocupar la mitad de mi cabeza. Eso de hacer nuevos amigos, ir de aquí para allá, esa incomodidad al principio, responder a las preguntas con otras preguntas para mostrar interés... Parecía todo demasiado complicado.

• • •

Ya de vuelta en mi habitación, me tumbé en la cama y lloré con tantas ganas que me sorprendí a mí misma.

Estaba exhausta después de esos primeros días en Fairfax. Irme a dormir y despertar en esa habitación, con su colchón fino como una hoja y las cortinas naranjas de plástico hacía que sintiera cómo mis pensamientos hacían eco y se expandían, y las superficies a mi alrededor se degradaban hacia lo irreal. Los fragmentos de conversaciones que recordaba se acumulaban, como chupitos con mal sabor, hasta que me despertaba cada mañana con un fuerte dolor de cabeza y el estómago revuelto, incapaz de saber si había encontrado a alguien con quien realmente pudiera hablar.

La gente —Eve, Emily, Claudia, Portia, Sackers, Nick, Balthazar— desfilaba en mi mente como si estuviera viendo sus historias de Instagram. Las historias que compartíamos no tenían ningún tipo de importancia ni de trascendencia. Nos superponíamos unos a otros sin llegar a tocarnos. Podía charlar con cualquiera de ellos. Podía hacer bromas y preguntas hasta que les cayera bien, al menos de forma superficial. Pero lo que realmente me apetecía más era hablar *sobre* ellos. Para aclarar si me reía con o de Balthazar; si Eve me gustaba o me asustaba. Quería hablar sobre todas las cosas que me habían pasado durante esa primera semana, algunas de las cuales solo recordaba a trozos y otras prefería olvidar. Necesitaba a alguien que me pudiera confirmar si el mundo tal y como lo percibía era real para alguien más que para mí.

Varias horas después, mientras luchaba por no dormirme con el portátil en el pecho, oí un murmullo y el ruido de la puerta de Eve al abrirse. Dos voces entraron en la habitación, como si alguien hubiera subido el volumen. Captaba sonidos, como el rumor de Balthazar al hablar y la risita tonta de Eve, justo antes de que se hiciera el silencio, que interpreté como que daba paso a un beso.

Por un momento olvidé que no tenía a nadie a quién contárselo, pero sentí la emoción de cuando te enteras de un cotilleo.

Se escuchó un gemido y sentí, además de un cosquilleo por la expectación, un espasmo en mi entrepierna. No excitación sexual, sino más bien un toque de atención: un picor en los oídos.

Entre los gemidos se adivinaban palabras. Era la voz aguda de un bebé. Me encogí, pero igual me acerqué hasta que la oreja rozó la fría pared. No podía entender bien lo que decían. La voz, gimoteante y caricaturesca, hablaba en francés.

Me volví a tumbar y retomé la serie con el volumen en tres barras para que no se escuchara el sonido desde el otro lado de la pared. De fondo, la voz de bebé de Eve diciendo guarradas en francés continuó, empalagosa.

3

Ese primer semestre tuve clases en el edificio principal, el Cuadrángulo, dos veces por semana. Tuve suerte de tenerlas ahí, en el lugar más icónico de la universidad. Es donde se baja la gente que viene en autobuses turísticos y donde se posa para las fotos de graduación y de boda. Desde el patio interior del edificio no hay vistas al resto del campus ni una panorámica de Sídney. Hay un gran campanario, que suena al principio de la tarde, y, justo debajo, un túnel de hiedra. A veces el carillón toca melodías modernas y crea anacronismos, como cuando suena la canción de *Juego de tronos* en un tono delicado y eclesiástico.

Siempre que estaba en ese edificio, especialmente si era la *golden hour*, cuando los ladrillos se volvían de color miel y las sombras se alargaban y estrechaban, no podía evitar tomarme un poco en serio a mí misma, a mis ambiciones y a mis metas. El edificio causaba en mí la sensación de ser un personaje y de vivir en una ficción. Era una universidad como las que se veían en las películas y en los libros. Era exactamente como se suponía que debía ser, y yo, que estaba desarraigada y empezaba a echar raíces aquí, sentía que estaba justo donde debía estar.

La asignatura de primer curso que tenía era un estudio intensivo sobre teoría de la moral. Nunca antes había estudiado filosofía. La escogí porque creí que se parecería a Literatura Inglesa, y supuse que podría leer novelas en mi tiempo libre, aunque no es que lo hubiera hecho mucho durante el primer curso.

El aula era sofocante. Las ventanas eran rendijas de cristal incrustadas en la piedra y solo se abrían una pizca. Había bancos de madera escalonados y unas toscas mesas plegables donde los alumnos podían apoyar el Mac o los Moleskins o grabar palabras con los bolis vacíos. Cuando me levantaba para irme, me tocaba la parte de atrás de mis muslos para saber si los agujeros entre los listones me habían dejado marca.

Quien nos daba clases era el profesor Rosen («llamadme Paul»). En cuanto al aspecto físico, «Paul» era mediocre en todos los sentidos. Vestía como si se negara a aceptar la edad y la talla que tenía. Llevaba tejanos y botas de chicos que conocía de los colegios mayores, y sus camisas abotonadas trataban (sin éxito) de disimular su barriga cervecera. Siempre daba clases con una botella de Coca-Cola Light. Cuando daba sorbos entre frase y frase, se limpiaba la boca con el dorso de la mano.

De alguna forma, entre la barriga cervecera y la Coca-Cola Light, era capaz de sacar algo de carisma. Su encanto era de esos masculinos y sin complejos: una indiferencia a caer bien que, irónicamente, hacía que te cayera genial.

Llegué tarde a la primera sesión. Me senté en la parte de atrás y observé al resto de la clase. Vi a Eve en la primera fila.

El profesor Rosen dio un sorbo de Coca-Cola Light y al volver a ponerla en el atril, intentó convencernos de que había muchos campos de estudio diferentes en cuanto a moralidad y que lo que íbamos a aprender en esa asignatura solo sería la punta del iceberg.

—Para cuando haya terminado con vosotros, sabréis menos que cuando empezasteis —dijo con orgullo. Era como si el conocimiento fuera una trampa y él estuviera aquí para rescatarnos.

Después explicó que cuando pensábamos en moralidad, probablemente estábamos pensando en lo que los filósofos llamaban la «ética normativa» o la «ética práctica», pero que lo que íbamos a dar en esa asignatura también incluiría la «metaética». Tomé nota de todos esos términos mientras sentía el pecho oprimido. En la primera fila, podía ver que Eve no estaba tomando apuntes. A veces asentía o murmuraba algo como diciendo «prosiga», como si ella y el profesor Rosen estuvieran teniendo una conversación privada. Para mí, los pequeños sorbos a la Coca-Cola eran un alivio: pausas imprescindibles que me permitían hacer un esprint hasta el final de su frase e intentar seguir lo que nos estaba diciendo.

—¿Qué quiero decir con «metaética»? ¿Qué significa *meta*? —preguntó a los presentes.

Eve levantó la mano.

—Solo sé su significado literario. —Dijo esto como si fuera una autocrítica, pero también alzó mucho la voz para que nadie de la clase tuviera dudas sobre sus credenciales literarias—. Es cuando un texto es autorreferencial, es decir, que es consciente de que es un texto. Como cuando el narrador de un libro da a entender de forma subjetiva que sabe que está narrando.

—Correcto, pero, por desgracia, no nos es de gran ayuda. —Lo dijo con una risa que parecía incluirla a ella, aunque estuviera desestimando su aportación. Me incliné hacia delante y sentí cómo el frágil asiento crujía bajo mi peso.

—*Meta*, para lo que aquí nos atañe, simplemente significa *más allá*. Es decir, más allá de la ética. Es más fácil de explicar con un ejemplo. Dadme un ejemplo de un acto inmoral. El primero que os venga a la cabeza.

Se hizo el silencio. Hasta Eve se quedó callada.

—Espero. —Fue hacia el atril, dio un trago de Coca-Cola Light y exhaló con un fuerte «ah».

Se me escapó la risa y me tapé la boca con la mano.

—Tú —me señaló—. La del fondo. ¿Un ejemplo de acto inmoral?

—¿Matar?

—No suenas muy convencida.

Se escucharon algunas risas sueltas, pero sentí como si toda el aula se estuviera riendo.

—Matar —dije con una voz tan suave como la primera vez—. Sin duda —añadí.

—¿Sin duda? —Debí de poner cara de pánico porque me dejó en paz—. Es broma. Es un buen punto de partida. Matar está mal. ¿Qué más está mal?

—Ser infiel.

—Robar.

—Destruir el medioambiente.

—Deportar inmigrantes. —Esta última la dijo el chico que estaba sentado al lado de Eve en la primera fila. Vi cómo ella se reía y le tocaba el brazo.

—Política. Bien. Vale, vamos a parar aquí. Lo que nos interesa ahora mismo, y durante las próximas semanas, al menos, no es qué está bien o mal, sino cómo podemos diferenciarlo. Nuestra compañera del fondo dice que matar está, sin duda, mal. La mayoría de nosotros estaríamos de acuerdo. Pero ¿cómo lo sabemos? Durante una gran parte de la historia la respuesta nos llevaba a la religión. Lo sabemos porque Dios dice que lo es, y Dios tiene autoridad moral. Incluso las propuestas que hemos hecho hoy —asesinar, ser infiel, robar— vienen de los diez mandamientos. Pero en un mundo laico, ¿a quién otorgamos autoridad moral? La moral, ¿es solo una construcción social o es un estándar universal que existe independientemente de la cultura de cada uno? Vamos a tomar distancia y en vez de debatir sobre qué es o no moral, vamos a tratar de entender qué es la moralidad.

El chico sentado al lado de Eve levantó su mano y tosió un poco de forma asertiva.

—Sí. Por favor, interrúmpeme. Me gusta que me interrumpan. Nos ayuda a todos.

Me parecía que su compromiso con la sinceridad no era el mismo que con el sarcasmo. Entré en Facebook y eché un vistazo a mis mensajes pendientes.

—¿Cómo te llamas? —preguntó el profesor Rosen.

—Luke. —Su voz era grave y confiada. Tenía unas facciones agradables enmarcadas por unas gafas con una montura de alambre fino y una piel radiante, lo cual hacía que su voz no encajara con lo joven que aparentaba ser.

—¿Cuál es tu pregunta, Luke?

Luke no hizo una pregunta. En vez de eso, dijo:

—No me queda muy claro cómo podemos «dar un paso atrás» de los sustantivos debates sobre qué es moral y qué no, porque la metodología que empleamos para llevar a cabo estudios metaéticos requiere ciertos compromisos éticos. Por ejemplo, uno podría decir que, cuando se filosofa mediante argumentos razonables, estás haciendo un juicio normativo sobre el valor de la razón. Incluso los compromisos metodológicos son normativos. No son una dicotomía.

No tenía ni idea de lo que significaba «normativo». Estaba al corriente de lo que eran las dicotomías, pero prácticamente no había entendido nada de lo que había salido por la boca de ese chico. Había una relación inversamente proporcional entre la cantidad de sílabas que tenían sus palabras y el sentido que yo les encontraba.

Los labios de Paul se curvaron en una sonrisa sarcástica, sin un ápice de calidez. Me pareció extrañamente reconfortante, como si me estuviera dando acceso a una broma privada.

—¿Qué significa «normativo», Luke? —dijo como toda respuesta.

—Evaluativo, básicamente. Una afirmación normativa es aquella que se posiciona como deseable o permisible.

Seguía sin entender lo que significaba «normativo». Miré a Eve. Ella asentía con entusiasmo. Noté un nudo en la garganta. Miré el reloj. Quedaba más de una hora de clase. Escribí «normativo» en mis apuntes y dejé los dedos sobre el teclado a la espera de que Paul respondiera.

—Sí, bueno, no me gusta entretenerme con la terminología porque eso solo suele llevar a argumentos inútiles sobre la semántica. —Me gustó la forma hipócritamente informal en que dijo «semántica», como si aquello no fuera también terminología. Continuó diciendo—: Pero «normativo» significa «relacionado con las normas». Es decir, las normas sociales. Por lo que una proposición normativa es, básicamente, una afirmación sobre si algo es bueno o malo. Que matar está mal es un concepto normativo, por ejemplo. Uno que trae controversia, de hecho. —Se rio y me miró. Desvié la mirada—. Ya entraremos en eso más adelante.

Cerré el Facebook Messenger y seguí al profesor Rosen durante el resto de la clase en un estado de atención casi maníaco. Mis dedos iban transcribiendo de forma independiente a mi mente y tecleaba suave y persistentemente, como la lluvia. Fijé mis ojos en su cara, en su sonrisa sarcástica y su mirada predadora. Miraba a su alrededor como si esa aula estuviera llena de posibilidades.

Una vez que hubo terminado, Eve me encontró mientras pasaba por el Cuadrángulo de vuelta a la residencia.

—Es bueno, ¿verdad? —me dijo.

—Sí —respondí—. Aunque va muy rápido. No daba abasto tomando apuntes.

—¿Has tomado apuntes?

—Claro.

—Oh. —Sacó unas gafas de sol de su mochila. Tenían la montura de carey, forma de mariposa y se apoyaban en sus pómulos como una bóveda.

—La primera clase nunca es importante. Es solo palabrería introductoria. No se dice nada sustancial.

• • •

Como en las prisiones y en los geriátricos, en la residencia, la cena siempre se servía temprano.

Durante la noche de la Cena para Becados, fui de las últimas en llegar al comedor cuando me presenté a las cinco y cuarto con mi toga. Parecía prestada o que no era de mi talla. Se me cayó de un hombro y tiré de ella para volver a ponerla en su sitio en una muestra evidente de ironía.

Eran los últimos días de febrero; se oía zumbar a las cigarras. Emily, Claudia y Portia no estaban becadas, así que llegué sola a la cena y me senté en una silla cercana a la puerta. Cuando mis ojos se acostumbraron a la oscuridad de la sala, con sus paredes revestidas de madera, vi que me había sentado al lado de Nicola, la violonchelista. Su forma de saludarme fue con una especie de sonrisa avergonzada.

—¿Me he perdido algo? —pregunté—. No sabía que empezaba tan pronto.

—He tocado a las cinco.

—Ah.

Señaló la parte de delante de la sala. Había una pantalla colgando del techo y en ella se proyectaba un «listado», una especie de mezcla entre un programa y un menú. Entre curso y curso había interludios musicales y vinos a juego que mostraban una descripción detallada hasta el absurdo. Palabras como «boscoso» o «tiza» que, para mi mente, no tenían nada que ver con el sabor.

En medio de la mesa había una botella de vino que sudaba. Le ofrecí a Carola rellenarle la copa antes de servirme yo misma.

—No bebo —contestó.

Me giré y miré hacia la Mesa Alta con la esperanza de que empezara una nueva actuación que me liberara de esa presión por entablar conversación o permanecer en silencio. Al hacer eso, Eve se sentó en el asiento de al lado.

—Madre mía, trae el vino. —Eve se inclinó hacia mí para agarrar la botella.

—¿Prefieres blanco o tinto? —pregunté.

—¿Hay de los dos?

—¿Qué esperabas? Es una cena formal.

Señalé la pantalla. Eve se rio y, con una voz de pija, soltó:

—Cena formal, desde luego. —Después, volviendo a su voz normal, dijo—: Es una mierda, ¿verdad?

—Pues sí. No tienen rosado —dije fingiendo indignación. Eve respondió con un resoplido.

—¡Ya ves! Todo esto es una gran mierda. —Sus manos se movieron para agarrar el panecillo que reposaba pulcramente en un pequeño plato y lo abrió—. Tienen vinos a juego y servilletas de lino y estos panecillos blanditos. —Eve se giró hacia Nicola—. ¿No te parece que es una mierda? —le preguntó con la boca llena de pan.

Nicola desviaba la mirada de nosotras a la servilleta que tenía en su regazo y luego de vuelta a nosotras, con los ojos bien abiertos.

Un balbuceo de ruido blanco la salvó. En el estrado, con una sonrisa expectante y típica de una directora de escuela, estaba la principal autoridad de la universidad. El hecho de haber ido a una escuela católica me había enseñado un poco sobre religión y mucho sobre autoridad, así que mis sospechas sobre el rector eran instintivas y empezaban por el hecho de que, siendo mujer, se hiciera llamar «rector».

—No sabes lo mucho que odio a esta mujer —susurró Eve. Su aliento me hizo cosquillas en el oído.

—No parece muy encantadora, ¿no?

—Las chicas de cursos más avanzados no la soportan. Me estuvieron hablando de ella.

—Ah, ¿sí?

—Sí. Dicen que nunca involucra el Club Estudiantil a la hora de tomar decisiones y que no atiende las quejas ni nada. Lleva esto como si fuera un instituto.

Nicola nos mandó callar con lo que, imagino, fue una gran dosis de coraje que había ido reuniendo a lo largo de nuestra conversación a base de susurros. Hizo un sonido breve pero firme. Casi fue posible ver las gotitas de saliva saliéndosele de la boca. Cuando nos giramos hacia ella, tenía esa pequeña barbilla apoyada en las manos y sus enormes ojos miraban fijamente al rector, como si nada hubiera pasado.

Crucé miradas con Eve como si fuéramos compañeras de conspiración y nos esforzamos por no soltar una carcajada.

Cuando el rector hubo terminado su discurso, Eve se giró hacia mí.

—Con que te han dado una beca y es para estudiar…

—Arte.

—Ah, yo también. —Eve dio un sorbo de vino mientras me seguía mirando por encima de la copa—. Pensaba que casi todos los que venían aquí era para hacer medicina o algo relacionado con las matemáticas.

—Nicola estudia en el conservatorio —sugerí mientras me giraba hacia ella. Su cuerpo pareció encogerse y fijó la vista en su plato.

Eve hizo un gesto con la mano que denotaba indiferencia y preguntó:

—Y ¿es por eso que escogiste Fairfax? ¿Por la beca?

Me aguantaba la mirada todo el rato. Su curiosidad parecía sincera, y el hecho de que la respuesta a esa pregunta no fuera evidente hizo que pensara que, para Eve, la beca era más un complemento que una necesidad. Su apariencia daba a entender eso mismo: recargaba su cuello con varios collares de oro, y si los llevaba así era, probablemente, con la intención de dar una imagen desenfadada. Su piel, siempre sin maquillar, resplandecía por todos los productos que se echaba.

Traté de recordarle, amablemente, que el dinero que Fairfax concedía era más que publicidad para su intelecto.

—Es una oferta bastante buena. Resulta difícil de rechazar.

—¿No te ofrecieron una beca en ninguna otra universidad? —Me miró fijamente. Parecía que salían chispas.

—Lo cierto es que no. —No me gustaba alardear. No porque me avergonzara de mis logros, al contrario. Si no fuera porque me parecía socialmente alienante, me los habría estampado en una camiseta. Simplemente, mi instinto siempre tiraba más hacia no compartir mis cosas. En cambio, Eve pensaba que la humildad era consecuencia del patriarcado y que las mujeres debían trabajar más en ser sinceras sobre sus logros, como hacían los hombres. Lo que ella hacía siempre lo veía como sinceridad, y lo que hacían los hombres, como arrogancia. Creo que lo que sucedía era que le gustaba que los demás pensaran que era inteligente.

—¿Tú también sacaste una nota de 99,95? —preguntó.

—Sí —respondí.

Eve giró sobre la silla y se acomodó la toga.

—Las entrevistas que hice para otras universidades fueron bastante raras —comenté.

Me miró expectante. Le conté sobre el rector que me había entrevistado en la Rumwold College, calvo y con barba, y sobre cómo me tocó sentarme en una butaca que tenía al lado de una chimenea en vez de estar sentados uno frente al otro con una mesa de por medio, que es lo que hice en la entrevista para Fairfax. No tomó notas, me aguantó la mirada mientras respondía y asentía pensativamente juntando sus pulgares. La pregunta final que me hizo fue cómo respondería ante una situación imaginaria. La planteó con tacto: como un paisaje pintado en acuarelas, con figuras borrosas y distantes.

—Estás en un bar de la universidad. Un hombre muestra interés por ti. Lleva varios minutos hablando contigo. Ambos habéis bebido un poco. Quieres dejar de hablar con él. De repente, se lanza. ¿Qué harías?

Me paré a analizar su pregunta: me recliné en la butaca, examinando esa situación hipotética desde un punto de vista razonado y preciso, un punto de vista que nunca se tiene cuando una persona de dieciocho años «ha bebido un poco». Mientras estaba contándole sobre la entrevista a Eve, sentía que la persona que se sentó en esa butaca y reflexionó sobre eso no era yo, sino una chica muy joven.

—Dependiendo de a qué se lanzara —respondí—, probablemente le daría una bofetada.

—Mira, no sabes cuánto me alegro de que hayas dicho eso —me contestó—. Hay tantas mujeres que vienen aquí y nos dicen cosas del estilo… —En este punto puso las manos en su cabeza, como simulando las orejas de un conejo, y movió los dedos para marcar unas comillas—. «Informaría a la universidad» o «Iría a hablar directamente con el rector». Obviamente, no podemos estar pendientes de esas cosas cada vez que pasan.

Para cuando me llegó el correo con el ofrecimiento de la beca, ya le había contado a mi madre sobre la entrevista. Si insistir a base de chillidos cuenta como animar, ella me animó a rechazarla.

Omití esa última parte sobre el ofrecimiento de la beca cuando se lo conté a Eve. Me alegré de haberlo hecho, porque esa especie de frialdad que había antes entre nosotras se había desvanecido. Ahora lo que había era una chispa de calor: la que se encendía para dar comienzo a una nueva amistad. Me pidió que repitiera algunas partes mientras su mano se apoyaba en mi brazo y se mostraba impactada.

—No me lo puedo creer. Deberías haberle dado esa bofetada a él. Ahí sentado imaginando cómo alguien se te lanzaba. Menudo asqueroso de mierda.

—Ay, no, no fue un asqueroso. —Me acordé de su actitud cordial, de su sentido del humor, de la forma en que al reír sentía que me alababa.

—No, sí que lo fue. A veces nos cuesta darnos cuenta. Como norma general, si en algún momento dudas entre si un hombre ha sido indecente contigo o no, casi seguro que la respuesta es que sí. Se comportan como si no estuvieran haciendo nada malo y nosotras lo internalizamos.

Recuerdo que usó esa palabra, «internalizar». Fue la primera vez que la escuché.

Mientras salíamos de la sala después de la cena, Nicola se adelantó. Se notaba que estaba aliviada de poder escapar. Las togas negras se amontonaban en el umbral y podía sentir cómo los dobladillos me rozaban los tobillos. Eve pasó el brazo por debajo del mío. Me miró y sonrió con sus dientes brillantes y perfectos.

—Eres la primera persona guay que conozco en este sitio.

• • •

En una de nuestras primeras clases, el profesor Rosen dejó caer que la moralidad no es más que una cuestión de respeto dictada por las convenciones sociales. Recurrió a una alegoría para explicarse. Nunca incluía imágenes en sus presentaciones, por lo que, para la mayoría de la clase, en la diapositiva solo ponía «Anillo de Giges» y nadie sabía lo que era. Más tarde, le pregunté con tono de burla sobre por qué nunca ponía imágenes y ni siquiera separaba la información por puntos. Me contestó que odiaba los convencionalismos.

—¿Un profesor que desprecia a sus estudiantes?

—A veces tienes que darle el gusto a la gente de ser el cliché que quieren que seas.

La historia venía de Platón, y Paul la explicó de la siguiente manera:

—Un pastor encuentra una tumba hecha de bronce con forma de caballo. Dentro de la tumba, aparece un cadáver. El cadáver lleva un anillo que permite ser invisible a quien se lo pone. El pastor vuelve a casa. Mientras lleva el anillo puesto, seduce a la esposa del rey. Juntos, matan al rey. El pastor toma posesión del trono y se convierte en rey durante el resto de su vida. ¿Qué haríais vosotros con el Anillo de Giges? —preguntó—. ¿Seguirías procurando hacer el bien, aun sabiendo que no hay ningún riesgo de ser descubiertos?

La conclusión a la que se suponía que debíamos llegar era que, para una buena persona, poseer el anillo no marcaría ninguna diferencia. La virtud no es lo mismo que el miedo a ser castigados.

Me pregunté si conocía a alguna buena persona. Pensé en mi madre.

Luke, que yo intuía que no era, ni mucho menos, una buena persona, siguió deleitándonos con sus comentarios durante la clase. A medida que el semestre iba avanzando, Paul cada vez tardaba más en darle la palabra. Para la cuarta semana de clases, señalaba la mano alzada de Luke y decía:

—En un rato estoy contigo. —Como si le estuviera diciendo a un perro que se sentara.

—Ese es Luke Thompson —me dijo Eve—. Es un genio. Sacó matrícula de honor en Inglés.

Desde que Eve había decidido que yo era «guay», íbamos juntas a clase. Así fue como supe que siempre hablaba del intelecto de las demás personas usando hipérboles. Además de genios, había gente «brillante» y «talentosa» y «superdotada». A un chico que se llamaba Kirk y que solo tenía quince años, por ejemplo, lo habían hecho avanzar dos cursos durante la primaria. Mi especulación fue que debía ser uno de esos «superdotados». Eve no estaba de acuerdo. Creía que, simplemente, sus padres debían poner mucha presión.

—A algunas chicas de mi colegio las hicieron avanzar de curso. No eran más listas que el resto de las chicas listas. Que te adelantaran solo dependía de si tus padres querían que te pusieran en otro año. En plan, si sabías leer y sufrías acoso.

No obstante, Luke era un «genio». Aparentemente.

Rara vez entendía sus interjecciones. Su manera de hablar era agresiva, con un tono rápido y cortante. Se sentaba igual que hablaba: imponiendo su autoconfianza a la gente que tenía alrededor. Se ubicaba en medio de la primera fila, con las piernas bien abiertas, el brazo apoyado en el respaldo del asiento y el boli medio colgando de la mano, con despreocupación.

Hoy empezó diciendo:

—Lo cierto es que he leído algunos de los otros escritos de Sócrates...

—Maravilloso. —El profesor Rosen estaba apoyado en el atril con los brazos cruzados y mirando hacia Luke. Eve me dio un golpe en la pierna.

—Bueno, simplemente me preguntaba cómo se puede cotejar este escrito y...

—No estamos aquí para hablar del resto de su obra. Hay una página en Facebook para filósofos universitarios, por si te interesa empezar un club de lectura.

—Dios, es tan borde —susurró Eve.

—Ya ves. Es impresionante.

—Se dice que se ha acostado con algunas de sus alumnas.

No me sorprendió.

—No me des ideas.

—¿En serio lo harías? —Se quedó mirándome. Casi parecía impresionada.

—Sí, ¿por qué no? —Quería hablar con la misma audacia que ella—. Reconozco que está bueno.

—La última chica con la que se acostó está haciendo un doctorado en Oxford. O eso dicen.

Me lo tomé como un reto. A los ojos del profesor Rosen, mi grado de atractivo giraría en torno a mi consistencia académica. Empecé a preparar las lecturas antes de clase y a subrayar en amarillo todo lo que no entendía de los PDF. A medida que la clase avanzaba y Paul iba aclarando los conceptos con sus destiladas palabras, quitaba el subrayado.

Busqué su nombre en Google muchas veces. Me quedaba mirando las antiguas fotos en primer plano de su cara en la web de la universidad, justo encima de la bibliografía. Salía muy serio y me daba una sensación de vanidad que me parecía entrañable porque implicaba cierta vulnerabilidad.

Leí su biografía y le mandé un mensaje a Eve de inmediato:

Adivina cuáles son los «temas de interés» de Paul.

Madre mía, lo sé. Es demasiado bueno para ser real.

El AMOR.

Es flipante.

¿Qué coño es la Filosofía del Amor?

Ni idea, pregúntale.

Voy a leerme algunos de sus trabajos.

Ay, por favor, estás obsesionada.

Soy esclava de mi educación.

Me descargué varios artículos. Todos tenían títulos largos y aburridos como: *El amor como un estado afectivo* o *Amor y percepción: reconocimiento mutuo y la imaginación empática.* Los revisé con la esperanza de encontrar alguna reflexión personal salaz. Deseaba dar una metáfora que hablara sobre una relación perdida o una antigua amante. Pero no había metáforas, solo párrafos escritos con precisión que daban vueltas a una pregunta aparentemente sin respuesta: ¿qué es el amor? Escribir un artículo, con sus márgenes justificados, su letra en una fuente académica y su encabezado con el título en todas las páginas, en letra más pequeña y en cursiva, asfixiaba la pregunta, la enterraba. Nunca había estado enamorada y nunca tuve la sensación de estar aprendiendo algo sobre ello mientras leía esos artículos.

Los dejé guardados en mi escritorio. Podría haberlos pasado a una carpeta o incluso borrado, ya que sabía que era fácil encontrarlos en internet. Aun así, me los quedé. Creía que una versión mayor, más sabia y más filosóficamente sofisticada de mí los encontraría útiles. Quizás antes de que acabara el semestre, incluso. Mi crecimiento personal seguía un calendario muy ambicioso.

4

Con una botella de vino blanco barato dentro de una bolsa de papel húmeda, entré en el restaurante tailandés justo después de Claudia y Portia. El aire estaba dulce y pegajoso y la mujer que estaba en la caja se quedó mirando las bolsas que llevábamos con cara de sospecha.

—¿Traen su propia bebida?

Asentimos e hizo un movimiento rápido con la mano para indicarnos que teníamos que subir. La sala de arriba estaba llena de mesas vacías, lo que provocó que Claudia sacara el móvil y empezara a escribir furiosa.

—Los chicos llegan en diez minutos. Cómo no. Son un caso perdido.

Guardó el teléfono con determinación para acabar sacándolo un segundo después y leer en voz alta:

—Sackers pregunta si queremos que traigan algo de bebida. ¿Por qué están comprando ahora? Deberían estar viniendo hacia aquí. Esto es como comer sopa con tenedor.

—Espera, ¿qué? ¿No se supone que se come con cuchara? —dijo Portia.

La ignoramos.

—¿Por qué hemos invitado a los chicos? —Claudia estaba sentada en la silla más cercana a mí y metió el móvil en su bolso, lo cerró y lo dejó en el suelo, como si lo estuviera tirando a la basura.

Fue Claudia quien los invitó, no el resto de nosotras. La idea de organizar una fiesta sorpresa para el cumpleaños de Emily Teo fue suya, y fue ella también la que había estado mandando mensajes frenéticamente durante toda la semana para informar a todos sobre el plan.

Creo que deberíamos invitar a los chicos.

¿Segura? Será más complicado organizarlo todo con ellos.

Pero estoy convencida de que a Emily le gustaría que Nick viniera.

¿Por?

Porque han estado quedando.

Bueno, pues entonces podemos decírselo solo a Nick, ¿no?

Pero si hacemos eso parecerá que Emily y Nick están juntos.

¿No lo están?

No, solo están quedando.
Pero no están juntos-juntos.

Acabé esta conversación que no llevaba a ninguna parte confirmando que lo que había dicho Claudia en un principio era correcto.

Ah, vale. Entonces sí, deberíamos invitar a los chicos.

Los chicos entraron y Claudia empezó a gritar que habían llegado justo a tiempo. Le había escrito a Emily para preguntarle cuánto iba a tardar y ella, como siempre, había respondido que estaría ahí en «dos minutos» cuando en realidad eran diez.

—Meteos debajo de las mesas —ordenó Claudia con extrema premura.

Diez minutos son demasiados para estar escondido debajo de una mesa si eres un niño jugando al escondite, imagínate si se trata de una fiesta de cumpleaños para celebrar los diecinueve. Portia lo grabó todo con su teléfono, lo que me hizo pensar en esa película sobre un hombre al que enterraron vivo y lo grabó todo desde dentro del ataúd. La crítica la había elogiado por ese suspense hitchcockiano. No creía que el iPhone de Portia estuviera produciendo el mismo efecto.

Las rodillas empezaron a dolerme como si fuera una anciana que lleva demasiado rato rezando arrodillada, pero resistí la tentación de echar a perder la sorpresa y salir de debajo de la mesa. Algo me decía que aquello no solo habría sido extremadamente antisocial, sino que también habría sido un fracaso moral.

Cuando, por fin, Emily entró, salimos de ahí abajo e hicimos mucho ruido al arrastrar las sillas. Fue decepcionante.

Claudia hizo que Emily se sentara a su lado para poder explicarle el mecanismo de la sorpresa. Yo me senté al lado de Nick. Se hizo hacia un lado en su asiento. Primero pensé que era para dejarme sitio para entrar, pero luego vi que no volvía a ponerse bien. Tampoco se percató de mi presencia: estaba girado hacia el otro lado de la mesa. Nos quedamos ahí sentados en silencio, observando cómo conversaba la gente a nuestro alrededor. Como cada vez me sentía más incómoda, me esforcé por engancharme a algún hilo.

Emily estaba comentando que era la primera noche que salía sin su bota ortopédica y bromeaba sobre que la echaba de menos. Entonces me acordé de cómo se había roto el tobillo y le dije a Nick:

—Así que tienes una moto. Qué guay.

Se giró hacia mí con el entrecejo fruncido, como si hubiera dicho algo ofensivo.

—¿Qué?

Repetí, esta vez más alto:

—Que digo que es muy guay que tengas una moto.

Soltó una risotada que parecía más de alivio que de otra cosa. Tenía los dientes muy blancos.

—Vete a la mierda, soy el chico de los repartos.

—En plan, ¿reparto de comida?

—Sí. Ir en moto es muchísimo más rápido que ir en bici.

—Me juego lo que quieras a que eres el único repartidor de comida que vive en el St. Thomas.

Con la boca llena de fideos chinos, contestó:

—Seguro que soy el único tío del St. Thomas que tiene un trabajo de verdad y no algo tipo unas prácticas en la empresa de un amigo de mis padres.

—Yo solía tener un trabajo de verdad —dije—. Era horrible.

—Ah, ¿sí? —Se acercó la cerveza con una media sonrisa en la boca. Hasta ese momento, siempre había visto a Nick desde lejos y en sitios concurridos. Sus ojos me parecían inexpresivos debajo de esas cejas pobladas, incluso cuando sonreía y se reía. Ahora, esos ojos se fijaban en mí con interés, como si estuviera abierta a ser interpretada.

Le hablé sobre mi trabajo de verano en una tienda de zumos de Canberra: un pequeño kiosco cuyos adornos de colores tropicales no enmascaraban la monotonía que ahí se respiraba, donde los clientes pedían cualquier cosa que estuviera fría y fuera dulce para sobrellevar ese calor seco típico de enero, y donde me pasé mucho tiempo sentada sobre unas cajas del patio trasero inspeccionando la pulpa que se me quedaba debajo de las uñas.

—¿Así que eres de Canberra? —preguntó.

—Sí.

—No lo sabía. —Me pareció raro que le extrañara, pero porque parecía realmente sorprendido. Aquella era la conversación más larga que habíamos tenido, así que no sabía en qué momento ni por qué motivo había pensado que venía de otro lado—. Daba por hecho que…

—Sí, bueno, yo daba por hecho que eras un capullo porque tienes una moto, así que estamos en paz.

—La gente es una caja de sorpresas.

Abrió una nueva lata de cerveza. Alcé mi vaso lleno hasta arriba de un vino amarillo, para brindar.

—Sorprendentemente, sí.

Nick se rio, pero de esa forma inexpresiva en la que solía hacerlo, como si estuviera tomando aire o pestañeando. Me pregunté si habría sonado estúpida. Ambos bebimos y nos quedamos en silencio durante un momento. Nick le dio un nuevo empujón a la conversación.

—Todo esto debe parecerte un poco… un poco demasiado, ¿no? En plan, toda esta mierda de las escuelas privadas de Sídney en las que todo el mundo ya se conoce.

—Es una mierda —contesté—. En plan, si no te paras a pensarlo, es divertido. Poder estar siempre rodeado de amigos en las fiestas y demás. Pero precisamente ese es el problema, ¿no?

Asintió.

—Nadie se para a pensarlo.

—Exacto. Y me preocupa que todos estos tíos crezcan y empiecen a trabajar en un banco y engañen a sus mujeres con la secretaria y acaben teniendo un ataque de pánico al darse cuenta de que no tienen una vida interior.

—Brutal. —Inclinó el plato hacia él, rebañándolo—. Yo qué sé, supongo que para mí es fácil decirlo. Crecí con muchos de ellos. Pero cuando los conoces ves que son buena gente. —Habló tan bajito que tuve que inclinarme hacia él para entender todo lo que decía.

—Puede ser —dije como toda respuesta.

Levantó la mirada; su sonrisa estaba de vuelta.

—¿Estudias arte o algo así?

—Sí, ¿por?

—Vida interior.

—¿Eso es algo que solo tiene la gente que estudia arte?

—Está claro que a eso va dedicada la beca que te dan. A tu vida interior.

—Eso no se puede comprar ni se puede enseñar. ¿Y tú qué estudias? ¿Ciencias o ingeniería o algo útil?

—Economía.

—Vaya por Dios. Que disfrutes del sexo con tu secretaria.

Soltó esa misma risa airosa que, aunque probablemente tenía la intención de que fuera educada e inclusiva, lo que hacía era echarme para atrás. Entonces Nick dio un vistazo a la sala, como si fuera en busca de una nueva conversación. Yo también me giré para que no pareciera que me habían ignorado.

Un poco más hacia allá en la mesa, los chicos estaban lanzándose galletas de gamba unos a otros. Sackers le tiró un puñado a Nick. Los demás se rieron como si hubiera tirado confeti. Se fregó las manos para quitarse los restos de las galletas y estos cayeron sobre el mantel como si fueran caspa.

En la otra punta de la sala, Claudia tomó el móvil de Portia y escogió una canción nueva para que sonara desde el altavoz portátil. Los tambores resonaron como cuando la cubertería se cae al suelo.

—Esta me la sé —dije.

—Ah, ¿sí? El grupo es de aquí.

—Sí. —Me reí, sorprendida de mí misma—. Conocí a la banda.

—¿En serio?

—Sí… —Al recordar la forma tan abrupta en la que se había girado al bromear sobre cómo su futuro yo tendría sexo con una secretaria imaginaria, hice una pausa—. Fui a un concierto de ellos anoche. —Por algún motivo, no creí que contarle la historia completa fuera buena idea.

• • •

El día anterior, Eve me escribió y me dijo que «necesitábamos» salir de fiesta. Acababa de comprarle entradas para un conciertillo a un amigo. Admiré la seriedad con la que usaba el término «conciertillo».

El único evento al que había ido y que podía describirse —siendo generosa— como «concierto» era un baile de instituto al que habíamos asistido las chicas de mi centro y los chicos de lo que llamábamos el «instituto hermano» (a los que no tratábamos, ni mucho menos, como hermanos). Ambos grupos nos pasamos el rato de pie, apoyados contra paredes opuestas, como esperando al pelotón de fusilamiento. Cuando solo faltaban veinte minutos para que se acabara la fiesta, bajaron levemente la luz y empezó a sonar «Low», de Flo Rida. Todo el mundo, instintivamente, se agrupó en el medio de la pista y algunos de los chicos más valientes empezaron a «tropezarse» con algunas chicas. Uno de ellos se puso a bailar conmigo y esa noche, más tarde, me escribió un correo electrónico diciendo que le parecía que estaba buena y que era mona, y me preguntó también si quería que nos viéramos de nuevo. Su foto de perfil del MSN era un coche deportivo y su dirección de correo era una combinación entre su nombre y su deporte favorito (el rugby, creo recordar). Borré ese correo de inmediato y me puse a llorar. No se lo conté a nadie porque, por algún motivo que no llegaba a comprender del todo, «estar buena» y «ser mona» me parecía una forma muy vulgar de presentarme ante el mundo.

Este «conciertillo», al ser un concierto de verdad, no empezó hasta pasadas las nueve. Sobre las siete, cuando todavía el sol nos deleitaba con algo de calor, fuimos a la tienda de King Street donde venden alcohol y nos pasamos varios minutos haciendo el tonto en el cuarto frío mientras comentábamos que nos gustaría ser el tipo de mujer que bebe cerveza.

—¿Qué tal si empezamos ahora? —propuso Eve. Agarró un pack de seis de la marca Young Henry's Newtowners.

—¿Newtowners? —cuestioné—. ¿No hay nada más barato?

—Allá donde fueres… —Sonrió.

—No estoy segura de que empezar con cerveza artesanal sea la mejor opción. Es un poco como pasar de cero a cien —dije, pero ella ya había salido del cuarto frío y me había dejado ahí, fregándome los brazos para entrar en calor y que se me fuera la piel de gallina.

Compramos las Newtowners y le hice una transferencia de la mitad exacta del importe, hasta el último céntimo, y durante varios minutos estuve machacándome a mí misma sobre el hecho de que eso era más dinero del que había gastado en toda la semana.

—Necesito encontrar trabajo —le dije.

—¿No tienes la beca?

—Siento que debería ahorrar ese dinero.

—Qué va. Disfrútalo. Tienes toda una vida por delante para sucumbir al capitalismo.

Eve era la primera persona que conocía que invocaba teorías políticas para justificar sus decisiones personales. También era la persona que estaba más segura de que esas decisiones eran las correctas de todas las que había conocido. Me resultaba difícil imaginarla como un producto del sistema; sus acciones parecían no estar influenciadas por nada ni por nadie.

—¿Tú trabajas? —le pregunté.

—Más o menos. Doy muchas clases particulares.

No fue hasta más tarde que me enteré de lo que eran las clases particulares de Racket. Se necesitaba tener tres cosas: un coche, ser de las mejores del curso en el ranking ATAR y (en relación a esas dos primeras) haber estudiado en un colegio privado. Con todas esas cosas bajo el brazo, Eve iba por las casas de los suburbios del este hasta la costa norte y ayudaba a los estudiantes de su colegio, o a amigos de la familia, o a amigos de amigos. Su labor consistía, básicamente, en hacer sus deberes. Todo por sesenta dólares la hora o, tal y como me lo contó Eve, muy orgullosa: «un dólar por minuto». Y todo se pagaba en mano, lo cual debía ser complicado de conciliar con su pasión por los Estados de bienestar que se nutrían de unos elevados impuestos sobre la renta, pero en ese momento no fui capaz de ver esa contradicción.

Fuimos al parque Camperdown, nos sentamos al lado de una pared con grafitis y bebimos las cervezas mientras los árboles se pintaban de un tono dorado y el cielo pasaba de ser de color melocotón a azul oscuro.

A las nueve y media fuimos al concierto, que era en la planta de arriba de un pub. No me sabía ninguna letra, por lo que no pude cantar, pero sí pude saltar y sonreír y sentir cómo la gente me empujaba. El cantante principal tenía una voz áspera y parecía que, más que cantar, gritaba. La banda hacía un ruido muy fuerte y errático, con un retumbar de tambores constante al que me pude sincronizar para bailar a mi manera, siempre poco coordinada.

En dos ocasiones, Eve desapareció tras gritarme algo al oído que no entendí y volvió unos minutos más tarde con cubatas de vodka y zumo de arándanos. La segunda vez grité «agua» mientras se iba hacia allá, pero volvió, de nuevo, con una bebida de un color rosa enfermizo que hizo que pareciera que mi lengua había adquirido la textura de una piel de fruta reseca.

El jersey que me había atado alrededor de la cintura se cayó al bailar y, cuando el concierto terminó, esperamos a que todo el mundo se fuera para buscarlo. Lo encontramos en un rincón, empapado y con olor a humo. Decidimos dejarlo donde estaba. Los de la banda estaban empaquetando sus cosas y uno de ellos, el que llevaba un aro en la nariz y un corte de pelo *bowl*, nos preguntó si todo iba bien.

—Solo estaba buscando mi jersey —le expliqué.

—¿Necesitas ayuda?

—No, ya lo he encontrado, gracias. Aunque ahora que lo he encontrado, ya no lo quiero. —Lo levanté con dos dedos y él arrugó la nariz.

—Cosas que pasan, supongo.

—Cuánta razón. Lo importante es el camino, no la meta. —Estaba borracha. Al dejar caer el jersey al suelo, hizo un ruido inquietante que pareció una bofetada.

Se rio y se frotó la nariz con un dedo. Con ese corte de pelo, la raya que le empezaba en medio de la frente y su dedo en la nariz moviéndose de izquierda a derecha, su cara parecía muy cuadrada. Llevaba unos pantalones de pana de tiro alto que debieron de darle mucho calor durante la actuación.

—Me ha encantado vuestro espectáculo —le dije.

—¿Sí? Muchas gracias.

Eve, que estaba a mi lado, dijo:

—Has estado genial con la batería.

No sabía que él era quien tocaba la batería. Me parecía que todos tenían la misma cara.

—Gracias.

—Yo solía tocar la batería —comentó ella. Yo la miré, sorprendida—. Tocaba para la orquesta de mi colegio porque pensaba que si escogía un instrumento de percusión parecería la más guay de todos.

—Realmente sí que parecerías la más guay —dijo él. Se giró y les gritó a los otros tres miembros de la banda, que seguían en el escenario empaquetando el equipo—: ¿No es cierto que todo el mundo me dice siempre que soy el más guay de todos?

La respuesta que le dieron no fue más que un murmullo y un dedo corazón levantado.

—Menos en el primer concierto que dimos, que me pusieron a tocar el triángulo —continuó Eve—. Estaba tan avergonzada que mantuve el triángulo a la altura de mi cara para que me cubriera como una máscara. Y solo le di como tres veces en toda la canción, así que tuve que aguantarlo ahí arriba mucho rato.

—Por lo que me dices suena a que eras una pieza crucial —bromeó el baterista mientras se abanicaba la camiseta blanca y ancha para que le entrara aire.

—¿Qué te voy a contar? Era un gran valor añadido.

—Bueno, será mejor que siga empaquetando. Me alegro de que hayáis disfrutado, chicas.

Se fue hacia el escenario, pero a medio camino se dio la vuelta y dijo:

—Oye, chica del triángulo, ¿queréis venir a tomar algo? ¿Nos encontramos abajo?

Lo esperamos en la planta de abajo mientras Eve hablaba muy rápido sobre lo maravilloso que era aquello que estaba pasando, lo mucho que le gustaba esa banda y la posibilidad de que el baterista quisiera acostarse con ella.

—No lo sé, te ha llamado «chica del triángulo».

—¿Crees que eso es buena señal?

—Totalmente. Es muy explícito.

Se rio y se acabó lo que le quedaba en la copa. Traté de hacer recuento sobre cuántas llevaba yo. Puede que siete.

—Voy a acostarme con él.

Fruncí el ceño ante su tono de dándolo por hecho.

—¿Así que ya tenemos claro que se va a acostar contigo?

—Por supuesto.

Lo dijo sin un ápice de ironía y me reí para atenuar mi incomodidad. Sacudí la cabeza y di otro sorbo a mi bebida.

—Cuando iba al instituto, solía otorgarle mucho capital social al sexo. —Dijo esto como si fuera una propuesta de tesis y pude sentir cómo nuestra conversación cambiaba de rumbo mientras yo me mantenía a cierta distancia.

—Bueno, no creo que nos hubiéramos llevado bien —dije—. Era una virgen condenada. —Hablaba de ello como si hubiera pasado hacía siglos, aunque en realidad solo habían pasado unos meses. Aún entonces, sentada en ese bar con el sabor del zumo de arándanos en la boca y mascando la pajita de plástico, era la persona de más edad que conocía que todavía no lo había hecho.

—Ah, yo también, pero solía pensar que el sexo era algo superguay.

—Creo que todos pensábamos eso.

—Pero no lo es, para nada. A la gente le encanta follar, Michaela.

Di otro sorbo. El vaso estaba casi vacío, así que pasé la pajita por el fondo. Quería que Eve pensara que sabía exactamente de qué estaba hablando.

—Esa es una gran reflexión.

Ignoró mi sarcasmo adrede.

—Es como, si lo quieres, ahí lo tienes. No sabía lo activa que podía llegar a ser. Es como ir a por el pan. Si quieres una rebanada de pan, solo tienes que ir al supermercado y comprarlo. Si quieres follar, solo tienes que...

—Ir al supermercado del sexo.

—Ya sabes a qué me refiero.

—Creo que esta conversación nace desde tu posición de mujer blanca, delgada, atractiva y privilegiada.

No me hizo caso.

—Antes de salir de fiesta por la noche, simplemente decido: esta noche voy a follar. Y así lo hago.

Justo en ese momento apareció el baterista, como si hubieran dicho la frase mágica, y dio un golpe en la mesa con las dos manos. Había otro miembro de la banda detrás de él y nos lo presentó señalándolo con el pulgar por encima del hombro. El otro tío sonrió y saludó con la mano. Olvidé su nombre al segundo.

Eve propuso ir a un pub irlandés de King Street y ahí acabamos, quizá fue para que pudiera hacer la siguiente observación:

—¿No os parece gracioso que, en cualquier parte del mundo, desde Berlín hasta Tokio, los pubs irlandeses son los sitios a los que los australianos van a emborracharse?

—Pensaba que estaba relacionado con que hay un montón de convictos irlandeses en Sídney.

—Claro, pero no creo que sea una institución cultural. Es todo comercial. En plan, ¿cuántos irlandeses crees que resistieron ante el asedio de Dubrovnik?

—Nunca he estado en Dubrovnik.

—Es bonito —dijo el baterista.

—Tienes que ir. Hay unos pubs irlandeses geniales —dijo Eve, y el baterista pasó el brazo por encima de sus hombros, como si estuviera orgulloso de ella por ser tan graciosa. Aquello hizo que me encariñara con él. Por fin sentía que teníamos algo en común.

Nos sentamos en unos sofás que había en la parte de atrás durante horas hasta que Eve puso la mano en la rodilla del baterista y empezaron a besarse. Ansiosa por no quedarme ahí plantada mirando a Eve y por seguir el ritmo, me giré hacia el hombre que tenía al lado (no recuerdo si era el guitarrista o el bajista) y le hice una cara como diciendo «pues nada, aquí estamos».

Nos besamos también.

Me vi desde el otro lado de esa sala llena de gente, morreándome con un músico que llevaba un septum, y traté de dejar una nota mental para acordarme a la mañana siguiente.

Cada vez tenía más la sensación de estar viviendo una anécdota, llevaba notándolo toda la noche, y quería asegurarme de tener clara la estructura para poder reconstruir lo sucedido con Eve, cuando me levantara al otro día con la mente nublada.

Poco después los cuatro estábamos en la calle. Les hice andar hacia el kebab Istambul de esa misma calle que cerraba tarde, donde pedí patatas picantes y me las comí como si fuera un animal, de tres en tres o de cuatro en cuatro, mientras esperábamos al Uber.

Resultó que los dos músicos vivían juntos y acabamos en su casa. No recuerdo haber hablado sobre si nos íbamos a quedar, pero fui a la habitación del guitarrista, que estaba repleta de esas banderas de plegaria de colores que suelen verse en las fotos del Himalaya.

—¿Eres budista? —le pregunté.

Lo único que hizo fue reírse y me besó.

• • •

Me desperté con los pantalones puestos. La boca me sabía a pollo, sal y químicos, y la luz matutina jugaba con esas estúpidas banderitas creando sombras.

La habitación olía a humedad y me costaba respirar. El tío se movió y soltó un:

—Ey. —Pero lo hizo de una forma tan rara que me hizo cuestionar si sabría cómo me llamaba.

Estaba tumbado sobre un lado, de espaldas a mí. Pensé en Eve. «Simplemente decido: esta noche voy a follar». Cuando besé a ese tío, decidí que quería demostrarle a Eve que lo suyo tampoco era tan excepcional o que, de ser así, a mí también me pasaba. Así que le contesté:

—Ey. —Y cuando se dio la vuelta me incliné hacia él. Su boca sabía a rancio.

Follamos, lentamente, yo arriba y tras tener que hurgar por el suelo mucho rato para encontrar un condón. Una vez que estuvo dentro de mí, pareció perder la prisa. Mi mente deambulaba y traté de mirar a otro lado: a las paredes, a las banderitas, a cualquier cosa menos a su cara, para evitar comprobar si su mente también estaba en otro lado. Me sentía demasiado insegura como para hacer ningún ruido. Traté de sacudir la cabeza, luego me puse las manos en los ojos para disimular la falta de contacto visual y hacerla pasar por éxtasis. Me pregunté qué tenía de especial esto de meter y sacar como para que Eve y el resto del mundo estuvieran tan cautivados. Cuando el tío acabó, sentí el mismo alivio que cuando suena el timbre que anuncia el final de una clase.

—¿Quieres desayunar? —me preguntó tras pasarnos varios minutos ahí tumbados en silencio. Probablemente más minutos de los que duró el polvo. Dije que quería hablar con Eve.

Estaba en el piso de abajo comiendo un rollito de huevo cuya yema goteaba sobre una bolsa de plástico marrón que había sobre la mesa de la cocina y que hacía el papel de plato.

—Él no quiere —dijo señalando al baterista—. Es vegano. —Pronunció la palabra «vegano» como si fuera un insulto y me hizo gracia. Eve era vegetariana. Ya me había dado un ejemplar de *Comer animales* con muchos bordes de página doblados y acribillaba mi bandeja de entrada con fragmentos de lo que dice Peter Singer sobre el especismo. Así que de lo que se burlaba al pronunciar esa palabra era del tipo de gente que se burla de los veganos.

A todo esto, la resaca se estaba apoderando de mí y a mi mente le costaba formular palabras.

—Deberíamos irnos —dijo Eve, y yo asentí agradecida.

—¿No quieres desayunar? —El baterista de Eve estaba sentado en la mesa de la cocina con un café en la mano.

—No, creo que necesito dormir —le contesté.

—Bueno, pues nos vemos —dijo mi guitarrista.

Nos abrimos paso por la sala principal, que estaba llena de discos de vinilo y plantas con un aspecto moribundo, para irnos. Ya en la calle, Eve empezó a reírse con los ojos entrecerrados por culpa del sol mañanero.

—Todo lo que pasó anoche fue ridículo —dijo.

Apoyé las manos sobre las rodillas y me incliné hacia delante. Sentía que mis tejanos negros eran mucho más calurosos y gruesos de lo que lo eran la noche anterior.

—No me encuentro muy bien.

—Vamos, tienes que comer algo.

Me llevó a una cafetería a la que ya había ido antes y el barista sonrió al verla.

—¿Ya estás de vuelta?

Para mí, pidió un rollito de beicon y huevo con salsa barbacoa y alioli y un café solo largo.

—No bebo café solo largo —avisé.

—Te ayudará a cagar luego —me contestó.

—No quiero cagar luego.

Era consciente de que estábamos hablando alto y al lado de la cafetera. Al otro lado se podía oír cómo el barista se descojonaba de la risa. Estaba segura de que Eve había alzado la voz con ese fin.

—Confía en mí, te sentirás mucho mejor después de haber cagado. La cagalera posborrachera.

En la parada de bus, di un sorbo vacilante al café. Sabía más amargo y a adulto. El rollito de beicon y huevo, en cambio, parecía que lo había absorbido por ósmosis, más que masticado, engullido y digerido.

En el bus, en el que solo había otros cuatro o cinco pasajeros, nos sentamos una al lado de la otra en unos de los asientos altos que había en la segunda fila empezando por atrás. Bajamos por la calle Parramatta desde Leichhardt e íbamos en línea recta de vuelta a la universidad.

—Qué práctico esto —comentó Eve.

—Se nos da bien elegir bus.

Me preguntó cómo había ido la noche y si me había acostado con él, y yo le respondí (con algo de orgullo) que sí.

—¿Os habéis acostado de nuevo esta mañana? ¿No te encontrabas mal?

—Lo cierto es que no. La resaca me ha venido después.

—¿Y eso?

—Parecía la forma más segura de salir de su cama.

—Creo que con levantarte de la cama habría valido.

—Da igual. Ahora podré decir que me he acostado con uno de... ¿Qué banda fuimos a ver anoche?

Eve soltó una carcajada y dio un manotazo al asiento que teníamos enfrente para que los demás pasajeros se giraran a mirarnos.

—Estoy obsesionada contigo —dijo. Y, por un momento, se me pasaron las náuseas. Dejé que mi cabeza vibrara contra la ventana.

—¿Todas las tiendas de esta calle son de vestidos de novia? —pregunté tras pasar tres seguidas.

—¡Lo sé! Yo también me lo pregunto.

—¿Las contamos?

Lo dejamos correr después de contar diez en el espacio entre dos paradas de bus.

—¿Cuándo crees que vas a casarte? —preguntó Eve mientras miraba por encima del hombro hacia la ventana del otro lado del autobús.

—Nunca.

Se giró hacia mí.

—¿Quieres estar soltera para siempre?

—No, no me desagrada la idea de tener pareja, pero no quiero casarme.

—¿Por qué?

—No me gusta la institución del matrimonio.

—Michaela —dijo mi nombre con tono severo y paternalista—, como hija de padres divorciados, te puedo decir que no es muy sofisticado ni original despreciar la institución.

—No me importa si los demás quieren casarse. Simplemente, no es para mí. No quiero llevar un vestido blanco y fingir que soy una virgen a la que entregan a cambio de un ajuar.

—Pues no te pongas un vestido blanco. Cásate con un traje rojo o algo así.

—No es solo por lo de la virginidad. Es solo que, básicamente, no creo que en el amor deba haber un contrato de por medio.

Se quedó mirándose las manos con el ceño fruncido.

—¿Has estado enamorada alguna vez?

—No.

—No creo que un contrato sea algo tan malo. Creo que el amor es un tipo de posesión. De eso trata la monogamia.

Estaba demasiado cansada como para tener ese debate, sentía que la marea me atraía, el bus retomaba el trayecto tras una parada, y no tenía ni la capacidad ni el deseo de luchar contra ello. Me dejé llevar y permití que todo fluyera fuera de mi control.

Ahora, cada vez que escucho una de esas canciones con la voz áspera, las vocales exageradas y los aullidos, siempre suelto, como quien no quiere la cosa, que me acosté con el guitarrista. No digo el bajista ni nada. Y a pesar de que puede que esa sea la anécdota, es el trayecto en bus de vuelta a casa con la barriga llena lo que guardo en la memoria: la sensación de ser abrazada, y también estirada, mientras íbamos calle abajo de camino a nuestras camas.

5

Cuando le di mi carné de estudiante a la señora del mostrador me miró con desprecio. Sin soltar ni una palabra, me devolvió mi trabajo y me hizo adiós con la mano. Había una nota con los comentarios del profesor grapada a la portada.

Me había dejado la piel en ese trabajo de Filosofía: tomé notas que eran más largas de lo que tenía que serlo la redacción en sí, dibujé diagramas en base a esas notas, y luego añadí cosas y lo redibujé a medida que surgían nuevas ideas que cada vez tenía que meter en cuadraditos más y más pequeños de la página. Todo esto mientras me preguntaba qué tal se le estaría dando el trabajo a Eve. Preguntándome pero no preguntándole: eso nunca, no fuera que la curiosidad se pudiera considerar una debilidad.

La nota con los comentarios del profesor seguía criterios como «tratar la cuestión», «ortografía y gramática» y «originalidad». Estaban divididos en una tabla de cinco filas con un cuadrado al lado para hacer una cruz con el bolígrafo allá donde correspondiera. En mi caso, las cruces seguían una línea irregular. En la esquina superior derecha constaba la nota escrita a mano: 63/100. Miré el nombre que aparecía en la esquina izquierda y, de nuevo, miré la nota. No había ningún error.

En el camino de vuelta hacia la residencia tiré el trabajo a la basura. Traté de arrugarlo en una bola, pero eran nueve páginas y se desenrollaban cuando intentaba darles forma. En su lugar, doblé esas páginas gruesas y de un blanco resplandeciente a la luz del sol como si fueran una carta y las metí por la ranura de una papelera con tapa de metal. Antes de hacerlo, dudé sobre si lo correcto sería ir a la biblioteca y reciclar el papel. Después, enfadada conmigo misma porque la rabieta se hubiera convertido tan rápidamente en esa necesidad de orden, arrojé el trabajo y la bolsa de basura amortiguó la caída.

Más tarde, ese mismo día, Eve llamó a mi puerta y la abrió acto seguido. Tenía el trabajo en las manos, obviamente no en el fondo de un basurero.

—¿Has ido a por el tuyo? —preguntó.

Consideré la opción de mentir.

—Sí, fui a por él en cuanto vi el correo.

—Y ¿qué tal? —Se había sentado en el borde de la cama con las piernas cruzadas.

—Tú primero.

Casi no hizo falta pedírselo.

—He sacado un noventa.

—Guau. ¿Sabes si alguien más ha sacado una nota tan alta?

—No que yo sepa. Se lo he preguntado a varias personas. —Sacó el teléfono—. Luke obtuvo un ochenta y cuatro y dice que a Kirk le han puesto un setenta y nueve.

—Tiene pinta de que has sacado la mejor nota.

—Sí, eso creo.

—¡Esta chica es un genio! —Estaba sentada en la silla de mi escritorio y me deslicé con ella a la vez que decía esas palabras.

Como cuando alguien, justo antes de irse de una habitación, recuerda qué había ido a buscar, levantó la vista de su redacción tras haber estado un rato hojeándola con admiración.

—¿Y bien? ¿A ti qué tal te ha ido?

—No muy bien.

—Vaya, lo siento. —Cualquier indicio de empatía que Eve pudiera sentir estaba enterrado bajo una ola de triunfo personal que salía a la luz incluso cuando decía «lo siento». Quería que se fuera de mi cuarto para poder compadecerme en paz en vez de tener que ver cómo blandía ese montón de papeles como un trofeo.

—Sí, me jode —dije yo—. Pero tampoco es para tanto si tenemos en cuenta todo el panorama.

—¿Te refieres al panorama del curso?

—Sí, bueno, cuenta solo un 30% de la nota total. Y en el panorama de la vida cuenta incluso menos. ¿Un 5%, quizá?

No le hizo gracia.

—¿Me vas a decir qué nota has sacado?

—No.

Con una voz de pena y medio canturreando, suplicó:

—¡Porfi!

—¿Para qué? ¿Para que puedas sentirte mejor contigo misma?

—No. —Se rio—. Ya me siento bien conmigo misma.

Se rio levantando el labio superior, que no era más que una línea y que mostraba sus dientes perfectos mientras sus hombros se movían levemente, y aquello rompió la burbuja de tensión que se había formado. Me reconfortaba pensar que yo era la oponente de Eve. Podría haber seguido jugando a este juego toda mi vida. Forcejeando con ella con una admiración mutua y la esperanza de que quizá la próxima vez lograría vencerla, y que quizá la vez siguiente sería ella quien me vencería: elucidándonos, empujándonos a lo más alto.

—Está bien. He sacado un sesenta y tres.

Eve se llevó una mano a la cara.

—Oh. —Sentí cómo me encogía ante su mirada—. Pero si te esforzaste mucho.

Sentí que se me hacía un nudo en la garganta.

—*C'est la vie* —respondí.

—¿Te puso muchos comentarios?

—No —mentí. Los comentarios (en forma de frases con signos de interrogación o subrayadas y con un «¡No!» escrito al lado) estaban en el fondo de una papelera.

—Deberías mandarle un correo al profesor Rosen. Dicen que es posible discutir las notas que te pone. Puede que se haya equivocado.

—Me da mucha pereza, la verdad. No merece la pena el esfuerzo. —Esperaba que mi resignación a ser una estudiante mediocre me hiciera parecer madura. Pensaba que si empezaba a discutir con ella sería solo para que obtuviera validación, para confirmar que ese trabajo era algo realmente importante en mi vida y que, por tanto, también era un gran logro para ella.

Cuando se fue, me leí todos los titulares de la página web del *Guardian* como método para recordarme que mis fracasos carecían de importancia. Después busqué en la web de la universidad a todas las personas que habían ganado algún premio sobre filosofía en los últimos cinco años y luego leí su currículum en LinkedIn. Eso no me hizo sentir mejor ni peor, pero, un rato después, aburrida y con los ojos irritados, me fui a dormir.

A la mañana siguiente, antes de salir de la cama, le mandé un correo al profesor Rosen y pedí que me brindara algún *feedback*. Lo redacté muy formal y me disculpé mil veces, sobre todo por obligarle a dedicarme parte de su tiempo, lo cual fue irónico, dado que más tarde me hizo saber que «a lo que realmente tuvo que dedicarle mucho tiempo fue a leer todas esas disculpas».

Estimado profesor Rosen,

Lamento escribirle sin previo aviso. Soy una estudiante de primero de Filosofía y asisto a su asignatura Moralidad de Primero.

Le escribo este correo con motivo del trabajo de mitad de semestre. No puedo ni imaginarme lo mucho que habrá tardado en corregirlos todos, agradezco sus comentarios y le pido disculpas si pasé por alto alguna de sus recomendaciones, pero me gustaría discutirlo con usted.

Si pudiera facilitarme algo más de feedback *para tratar de mejorar de aquí a final de curso, se lo agradecería.*

Si no dispone del tiempo necesario o no ofrece tutorías individuales como norma general, lo entiendo perfectamente y le pido disculpas por hacerle perder el tiempo.

Si es posible llevar a cabo la tutoría, por favor, hágame saber qué día y a qué hora le vendría bien. Yo puedo acudir cuando usted diga.

Saludos cordiales,
Michaela

Su escueta respuesta llegó media hora después. Escribía los correos como si fueran mensajes de texto, lo que le daba la apariencia de ser muy eficiente y a mí me hacía sentir tonta por haber empezado mi correo con un «Estimado».

Michaela, no hay ningún problema, siempre estoy encantado de dar feedback. ¿Te viene bien el jueves después de clase a las 16?

Pensé que sería una tontería abandonar las formas ante el primer obstáculo. Estructuré mi respuesta como si fuera una carta:

Estimado profesor Rosen,
El jueves a las 16 me va perfecto. No sé cómo darle las gracias por acceder a dedicarme ese tiempo.

Le mando mis mejores deseos,
Michaela

No me había imaginado que sería así. En los rincones más privados y recónditos de mi mente, reservados para las fantasías más absurdas y trilladas (esas que solo salían a flote cuando me estaba dejando llevar por el sueño al irme a dormir), había pensado mucho acerca de cómo sería mi primera conversación con «Paul». Empezaba con él felicitándome por un comentario que había hecho en clase. Yo lo miraba a los ojos, de igual a igual, y le preguntaba algo incisivo, lo cual hacía que él vacilara antes de responder. Se me quedaba mirando, impresionado, mientras me marchaba, y yo me quedaba instalada en su mente como un desafío.

En vez de eso, ahí estaba yo, rindiéndome a sus pies. En retrospectiva, veo que eso era lo que más le convenía.

• • •

Los miércoles después de cenar, Balth y yo íbamos al cine aprovechando que era la noche de estudiantes. Durante el día, solía mandarle una lista con todas las películas que me gustaría ver. Eran listas largas.

—Eres una facilona para las películas —comentó Balth—. ¿De verdad te apetecía ver esa peli turca sobre un secuestro infantil?

—Ponía que era una comedia.

—¿Estás de broma? ¡Pero si era subtitulada!

—Puedo ver cualquier cosa siempre y cuando sean imágenes en una pantalla.

—¿Las imágenes deben moverse o con que vayan pasando una a una como si fueran diapositivas te vale?

—Lo cierto es que no soy tiquismiquis.

Estábamos andando por King Street; había parejas tomadas de la mano que mantenían contacto visual al cruzarse con la gente. Balth insistió en que nos paráramos en el súper IGA para comprar algún aperitivo. Era consciente de que los pasillos ahí eran estrechos. Me aseguré de que caminara por delante de mí para que no tuviéramos que estar uno al lado del otro con los hombros en contacto.

—Tengo una pregunta para ti —dijo Balth.

—Sin duda las Scotch Fingers. —Estábamos en la sección de galletas.

—No era eso lo que quería preguntar. Y esa no es la respuesta que esperaba recibir, tampoco. —Sacó un paquete de Tim Tams y yo hice una mueca—. ¿Quieres ir al baile conmigo?

—¿Que qué?

El baile anual del Colegio Mayor St. Thomas era un tema de interés universal en Fairfax. No porque fuera un evento al que todo el mundo iba a asistir, sino más bien porque todo el mundo iba a vivirlo de una forma u otra, aunque fuera mediante el rechazo y la exclusión.

Las chicas cuyos novios iban al St. Thomas tenían la invitación asegurada desde el inicio de la relación. Las mentes cínicas como la mía incluso daban por hecho que cuando se mordían los labios por primera vez y se armaban de coraje para decir «creo que deberíamos cerrar la relación», la imagen que realmente tenían en la cabeza era la de este evento.

Las solteras, sin embargo, se posicionaban en una escala que iba desde la indiferencia fingida hasta la desesperación fingida (o, al menos, espero por su propio bien que fuera fingida). Eve y yo nos encontrábamos en el primer grupo, el asentamiento de una revolución que nunca llegaba a cobrar fuerza, que repetía una vez tras otra, con arrogancia, que aquello ya no era el instituto y que los bailes eran algo trivial. Así, pues, construimos nuestra confianza en base a lo mucho que nos daba igual.

Me quedé mirando a Balth mientras él inspeccionaba los estantes en busca de alguna oferta especial. No estaba segura de si la invitación iba en serio. Sin esperar a que respondiera, miró la hora en su reloj y dio un respingo.

—¡Madre mía! ¡Nos vamos a perder los tráilers!

Pasó por mi lado rozándome. Bajo la luz del fluorescente, su cuerpo parecía más alargado, como una sombra a última hora de la tarde.

—¿Qué has dicho?

—Que madre mía y que nos vamos a perder los tráilers.

—No, antes de eso.

—Te he preguntado si querrías venir conmigo al baile.

—¿A qué te refieres?

—Perdona. Es muy complicado. Debería haberme explicado. En el St. Thomas se organiza una cosa llamada «baile», que es otra forma de decir «fiesta». Se refiere a cuando un grupo de personas se junta y planea pasar un buen rato.

—¿Quiere bolsa? —El señor de la caja era inmune a los encantos de Balthazar. Lo observaba con la mirada perdida, como si su alma se hubiera ido hacía tiempo.

—No, gracias. —Balth tomó el Tim Tans y se giró hacia mí—. ¿Qué? ¿Quieres venir?

—¿No prefieres preguntárselo a Eve?

—¿A Eve? ¿Por qué?

—Pensaba que erais…

Abrió el envoltorio mientras andábamos y me ofreció una galleta. Hizo un sonido, como un «ajá» pero más distorsionado, amortiguado por la galleta que estaba masticando.

—Me había olvidado de que vuestras habitaciones están una al lado de la otra.

—Ojalá yo pudiera olvidarlo.

—Joder, lo siento mucho. Aquello fue cosa de una noche. Espero que no llegaras a escuchar nada. —Se pasó una mano por el pelo. Volvió a caer la misma mecha en su frente—. ¿Algo especialmente grave?

—Solo *un petit peu*.

—¿Cómo?

—Solo por parte de ella.

—Menos mal. —Sacó una segunda galleta y se la comió de un mordisco. Cuando la hubo tragado, dijo—: Bueno, pues ya está. Vas a ser mi acompañante buenorra.

—Pero no es una cita ni nada por el estilo, ¿no?

Se rio mucho y muy fuerte. Tenía chocolate entre los dientes.

—No, no es una cita. Solo irónicamente.

—En ese caso, irónicamente me encantaría acompañarte. Gracias, Balth.

Para cuando comenzó la película, Balth ya se había terminado la mitad del paquete de Tim Tams. Arrojó el resto sobre mi regazo y dijo:

—Sálvame de mí mismo.

La película era una adaptación de una saga de Hollywood antigua, pero, en esta ocasión, todos los papeles principales eran interpretados por mujeres. Balth me hizo reír tanto que la gente me mandaba callar. Se giraba cada diez minutos para preguntarme:

—¿Sientes el empoderamiento creciendo en ti?

• • •

El jueves, para ir a clase, me puse mi minifalda roja preferida y una blusa corta de color blanco. La blusa me llegaba justo por debajo de la cintura, donde empezaba la falda. En el aula usé la funda de mi portátil como cojín para evitar que los listones de madera de los asientos me dejaran marca en los muslos descubiertos. Llevaba también unas Converse altas con los cordones atados alrededor de los tobillos. Siempre me las ponía cuando llevaba falda. Sentía que me hacían parecer atractiva como por casualidad. En plan, me ponía los mismos zapatos todos los días, sin pensarlo siquiera, y no tenía ni idea de lo largas que hacían que se vieran mis piernas.

No llevaba maquillaje, pero con lo que tardaba en arreglarme el pelo para que me quedaran unas mechas cuidadosamente dispuestas en medio de la frente, podría haberme delineado los ojos treinta veces.

Cuando acabó la clase, Eve vino a la fila del fondo y me esperó en los escalones. Metí el portátil en la bolsa y me dirigí hacia ella.

—Me tengo que quedar, perdona.

—¿Y eso?

—Le pedí tutoría al profesor Rosen.

Abrió mucho los ojos.

—Ah. —Miró al profesor, que estaba de pie en el atril cubriendo el micrófono con la mano mientras hablaba con un estudiante—. Me parece buena idea. Seguro que te ayuda.

Me dio un golpecito en el hombro antes de marcharse. Creo que pretendía ser un gesto condescendiente, pero ella estaba un escalón por debajo de mí, así que tuvo un efecto más bien reconfortante.

La seguí escaleras abajo y esperé a que el profesor Rosen terminara. Después, me acerqué a él despacio. Me miró con una sonrisa.

—¿Michaela? Vamos a mi despacho.

• • •

Hasta ese momento, nunca había estado en el despacho de un profesor. El suyo tenía vistas al edificio principal. Era tan monástico y estaba tan repleto de libros como esperaba, aunque en la pared que había al lado de la puerta había un dibujo a carboncillo de una mujer desnuda. La figura estaba de espaldas al artista, así que solo se veía una larga melena oscura y un gran trasero apoyado sobre el suelo. El dibujo era casi a tamaño real. Me pregunté si sería un regalo de un amigo o si lo habría dibujado él mismo. Eché un vistazo rápido en busca de una firma. No la había. Tuve la sensación de que, si el profesor Rosen supiera dibujar, siempre firmaría sus obras.

Había una chimenea en una parte del despacho con dos sillones y una pequeña mesita de café en medio. Al otro lado estaba su escritorio, que tenía pinta de ser caro, cubierto de libros y papeles con un grado de desorganización que me frustraba: libros apretujados entre restos de papel, pósits, un posavasos de un bar cercano. Había sillas de madera a ambos lados del escritorio. Me indicó que me sentara en una.

—Perdón por el caos —dijo.

Había visto un artículo en Facebook sobre la correlación entre tener un gran intelecto y un lugar de trabajo desordenado. Según parece, el escritorio de Einstein era caótico.

Me reí y respondí algo dócil y estúpido tipo:

—No hay problema.

—¿Así que quieres hablar sobre tu trabajo?

—Sí, gracias por acceder a dedicarme este tiempo.

Estaba sentado con los codos apoyados sobre la mesa.

—¿Dónde lo tienes?

Sentí cómo me subía el calor debido a la vergüenza, cómo me inundaba. No era más que una colegiala que no podía hacer los deberes.

—Lo siento, no lo he traído. Lo siento.

Soltó un suspiro y se giró hacia donde tenía el ordenador.

—Lo imprimiré.

Miré por la ventana. Era larga, estrecha y parecida a las de las iglesias: con una vidriera que tenía formas de diamantes. Estaba entreabierta y la luz del exterior se introducía en la estancia de forma teatral.

—¿Tu número de estudiante?

—Mi... Perdón, lo tengo aquí.

Se quedó mirándome con las manos quietas sobre el teclado mientras yo hurgaba en mi bolsa en busca del carné. Cuando le leí el número, lo tecleó con fuerza y rápido, como para compensar el tiempo perdido.

—Ah, sí. Me acuerdo de esta.

Había abierto el documento y estaba hojeándolo. Lo imprimió. Que tuviera que hacer todos esos clics en el menú en lugar de presionar Ctrl + P delataba que ya tenía una edad.

La impresora estaba al otro lado del despacho. No me miró al levantarse para ir a por las hojas. Cuando regresó, con el trabajo en su regazo, se apoyó en el borde del escritorio, en diagonal a mi silla. Estaba casi de pie.

—¿Crees que la nota fue injusta?

—No, en absoluto. Es solo que... me esforcé mucho en entender las lecturas. Quiero hacerlo mejor.

—¿Así que no quieres discutir la nota?

—No, solo quiero entender en qué consiste un buen ensayo, para poder hacerlo bien la próxima vez.

Sonrió y, mientras sus ojos pasaban del trabajo a mi cara, vi cómo se deslizaban por mi cuerpo. Estaba sentada de manera que solo los dedos de los pies tocaban el suelo, con las piernas levantadas por encima del asiento, no dobladas sobre él. Así parecían delgadas y con poca carne, como palillos. Me alegré de haberme puesto la falda roja.

Se tocó la barbilla, un movimiento similar a cuando se limpiaba la cara después de dar un sorbo de Coca-Cola en medio de la clase.

—Esto no es muy habitual.

—¿No? Pensaba que ese era el principal objetivo de organizar una tutoría.

—Debería serlo.

Volvió a ponerse detrás del escritorio mientras hablaba y seguía sosteniendo mi redacción.

—En resumen, el problema era que sobraba exégesis y faltaba estructura. Ambas cosas se pueden arreglar, así que buenas noticias.

—Perdón, ¿qué es «exégesis»?

—Se refiere a la parte en la que se resumen los argumentos del filósofo.

—Vale. —Recordé la discusión en clase sobre lo que significaba «normativo», y cómo se burló de Luke por usarlo.

—Así que a la parte en la que se hace un resumen la llamamos «exégesis».

Se rio y se rascó la barba. Dejé caer las piernas. Ahora los pies estaban totalmente apoyados en el suelo y los muslos se veían gruesos, relajados sobre la silla.

—Sí, es una nomenclatura absurda, pero eso no viene al caso. Lo que quiero decir es que dedicaste demasiado tiempo a intentar demostrarme que entendías la lectura que os había asignado. Si te soy sincero, eso no me importa. Espero que mis estudiantes puedan comprender lo que leen. Lo que quería saber era tu opinión acerca de la lectura. ¿Estabas en desacuerdo con lo que decía?

—Lo cierto es que no. Estaba bastante bien argumentado. Quiero decir, es Kant.

Volvió a reírse.

—Sí, lo sé, parece una tarea difícil, pero no tienes por qué decir que se equivoca. Solo tienes que encontrar algo, alguna faceta de su razonamiento, que no te encaje. Por ejemplo, tal vez no estás de acuerdo con todo el concepto de su imperativo categórico.

—Pero no estoy en desacuerdo. ¿No es ese el objetivo de la moral? ¿Que la gente aspire a ser buena?

—Sí, pero tal vez tú no crees que la bondad pueda ser medida según la adherencia a las normas prescriptivas. Hay formas alternativas de entender la moralidad.

Habló durante un rato. Hacía pausas largas entre pensamientos, como por indulgencia, y gestos suaves y firmes. Lo que me hipnotizó, al igual que durante sus clases, fue la humildad que había detrás de su seguridad. Estaba totalmente comprometido con el proceso del pensamiento, con su ejercicio estructurado. Sus pensamientos nunca vagaban; iban de un lado a otro de la habitación. Era capaz de seguir sus propios pasos y, lo que es más importante, era capaz de volver sobre ellos. Cada uno de sus argumentos era susceptible de ser desafiado, y con cualquier objeción —siempre que apuntara a algo concreto— se le encendía una chispa en los ojos y aparecía una sonrisa lenta. Como un arqueólogo que acaba de descubrir otro lugar donde excavar.

Yo asentía cuando estaba de acuerdo y fruncía el ceño cuando no lo estaba. En un momento dado, quiso mostrarme un párrafo en particular que pensaba que contenía el «núcleo de una buena idea, y eso es todo lo que se necesita: una buena idea». Se inclinó sobre el escritorio, me enseñó la página y señaló la frase. Yo también me incliné, y cuando agarré la página, nuestras manos casi se tocaron.

Después se volvió a sentar en su silla con mi redacción en su regazo.

—Mira, veo que lo entendiste y que te esforzaste, incluso aunque tu enfoque no fuera tan contradictorio como sería lo ideal. Te voy a poner un setenta y cuatro.

—Me parece excesivo —dije—. No lo cambies.

—No me digas lo que tengo que hacer. —Habló con una fuerza sorprendente. Toda la habitación pareció erguirse. Mis talones volvieron a levantarse del suelo mientras mis piernas se cernían sobre la silla. En voz muy baja, dije:

—Perdón.

E inmediatamente deseé no haberlo hecho. Me levanté para irme.

—Mmm… gracias. —Me bajé la falda roja y la alisé sobre mis muslos—. Y gracias por dedicarme este tiempo, lo agradezco mucho.

—No te preocupes, me alegra haber ayudado. —Seguía mirando la pantalla del ordenador mientras hablaba.

Cuando llegué a la puerta, con el dibujo a carboncillo acechando sobre mí, me llamó:

—¿Michaela?

—¿Sí? —Me giré hacia él.

Había sacado una Coca-Cola de vidrio. La tenía apoyada sobre la rodilla con su mano alrededor del cuello de la botella.

—Buena suerte con la siguiente redacción. Tienes mucho potencial.

• • •

Es extraño pensar ahora que, aunque mi «potencial» sea algo mío, su materialización se debió en gran medida a Paul. Primero, porque dijo que lo tenía, y segundo, porque en ese primer encuentro me mostró, mediante nuestra conversación, cómo era hacer uso de él.

Durante el resto del semestre —y, de hecho, durante todos los semestres que vinieron después—, los comentarios que se hacían en clase y los desacuerdos que surgían en las tutorías adoptaron la forma de una danza coreografiada. Me di cuenta de que la sofisticación intelectual se medía por el conflicto. La mayoría de las «preguntas» que se planteaban eran, en realidad, meras objeciones.

Desde luego, decir esto es problemático porque…

Creo que lo que la lectura quiere decir realmente es…

Me preocupa que se sugiera que…

Así que añadí un nuevo color a la hora de tomar apuntes. Seguía apuntando diligentemente todo lo que salía de la boca de Paul, pero empecé a resaltar algunas frases en verde. El verde significaba: no estoy segura de estar de acuerdo.

6

Como soy una cobarde, le envié un mensaje a Eve para decirle que Balthazar me había invitado al baile en lugar de decírselo a la cara. Pensé que, de esa manera, me ahorraría su reacción. Cuando la vi al día siguiente no lo mencionó, simplemente me dio a entender que lo había leído mediante una serie de sutiles hostilidades.

En las clases del profesor Rosen, Eve y yo nos sentábamos juntas. Durante el descanso de diez minutos que había en medio, Luke solía levantarse con el pretexto de estirar las piernas o ir al baño; lo que fuera con tal de pasar junto a nosotras. Cuando dijo el nombre de Eve, sorprendido, como si acabara de reparar en ella, no reaccioné a propósito. Dado que Eve siempre se sentaba en la primera fila, y los asientos estaban colocados en pendiente, toda el aula era un mirador desde el que podían vernos. Ese día, dijo el nombre de Eve como si fuera una revelación, me saludó con la cabeza (cosa que también fingí no ver) y se apoyó en el atril que teníamos delante. Habló alzando la voz, como si tener esa conversación fuera un mérito para nosotras, y escucharla un privilegio para los que estaban alrededor.

Eve, como siempre, llevó la conversación a su terreno.

—¿Sabes qué va a hacer Michaela la semana que viene?

—¿Qué va a hacer Michaela la semana que viene?

Hablar de mí en tercera persona tuvo el efecto deseado. Dejé que Eve respondiera por mí.

—Va a ir al baile del St. Thomas.

Luke me miró.

—No jodas.

—De forma irónica, solo —contesté.

—Siempre que sales con esos chicos de forma irónica, en realidad lo que haces es coquetear con «post ironía». —Luke se rio y Eve se volvió hacia él y le ofreció una de sus brillantes sonrisas, como si quisiera recompensarle por su fino sentido del humor—. Me decepcionó mucho cuando lo descubrí. —Eve no me había dicho esto antes. Admiré la pericia con la que manipulaba su decepción: la convertía en una broma interna que yo iba a estropear si me ponía seria, y más aún si me defendía.

—Ya, bueno, prometo que me iré si noto que me lo empiezo a pasar bien de verdad.

—Tu carruaje se convertirá en una calabaza —dijo Luke.

—Exactamente.

—¿Así que estás en Fairfax como Eve? —Luke se sentó a dos asientos de distancia, de cara a nosotras. Eve y yo giramos nuestros cuerpos hacia él a la vez.

—Sí, soy de Canberra, así que, ya sabes, en algún lado tenía que vivir.

—Pero solo irónicamente, ¿no?

—Algo así, sí.

Eve se volvió hacia mí. Nuestras caras estaban muy cerca.

—¿Sabes cuál fue la temática del baile del año pasado? —Miró a Luke, como para aludir a una conversación previa.

Cuando dije que no, me avergonzó escuchar lo malhumorada que sonaba.

—La Ruta de la Seda. —Eve puso énfasis en cada palabra.

—¿De verdad?

—Al parecer, tenían camareros vestidos de geishas —añadió Luke.

—¿Qué? ¿Por qué?

—De locos, ¿verdad?

—¿Estaba Japón siquiera en la Ruta de la Seda? —pregunté.

Eve y Luke se apresuraron a hacer valer sus grandes conocimientos. Eve lo hizo desde un punto de vista ético:

—Creo que eso no viene al caso.

Y Luke, desde uno empírico:

—Sí estaba, por supuesto.

Luke la miró y se removió en su asiento. La cara de Eve confirmó que había errado el tiro.

Ella sacudió la cabeza, desestimándolo, y se giró hacia mí.

—La cuestión es que estos chicos blancos y privilegiados se apropian de otras culturas por diversión.

Luke asintió enérgicamente.

—Sí, se habló mucho del tema el año pasado, según mi hermano. Hasta publicaron un artículo en el periódico.

—¿El periódico estudiantil? —Eve se volvió a girar, permitiéndole entrar de nuevo en la conversación.

—Esto debió de ser noticia a nivel nacional, seguro —bromeé.

Luke no captó mi sarcasmo.

—Sí, el periódico de la universidad.

Eve me miró, con una sonrisa en los ojos.

—Michaela estaba de broma.

Luke debió de sentirse inseguro, algo inusual en él, porque renunció a Eve y se dirigió a mí en su lugar, tal vez con la esperanza de encontrar un público más amable.

—Deberías escribir un artículo este año —dijo—. Sobre el baile.

—No, no debería.

—¿Por qué no?

—Eve, deberías hacerlo tú. Ese tipo de cosas van más contigo, que tienes confianza.

Eve apoyó una mano en mi brazo fugazmente, más para el beneficio de Luke que para el mío.

—Michaela está de broma. Tiene toda la confianza necesaria. Y es competente.

Luke pasó de mirarme a mí a mirar a Eve, y viceversa. Cuando sus ojos se posaron en mi cara, desprendían una fresca curiosidad, como si me conociera por primera vez.

Puse mi mano en el brazo de Eve y la mantuve ahí.

—En serio. Deberías escribir sobre el baile. Yo podría ser tu fuente.

Eve no miró a Luke, y esa amplia sonrisa que esbozó acompañada de una mirada descarada mientras mi mano seguía rodeando su delicada muñeca fue solo para mí.

—Esa sí que es una buena idea.

El profesor Rosen volvió a ocupar su lugar en el atril, lo cual señaló el fin del descanso. Luke regresó a su asiento.

Abrí Facebook y vi una notificación: Luke me había invitado a una fiesta en su casa. Me di la vuelta e intenté hacer contacto visual, pero él tenía la vista fija en el frente.

• • •

Eve se tomó en serio mi papel como fuente. Así que me puse en contacto con Claudia y le pregunté si me prestaba un vestido para el baile. En parte, fue para obtener información y, en parte, para el propósito mencionado.

Emily estaba en la habitación de Claudia cuando llamé a la puerta, y chilló cuando me probé el vestido. Era una prenda larga de seda roja que Claudia había llevado en la cena de despedida del instituto. Más tarde, con una búsqueda rápida en eBay, pude confirmar que no podría habérmelo permitido, ni siquiera de segunda mano. Emily me sacó una foto de espaldas para que pudiera ver cómo el escote de atrás me llegaba hasta el trasero. No me había sacado los calcetines, pero si me fijaba solo de las pantorrillas hacia arriba, me veía esbelta y sexy; el tipo de mujer que tiene poder sobre los hombres.

—Creo que me queda un poco grande en las tetas.

—Sí, estaba claro que esa iba a ser una zona problemática. —Claudia señaló su pecho enorme, que desbordaba el sujetador deportivo que llevaba. Tenía las extremidades delgadas, igual que Portia, y su cabello, oscuro, liso y brillante, probablemente había alcanzado su máximo esplendor cuando iba al instituto y lo llevaba con una coleta atada con una cinta que le llegaba a la mitad de la espalda. Pero lo de Claudia era algo inusual, en el sentido de que su convencional atractivo, hasta entonces, no le había hecho la vida más fácil. Sus tetas eran, en efecto, la «zona problemática». No eran lo suficientemente grandes como para justificar una operación de espalda, pero, a la vez, eran tan grandes que sobrecargaban su delgada estructura y atormentaban su juventud.

Una vez, estando borracha, Claudia me contó cómo era asistir al internado privado más caro de Nueva Gales del Sur si tenías el pecho más grande y precoz del país.

Era el tipo de internado que tenía un equipo ecuestre que representaba a la institución, y su pecho era del que hace que las partes de arriba de los bikinis parezcan sellos de correos pegados en dos sobres enormes. Era casi cómico pensar que alguien tan sumamente privilegiado podía sufrir tanto, pero sus historias pronto acallaron la risa inicial.

Cuando tenía unos doce años, de repente, la mitad de la clase se volvió contra ella. Aquella mitad —la masculina—, cuya compañía, hasta entonces, siempre había preferido, se convirtió en una manada sudorosa a la que le gustaba saludar con el puño. Cada vez que los profesores les daban la espalda, los chicos intentaban meterle bolígrafos en el escote; empezaron los rumores de que se había dejado follar las tetas por Sam O'Connell detrás del Cabin D cuando todavía era tan joven que hasta tuvo que buscar en Google lo que ese acto implicaba. Cuando estaba en el último curso, se enteró de que existía un chat grupal llamado *Claudia la Reina Pechugona* que consistía en enviar fotos de ella tomadas por los chicos. En general, le recortaban la cabeza para que solo se vieran sus pechos. Algunas de esas fotos fueron tomadas a través de la ventana del dormitorio de las chicas, mientras se cambiaba.

Si esto había afectado de alguna forma a la autoestima de Claudia, no se notaba. Parecía sospechar mucho de todos los hombres; los miraba de reojo, siempre lista para poner los ojos en blanco cuando la decepcionaran.

—Puedes usar la cinta adhesiva de Hollywood —propuso, y tiró de los lados del vestido hacia atrás. Cuando enderezaba los hombros, se podían ver los huesos de mi pecho. Me pareció que quedaba muy elegante.

—¿Seguro que lo puedo tomar prestado? Es tan bonito.

—Claro. No es que puedes, es que debes hacerlo.

—¿Estás segura? Podría, no sé, alquilártelo.

—No seas ridícula. Es un Zimmerman, pero en realidad es de la colección crucero, no *prêt-à-porter*, así que es bastante barato.

Asentí con la cabeza, molesta por la forma tan frívola en la que soltaba esos términos, y molesta también porque lo cierto es que no los entendía.

—Ah, quería preguntarte —dije en lo que esperaba que fuera una muestra convincente de espontaneidad—, ¿sabes cuál es la temática de este año?

—Creo que es algo francés— dijo Emily.

Claudia asintió con la cabeza.

—Al parecer, habrá un puesto de crepes y caniches y cosas así.

—Vaya, caniches. —No estaba segura de qué manera los caniches iban a estar involucrados, ni siquiera por qué, pero «vaya» parecía la única respuesta apropiada—. *Fantastique.*

Emily levantó la vista de su teléfono.

—Oh, ¿hablas francés?

—No, solo, ya sabes, lo básico. —Por un momento pensé en contarles cómo algunas frases se habían colado a través de mi ventana abierta durante la ola de orgasmos ondulantes (y sospechosamente frecuentes) de Eve. Una punzada de lealtad me lo impidió—. Aunque me alegro de que sea de temática francesa, no algo en plan «El sol nunca se pone en el Imperio Británico».

Ninguna de las dos se rio.

—No me parece que ninguna de las temáticas anteriores haya sido tan mala —dijo Claudia.

—Sí, pero tú no eres el tipo de persona que se sentiría ofendida, ¿no crees?

—Yo no me ofendo —dijo Emily. A pesar de la ligereza de su tono, me sentí escarmentada.

Cuando Eve, Luke y yo nos sentábamos en primera fila de clase y discutíamos sobre la apropiación cultural, las personas a las que defendíamos a gritos no formaban parte de la conversación. Los «agentes morales» de los que hablábamos en clase, sus derechos y sus sentimientos eran hipotéticos. Al darme cuenta de esto bajo la realística mirada de Emily, y al darme cuenta también de lo estúpida que era por no haberlo visto antes, me sonrojé.

Me había quitado el vestido y estaba de pie con él en la mano. Me vestí rápidamente de cara a la pared y me sentí tonta al hacerlo, como si las estuviera acusando de algo. Cuando me volví, no miré a Emily ni a Claudia a la cara.

—Gracias por el vestido —dije.

En cuanto me quedé sola, envié un mensaje a Eve.

Sé cuál va a ser la temática.

Acababa de bloquear y guardar el teléfono en el bolsillo cuando noté que vibraba. La emoción de Eve era evidente gracias a la puntuación maniática.

¡Madre mía! ¡Dime!!!

Te vas a morir.

¡No puedo esperar más!!!

Raj británico.

NO?!? ¡Me estas vacilando!
*Estás**

Efectivamente lol.

¿No sabes cuál es la temática?

No, sí que lo sé. La temática es el francés.

El francés?!

Oui.

¿Qué tipo de francés?

Ni idea. El de los caniches, al parecer.

Los puntos que indicaban que estaba escribiendo un mensaje se mantuvieron ahí durante unos segundos, después desaparecieron. Iba a guardar mi teléfono cuando volvieron a aparecer.

Joder. Esta semana no es la mía.

Respondí con un GIF de un caniche triste. No obtuve respuesta. Dejé que la pantalla se apagara sola.

• • •

La descripción del evento en Facebook para la fiesta en casa de Luke no era muy prometedora.

> *Y os recuerdo amablemente, querides, que esta casa tiene una política de tolerancia 0 para las gilipolleces de cualquier tipo: mansplaining, misgendering, ofensas en general. Como siempre, cuando os pongáis a tope, guiaos por el principio de las fiestas de John Stuart Mill: la gente debería ser libre para divertirse como quisiera, pero nunca sobrepasar la línea en que su diversión cause daño a otra persona.*

Suena como si fuera un motín —dije.

Vi cómo Eve fruncía el ceño por encima de la pantalla del teléfono.

—Es increíble lo poco divertida que es la filosofía política liberal cuando se aplica a las reuniones sociales.

—Increíble.

—Da igual. Está claro que vamos a ir.

Lo que nos sorprendió a ambas fue que, al final, esa noche sí resultó que había una especie de motín.

• • •

Eve y yo estábamos en la cocina, buscando un abridor de botellas. Nos habíamos acabado la botella de rosado —tan dulce y barato que sabía más a sirope de maíz que a vino— y ahora estábamos mangando cervezas de las tinas llenas de hielo.

Como en todas las fiestas que se hacen en casa, el principio de la de Luke estuvo dominado por dos tipos de conversaciones: las que carecían de vida, en las que los participantes se quedaban de pie mirando a la sala, con los ojos puestos en otras opciones mejores; y aquellas en las que la gente se aferraba a la atención de los demás con una emoción desesperada.

Así, pues, Eve y yo fuimos yendo de una habitación a otra, interpretando nuestras conversaciones para otras personas. Los temas iban desde las polémicas más arbitrarias (*¿Cómo se construye la «privacidad» para una generación que ya ha cedido sus datos?*) hasta las arbitrariedades más polémicas (*¿Qué forma de pronunciarlo es la correcta: gif o jif?*). Las respuestas ya las habíamos obtenido en discusiones anteriores (la privacidad tal y como la entienden nuestros padres es un concepto redundante; *jif*, aunque no sea incorrecto, está claro que es peor porque suena fatal). Nuestras interacciones eran baratas y de un solo uso, y las otras personas, demasiado poco importantes como para causarnos ansiedad al día siguiente, o *sociansiedad*, como lo llamábamos. Excepto cuando Eve utilizó una frase mía, algo que yo había dicho antes, para hacer reír a la gente. Entonces me pregunté si este reciclaje era una broma interna —una especie de jugarreta a nuestro público, que solo nosotras entendíamos— o si yo no tenía ningún tipo de importancia y Eve habría dicho exactamente lo mismo si hubiera acudido sola a la fiesta.

A nuestro lado, una mujer que insistía en llamarnos «bro» varias veces por frase, se ofreció a abrir nuestras cervezas. Sacó un cuchillo de pan del cajón superior e intentó clavarlo en la botella, como si pudiera decapitarla.

—¿Esta es tu casa? —pregunté.

—Ni de coña. Bro, ni siquiera me han invitado. —Al final se rindió con el cuchillo y abrió la botella con los dientes. Sonó un chasquido que habría hecho sobrecoger a cualquier dentista.

—Gracias.

—Todo guay, bro. —Salió de la cocina para ir a fumarse un «canutillo», no sin antes mirar a Eve de arriba abajo y comentar:

—Bro, qué ropa tan guapa.

Eve se oponía moralmente a la *fast fashion*. En teoría, yo también. Lo único que, en el caso de Eve, esta postura no la limitaba a comprar únicamente en tiendas de segunda mano, sino que también tenía mucha ropa fabricada de forma ética por diseñadores australianos. Era imposible saber cuál, porque era tan delgada y tan segura de sí misma que sus proporciones de modelo perfeccionaban cualquier prenda. Esa noche llevaba un mono de lino de color rosa chillón con unas zapatillas de cuero vegano que yo sabía a ciencia cierta que costaban varios cientos de dólares. *Debe ser bonito*, pensé, *que tus principios te queden tan bien*.

—Una fiesta divertida, bro —solté.

Puso los ojos en blanco durante un segundo para dar a entender que había pillado la imitación.

—Oye, se me olvidó preguntar… —Eve levantó la barbilla y me dirigió esa mirada calculadora. Tomé aire rápidamente, a la defensiva—. ¿Cómo fue tu reunión con el profesor Rosen?

—Bien. —Eve me miró con reproche, como si estuviera ocultando algo.

En cierto modo, así era. Aunque lo que quería ocultar no era cómo había ido la reunión, sino más bien cómo había cambiado nuestra relación tras ella. Ahora, ninguna interacción con el profesor Rosen, por pequeña o fugaz que fuera, era insignificante. Todas ellas daban forma a una narrativa que, en mi mente, estaba justo en la fase más incipiente. Que me hiciera saber que se había percatado de mi presencia en una clase abarrotada o que me sonriera o me saludara con la cabeza al cruzarnos por el campus demostraba que había algo entre nosotros. No era exactamente un flirteo; tampoco una amistad. Pero él me veía: había algo que nos distinguía de los extraños.

En lugar de tratar de articular estas sutilezas (puede que imaginadas), dije:

—Fue muy útil, la verdad.

Eve levantó las cejas de forma sugerente.

—¿Cuán útil?

• • •

Los contendientes universitarios inundaron la cocina y empezaron a intercambiar discursitos elocuentes sobre lo mucho que se odiaban: *Yo creo que quizá no llega a tanto como para llamarlo «sociópata», pero es claramente narcisista.*

Eve y yo pusimos los ojos en blanco a la vez y seguimos a nuestra amiga experta en abrir botellas en busca de un «canutillo».

El salón de la casa compartida de Luke se había convertido en una pista de baile, lo que significaba que los sofás estaban contra las paredes y una luz esférica multicolor giraba sobre el suelo.

Unos pocos invitados bailaban y, en la periferia, había gente con gorras tumbada en los sofás jugando al tres en raya.

Al vernos, Luke se zafó de esa situación.

—Eve, me alegro de verte. —La besó en la mejilla, obviamente creyendo que estaba siendo muy cortés, pero demorándose lo suficiente como para que me diera repelús. Se inclinó hacia mí.

—A ti también, Michaela. —Dijo mi nombre con énfasis, como si tratara de impresionarme por recordarlo—. ¿Ya tenéis bebida?

—Sí, una amiga tuya ha insistido en que nos sirviéramos algo —le dije.

—¿Una amiga mía?

—En realidad, no. No estaba invitada. Pero yo que tú procuraría tenerla cerca. Abrió esto con los dientes.

—Ya tiene más para ofrecer que yo. —Luke lo dijo con el falso autodesprecio de alguien que siempre ha conseguido todo lo que ha querido.

Bailó con nosotras al principio. Poco a poco, fue llegando más gente a esa sala y lo perdimos entre la multitud. Eve seguía tomándome la mano e inclinándose hacia mí para gritarme al oído, así que la multitud sirvió para apretujarnos y estar más juntas.

Yo no iba puesta de MDMA, pero, esa noche, en la pista de baile del salón de Luke, cuando las paredes estaban húmedas por la condensación y Eve estaba cantando todas las letras de todas las canciones habidas y por haber, empaticé con la gente que sí lo estaba.

Después de la medianoche, en el cuarto de baño, que más que girar o rodar sobre un eje era como si se doblara sobre sí mismo, me di cuenta de lo borracha que estaba.

Eve estaba sentada en el asiento del váter y, mientras se limpiaba, solté un comentario sobre el hecho de que no tenía ni un solo pelo.

—No es para ser más agradable a la vista de los hombres.

—Ah, ¿no?

—Mi madre me pagó el láser cuando iba al instituto, y para cuando me di cuenta de que forzar a las niñas de doce años a amoldarse al estándar de belleza es una puta salvajada, ya estaba hecho.

—¿Volverá a crecer?

—Es permanente.

—Bueno, te queda bien.

—Es la sociedad la que te hace pensar eso.

—Todos mis pensamientos están socializados.

—Cállate. —Se sonrojó.

—Luke no está tan mal —dije cuando me senté. Observé a Eve mirándose en el espejo. Se apartó el flequillo de los ojos antes de sacudir la cabeza para que cayera de nuevo en su sitio. Me alivió que estuviera mirando su propio reflejo y no a mí. Yo no me amoldaba al estándar de belleza, socializado o no.

—Es simpático, ¿verdad? Creo que es tímido.

Me reí y ella me miró. Me limpié rápidamente y me subí los pantalones.

—Sí, igual de tímido que tú.

Le sonrió a su propio reflejo y se pasó la mano por el pelo para despeinarse un poco.

—Inseguro, entonces.

Pensé en lo mucho que se reía Luke cuando alguien intentaba hacer una broma, en la cantidad de gente que había en su casa, en cómo me había invitado a pesar de conocerme solo porque era amiga de Eve.

—Sí, está claro que es inseguro —dije—. Igualmente, creo que está bueno.

Eve se apartó para que pudiera lavarme las manos y estudió mi cara en el espejo.

—¿Crees que todo el mundo está bueno o qué?

—Más o menos. Hasta que los conoces.

—¿Qué tal estoy?

Me di la vuelta para poder ver su cara, en lugar de su reflejo. Era un baño pequeño, y su aliento me hacía cosquillas en el cuello.

—Literalmente perfecta. —Lo dije como si fuera un insulto, como si su belleza fuera solo una cuestión de gustos y no una parte muy importante de quien ella era como persona.

—¡Salud! —Eve inclinó la cabeza hacia un lado y esbozó una sonrisa juguetona. Me apoyé en el lavabo para guardar el equilibrio—. Te perdono.

—¿El qué?

—Lo de ir al baile. Y lo de organizar una reunión con el profesor Rosen sin decírmelo.

—¿Es que quieres que te lo cuente todo?

—Sí. —Se acomodó el pelo detrás de las orejas, como si se preparara para algo. Luego, me tomó la cara con ambas manos y me besó.

Sus labios eran suaves y maduros. Le mordí el inferior y dejé que lo deslizara entre mis dientes. Al retirarme, me reí, pero solo porque aquel momento me parecía tan trascendental que no sabía qué otra cosa hacer.

Mientras me seguía sosteniendo la cara con las dos manos, me dio un pico extra en los labios y abrió la boca para hablar. Arrugó la nariz.

—¿Has...? —Miró por encima del hombro a la taza del baño.

Yo también lo olía. Me cubrí la nariz con la mano.

—Creo que viene de fuera.

Al abrir la puerta del baño confirmamos mis sospechas, ya que el olor se intensificó.

Al final del pasillo, vi una pequeña multitud con la boca y la nariz tapadas con manos y codos y haciendo aspavientos.

—Menuda mierda.

—Joder.

—¿Había algún perro por aquí?

En la alfombra, a menos de un metro de la puerta principal, había un excremento que, aunque era pequeño, olía fuerte y probablemente era humano.

Miré el reloj, como buscando una explicación. Al ver que era casi la una de la madrugada, reflexioné y llegué a la conclusión de que no había ninguna hora apropiada para utilizar la entrada principal como retrete.

—El MDMA es un laxante —dijo con resignación un tío que llevaba chándal, como si nos estuviera diciendo que lo deberíamos haber visto venir.

—Bueno, eso lo explica todo —dije.

Eve se rio, y yo me fui moviendo con ella y con el resto de los presentes en la fiesta, atraídos por el aire fresco y los cigarrillos.

—Esta zona está más civilizada —declaró Eve mientras se acercaba a una silla de plástico. El patio estaba lleno de fumadores y holgazanes, y una cuerda con ropa colgada lo ensombrecía más. Sobre nuestras cabezas, los aviones volaban bajos y hacían mucho ruido.

Me senté frente a Eve, y un grito procedente del interior confirmó que lo de los residuos ya había sido gestionado. Luke salió, y por su sonrisa fanfarrona pude adivinar que había sido él quien se había encargado del asunto.

Eve se sentó en el borde del asiento para que pudiéramos compartirlo y le hizo un gesto a Luke para que se acercara. Le di la silla libre, pero opté por que estuviera lo más incómodo posible.

—Así que te pasaste horas advirtiéndole a todo el mundo en la página del evento que no hiciera *misgendering*, pero te olvidaste de recordarles a tus invitados que es de mala educación cagar en el suelo.

No le hizo gracia.

—¿Sabes quién ha sido? —preguntó Eve.

—Ni idea. Lo he recogido con una bolsa de plástico y he echado un poco de agua en el suelo.

Arrugué la nariz.

—Ya nos encargaremos de los restos mañana.

—Restos. —Saboreé la palabra, rebobinando.

—Eso es un problema del mañana —dijo Eve—. Bien hecho por saber gestionarlo.

Me molestó su inusual sinceridad, como si hubiera «gestionado» una compleja disputa geopolítica, no como si acabara de recoger un excremento humano de la moqueta.

—Quienquiera que haya sido, debe haber sido rápido —dije.

—Cierto. —Eve se incorporó—. Seguramente alguien lo habrá visto con los pantalones bajados y en pleno acto.

Puse mi brazo alrededor del respaldo de la silla, aparentemente para estabilizarme, pero la intención era poner el brazo alrededor de Eve. Sentí cómo se inclinaba en él.

—Tal vez ha sido una chica —sugerí—. Una con una falda larga y ancha. Solo habrá tenido que sentarse y dejarse llevar.

—Y luego se ha levantado y ha salido por la puerta—. Eve se rio mientras se apartaba el flequillo de los ojos y se puso de pie para imitar la situación que yo había sugerido.

Luke también se rio, más fuerte que cualquiera de nosotras, como si fuera una broma que él había inventado y que solo él podía entender. Eve estuvo imitando la situación durante un rato demasiado largo. Cuando se volvió a sentar, le di un codazo en el muslo e intenté hacer cara de «vámonos», pero no me miró.

—Puede que me vaya dentro de poco —dije.

Para mi consternación, Eve no trató mi declaración como una invitación que requería una respuesta. Luke, sin embargo, dijo:

—Nos vemos. —Fue tan rápido que reveló su entusiasmo. Siguió hablando, como si quisiera ocultar su error—. Muchas gracias por venir. Siento lo de… ya sabes.

—La caca.

—Bueno, sí.

Eve resopló. Dio otra calada al cigarrillo.

—Nos vemos mañana —dijo mientras el humo de su boca se difuminaba en la noche. Su cuello se había estirado y convertido en una larga y elegante pendiente.

Al volver la vista atrás desde la puerta, vi una escena diferente de la que acababa de vivir: Luke, inclinado hacia delante, juntaba su cigarrillo con el de Eve para encenderlo y se apreciaba un destello ahí donde las dos puntas blancas se tocaban.

Volví a casa sola, a paso acelerado, furiosa y a la defensiva, con el recuerdo de los labios de Eve todavía en los míos.

7

Eve escribió un artículo sobre el baile cuya relevancia, a raíz de los otros acontecimientos ocurridos aquella noche, no duró mucho.

Una semana antes del baile, estábamos de pie en el baño que hay al final de nuestro pasillo. Ella estaba detrás de mí, ayudándome con los tirantes del vestido, mientras yo probaba lo de ponerme cinta adhesiva en los pechos. Nuestras voces resonaban en los azulejos como si fueran una sola.

—Por supuesto, ese evento sigue siendo una mierda. —Eve llevaba ya varios días criticando la temática.

—¿Por lo que cuesta?

—Sí, y por toda la pompa. Todo esto de disfrazarse —dijo mientras señalaba mi reflejo en el espejo del baño.

—Vaya, gracias.

—Te queda bien, obviamente, pero la pregunta es: ¿valdrá la pena cuando te tengas que arrancar las pezoneras hechas con tiritas a la mañana siguiente?

Aunque eso era algo que nunca había hecho ni planeaba hacer, creé una nota mental: mejor no intentarlo.

—Creo que estamos hablando de lo mismo —dije.

Eve me miró con escepticismo en el espejo. Notaba sus manos frías contra mi espalda desnuda ahí donde todavía sostenían el vestido.

—La pomposidad es cara —continué—. El umbral para entrar es alto.

Bajo el zumbido de las luces fluorescentes, el rostro de Eve se iluminó: ya tenía un objetivo.

Al final escribió sobre un problema más persistente, uno que llegaba hasta la misma raíz no solo del evento, sino de toda la institución. Para la investigación, habló con el comité estudiantil que lo organizaba. Estaba formado por siete miembros, pero dejó de entrevistar a partir del quinto, ya que sus respuestas eran idénticas. Las entrevistas fueron más o menos de la siguiente manera:

P: ¿Cuál es el presupuesto del baile para este año?
R: Cien mil dólares.
P: ¿Es lo normal?
R: Es el mismo que el del año pasado.
P: ¿Y se gasta en…?
R: Llega justo.
P: ¿?
R: Están el catering, la decoración, el DJ, los complementos. Y también está presente la competición. Ya sabes, siempre queremos hacerlo mejor que el año pasado. Queremos ser el año más memorable.

Esta frase se repitió mucho: «el año más memorable».

Así que estos chicos, indistinguibles unos de otros, se pasaron la madrugada del día del baile haciendo llamadas, corriendo de arriba abajo, perdiendo horas de sueño y gritando a los novatos que llevaban la plataforma hidráulica que tenían que ir más rápido si querían montar el Arco del Triunfo a tiempo para que el DJ se instalara. Todo ello con un grado de desgana, desesperación y atención al detalle que, si en vez de ser ellos quienes lo hacían hubiera sido alguna famosa planeando su boda en un programa de televisión, se habrían burlado de ella.

El director, cuando Eve lo entrevistó, se sentó en un sillón de felpa, con los dedos cruzados delicadamente, y le dijo:

—Es una gran y maravillosa responsabilidad para esos chicos. Algo fantástico que pueden poner en sus CV. Quiero decir, ¿ha organizado usted alguna vez una fiesta para dos mil personas, con un presupuesto de cien mil dólares, que haya generado beneficios?

Eve parpadeó un par de veces, con el bolígrafo sobre el bloc de notas, antes de reconocer que no, que no lo había hecho.

• • •

La noche comenzó de forma poco prometedora con la previa en un dormitorio que olía a sudor.

Cuando llamé a la puerta de Balth, me sentí como si volviera al instituto. Era como si, de alguna forma, hubiera vuelto a cruzar el Rubicón y me hubiera reconvertido en esa criatura encogida y obsesionada con sus compañeros, que acallaba su verdadera personalidad para fingir ser como se imaginaba que los demás querían que fuera. El vestido de Claudia, tan delicado y suave, se enganchaba a la cinta adhesiva y tiraba de ciertos lugares dolorosos. Y esa seda cara, la brisa fresca y la ausencia de pezoneras habían conspirado para dejar mis pezones expuestos. Se alzaban evidentes y con vista al frente, como suplicando que alguien se burlara.

Balth abrió la puerta y, en un segundo, me devolvió la autoestima. Al verme, se quedó callado y luego empezó a tartamudear.

—Estás… tú… eh…

—Gracias.

—No, yo… eh… quiero decir, no te lo tomes a mal, pero estás guapísima.

—¿Guapísima? —dije con lo que esperaba que fuera un tono irónico.

—Bueno, es que, ya sabes… Quiero decir, obviamente yo estoy increíble, así que es un alivio ver que no me vas a defraudar. He estado todo el día dándole vueltas, preocupado por si pasaba.

Más que su aspecto, era su olor lo que era digno de mención. Su pelo engominado formaba un pegote de testosterona pura; su desodorante no era, obviamente, una simple barra, sino uno de esos aerosoles que hacían tanto ruido y con el que había rociado la habitación entera, como si fuera un ambientador. Y debajo de todo aquello no era que hubiera solo una pizca de colonia, sino más bien una tonelada que, me imagino, se anunciaba como con aroma «almizclado», pero que realmente recordaba al olor de las manzanas fermentadas. El toque final lo daba una vela perfumada que, por algún motivo que desconozco, había decidido colocar en el centro de su escritorio, y que se esforzaba por luchar contra los demás aromas de la estancia e imponer un olor que te trasladaba a una de esas tiendas caras que venden artículos para el hogar.

Nada más cruzar el umbral ya estaba descorchando una botella de champán. Sus manos se resbalaban de tal forma alrededor del cuello de la botella que la única explicación plausible era que las tenía muy sudadas. Bebimos el champán en tazas. La mía tenía una línea de suciedad de color marrón justo debajo del borde, lo que indicaba que hasta ahí llegaba el agua normalmente. Las burbujas del champán espumaban justo por debajo.

La gente iba entrando a la habitación y las chicas se turnaban para echarse flores entre ellas y responder con muestras de autodesprecio.

—Michaela, estás increíble, me encanta tu vestido.

—Ay, no es mío, me lo han prestado.

—Pero te queda muy bien.

—¿En serio? Ni siquiera es de mi talla. Lo he tenido que sujetar con cinta adhesiva de esta de Hollywood.

—Me encanta. Siempre funciona.

Mi turno:

—Tú sí que estás increíble. ¿De dónde es ese vestido?

—Oh, en realidad ya lo tenía de antes. Lo compré hace años, aunque estaba pensando que quizá el corte es un poco raro...

—No, es increíble. Te queda genial.

Y así sucesivamente, hasta que alguien declaró que era hora de ponerse en marcha. Antes de salir al pasillo, Balth preguntó:

—¿Estás lista para que nos vayamos?

—Sí. —Me reí—. No tengo ningún otro plan.

Entonces, antes de darse la vuelta para irnos, me tocó el brazo con un movimiento que me pareció un acto de fe. No sabría decir si lo hizo para que me agarrara a él o para que todos los demás lo vieran: para marcarme como su cita, igual que se marca en un mapa la X de tesoro. Durante el resto de la noche, cada vez que veía a Balth al otro lado de la sala o me lo encontraba entre la multitud, volvía a sentir el suave roce de ese toque. Bailaba en mi mente, ganando y perdiendo significado.

• • •

Ni siquiera mi profunda y firme creencia en que ese evento no era más que una pijada alteró mi experiencia, salvo quizá para matizar el recuerdo: para aclarar que, si fue la mejor noche de mi vida, fue solo porque yo, que no era la mejor versión de mí misma, había accedido a ello. Si me invitaran hoy, volvería a ir, y probablemente haría el mismo claqué mental que hice en aquel momento: me quise considerar una mera espectadora, pero ignoraba que, en realidad (como en cualquier fiesta), la asistencia implica participación, y cuando dejas de estar al margen y entras de lleno en la batalla, no hay ninguna posición ventajosa desde la que ser un mero espectador.

El patio central del St. Thomas, una hermosa parcela de arenisca enmarcada de césped que se extendía suavemente cuesta abajo, con un camino de cemento que lo cortaba por la mitad, parecía el escenario de una película. En un lado se había erigido una enorme estructura que era exactamente igual al Arco del Triunfo de París, y que al tocarlo con una mano inquisidora parecía de cartón piedra. Se mantenía en su sitio gracias a unas cuerdas y a sacos de arena, lo que, combinado con las drogas, el alcohol y los tacones, supuso un peligro que provocó al menos veinte tobillos, cinco muñecas y una nariz rota (al caer de bruces). En el otro lado, al final de la pendiente, había una hilera de puestos de comida con carpas blancas, como si fuera una feria de pueblo, y por ella deambulaban una serie de animadores que expulsaban fuego por la boca, usaban zancos y hacían malabares. Había, en efecto, caniches. Al principio, los camareros los sujetaban con correas y, poco a poco, los fueron soltando para que la gente los pudiera acariciar, abrazar y fotografiar para luego subirlo a Instagram. Decir que mis suspiros al entrar en el edificio y asimilar todo aquello fueron de disgusto en vez de deleite sería, simple y llanamente, mentir.

Era el evento más extravagante al que había asistido y al que, probablemente, asistiría jamás. En ningún momento se me pasó por la cabeza que no merecía esa extravagancia, que nadie lo merecía, que solo participar en ello ya era codicioso y egoísta. Toda aquella congregación de gente depilada y engominada y con partes pegadas a cintas adhesivas para mostrar un físico en su máximo esplendor era, en gran medida, una minoría mimada e irrelevante. Sin embargo, en ese momento, la concepción de que aquello —aquella fiesta, toda aquella excentricidad— era el lugar donde había que estar, y que todos excepto nosotros se lo estaban perdiendo, era más estimulante que una línea de cocaína del tamaño de un cigarrillo esnifada en un plato de microondas de la sala común de los de tercero.

—Madre mía, ¿no? —dijo Nick cuando nos encontramos en la cola del puesto de crepes.

—¿Se han pasado?

Sonrió y me miró de reojo, como si estuviera deslizando una nota por debajo del pupitre en clase.

—De eso nada. Al menos, no hasta después de los fuegos artificiales.

—¿Fuegos artificiales de verdad?

—Sí, como en Nochevieja.

Puse los ojos en blanco, pero también pregunté a qué hora lo harían para asegurarme de estar afuera y poder verlos.

—¿Dónde está Emily? —pregunté.

Se encogió de hombros.

—En el baño, creo. ¿Y dónde está...?

—Balthazar.

—Me encanta ese tipo. No sabía que erais...

—No lo somos.

Soltó una gran risotada de barítono que me llenó como si fuera helio cuando debería haberme hecho caer. Aquella era la forma en la que se reía cuando creía que había conseguido tocarle la fibra a alguien. Era una risa tan pícara y mostraba tanta satisfacción en sí mismo, que no tenías más opción que acompañarle y reírte con él.

—Iba a decir «amigos».

—Somos amigos.

—¿Y dónde está tu amigo?

—La última vez que lo vi estaba regañando al DJ por no poner más música de Avril Lavigne.

—Debe ir muy borracho.

Nos perdimos en aquella nube de tacones y peinados y esmóquines. Nuestras conversaciones, al igual que el champán que habíamos bebido, habían perdido el gas una vez abiertas y no llegaron a ninguna parte.

• • •

El diagnóstico de Nick era correcto. Balthazar estaba muy borracho.

No lo volví a ver esa noche, pero no tardó en correrse la voz durante los días siguientes sobre cómo terminó la velada. Yo, personalmente, facilité el camino a los rumores. Repetí la historia varias veces con el fin de eclipsar otras historias más salaces que podrían haber contado sobre mí.

Alrededor de las tres de la mañana, Balth regresó a su habitación con un kebab del Istambul de la calle King. Se tumbó en la cama, la tierna carne desmenuzada desbordaba sobre su pecho y manchaba su camisa blanca, arrugó el envoltorio y lo arrojó al escritorio, donde la vela perfumada, que seguía luchando como una valiente, le prendió fuego.

Su torpe intento por apagarlo con lo que tenía más a la mano (la chaqueta del esmoquin que se acababa de quitar) no fue suficiente. De hecho, la chaqueta también se prendió fuego. Pronto se activaron los detectores de humo, llegaron los bomberos y la gente fue saliendo de las habitaciones con cara de sueño o con un ojo morado a causa de una pelea, o despierta, molesta y de la mano de su cita, momentos antes de cerrar la noche por todo lo alto después de una velada que, hasta ese momento, había salido exactamente como estaba previsto.

Los bomberos hablaron con el director de la residencia y le preguntaron muchas veces por los fuegos artificiales.

—Pero ¿por qué? —repetía el bombero—. Hoy no es un día festivo, ¿no? —En realidad, solo era un viernes cualquiera de mayo.

Así que el ayuntamiento le puso una multa de miles de dólares a la residencia por no haber solicitado un permiso para los fuegos artificiales y, por primera vez en décadas, el baile no tuvo beneficios. Por esta misma razón, se aseguró su posición como año memorable, y todo gracias a una vela aromática peleona.

Mientras sucedía todo este drama, yo estaba en la cama mojando mi almohada con una mezcla de lágrimas y rímel.

• • •

Los afters se hacían en el Jace, que era la abreviatura de SCJ, que a su vez era la abreviatura de la sala común de los *juniors*. Los lugares, al igual que las personas, se habían visto afectados por la misma manía de poner apodos que convirtió a Jack en Sackers. Hacía que todos aquellos que sabían de dónde venían y qué significaban pensaran, ilusos, que tenían algo en común.

Sospechaba que los afters consistían en estar todos sentados en el suelo, con los tacones a un lado, jugando a juegos de beber. No esperaba que los juegos fueran tan bestias: todos enseñando los colmillos, con los orificios nasales dilatados, sentados en posición de firmes.

Empezamos con el juego de *La copa del rey*, que Emily perdió. Se bebió toda la copa (una mezcla de cerveza, vodka, vino tinto y vino blanco) de un tirón, lo cual tiene mérito. Me dieron arcadas solo de verlo.

Sackers estaba en su salsa. Combinaba soltar carcajadas con dar palmas y golpes de puño a la mesita de madera, que temblaba con el contacto. El ruido era agobiante. Tomé otro sorbo de vino, saboreando la dulzura en mi boca, y traté de concentrarme en tragar.

Después jugamos al *Yo nunca.* Las reglas eran sencillas: íbamos turnándonos uno a uno en el sentido de las agujas del reloj para enumerar algo que no habíamos hecho nunca. Si alguien lo había hecho, tenía que beber. Bastante inocuo. Excepto por que las cosas que nunca se habían hecho eran todas gráficas y directas.

Yo nunca he hecho un trío.

Yo nunca lo he hecho por el culo.

Y así iba la cosa, sin sentido ni tregua, hasta que Sackers dijo algo que no logré captar.

Todos estallaron en risas. Él golpeó la mesa y puso el brazo alrededor de mi cuello, como si fuéramos amigos.

—¿Qué? —Le pregunté a Claudia, que estaba a mi lado con un minivestido de seda no muy diferente al que me había prestado, inclinada hacia delante, cubriéndose la boca abierta con la mano.

Me miró y se rio.

—¿Quién es?

—¿Qué? —grité—. No lo he escuchado. ¿Qué ha dicho?

—Ha dicho —Claudia también estaba gritando; acerqué mi oído hacia ella y sentí la presión de su grito—: «Yo nunca me he acostado con Michaela Burns».

Debió de notarse en mi cara el momento en el que hice *clic* porque estallaron otra vez las risas. Todo el mundo me estaba mirando y Sackers me sacudió más fuerte, riendo y gritando:

—Lo acaba de pillar, lo acaba de pillar —con el mismo volumen y entonación que si fuera un comentarista de fútbol informando de un gol que marca el empate.

Nick, que estaba rojo y con esas cejas oscuras ligeramente levantadas, con aspecto de burla, se llevó lentamente la cerveza a los labios y la inclinó hasta terminársela.

La habitación retumbó.

Al ver a Nick, recordé mi primera noche en Fairfax, el día en que mi madre me compró un jersey y me abrazó cuando le pedí que no se fuera.

Un ventilador de techo que giraba lentamente.

El sonido del vómito al salpicar los bordes de una papelera metálica.

Un dolor, no agudo, pero sí continuo, ahí donde él la penetraba.

No sabía en qué punto del juego estábamos, ni por qué el resto seguía riéndose, ni por qué Nick, que seguía con las cejas levantadas en señal de diversión, no me miraba a los ojos.

Claudia me agarró de la muñeca.

—No me lo habías contado. —Sonaba a acusación.

—Fue durante la semana de bienvenida. No hemos vuelto a hablar de ello. No lo sabía.

—¿No lo sabías? —Claudia seguía hablando alto, pero ya no gritaba. Por un momento, pensé que se la veía preocupada.

—No, iba tan borracha...

—¿No recordabas haber tenido sexo?

Los flashes volvieron a mí. Subiendo los escalones a trompicones.

—Sabía que había estado con alguien, pero iba muy borracha.

El olor a alcohol en nuestro aliento.

—No te habría sabido decir cómo se llamaba.

Mis manos tocando su espalda pegajosa.

—Ni cómo era.

Lo que parecía preocupación, aparentemente, no era más que confusión, que acabó derivando en una amplia sonrisa.

—Pues vaya putada —dijo Claudia.

Y quizá porque el alcohol entorpecía mis pensamientos o porque las risas empezaban a palpitarme en los oídos o porque sentía que todas las miradas estaban puestas en mí, y era como si yo no existiera, como si nunca hubiera existido, me reí con ella.

Me quedé unas cuantas rondas más, hasta que estuve ahí el tiempo suficiente como para que nadie pudiera acusarme de ser un mala amiga. Entonces, con una sensación repentina de sobriedad, volví a

Fairfax, entré en mi habitación, me encogí en la cama, en la oscuridad, y lloré.

Más que mis vagos recuerdos, la sonrisa de Sackers, y la forma cómplice en que me miró antes de plantear la pregunta, me perseguía. Podía soportar fácilmente (de hecho, había soportado durante varias semanas) esa niebla con forma de cuerpos que flotaba en mi memoria. Pero era el hecho de ver estos cuerpos como algo gracioso, como otra historia más, lo que no podía soportar. Mientras me dormía, todavía podía sentir todos aquellos ojos que me habían mirado fijamente en esa habitación, como un peso sobre mí.

• • •

A la mañana siguiente me pesaba la cabeza y tenía un malestar que se movía sin gracia entre el intestino y el estómago. Busqué mi teléfono.

Tenía la pantalla llena de notificaciones. Había alertas de noticias que descarté y también mensajes de Claudia.

Me duché, me cepillé los dientes y me senté en el borde de la cama, envuelta con una toalla, con el pelo mojado y chorreando por la nuca. Abrí los mensajes. Había varios de primera hora de la mañana en los que Claudia me preguntaba dónde estaba y si me había ido. Tenían tantas faltas de ortografía que parecía que había vaciado una bolsa de fichas de Scrabble por encima. Debajo de estas misivas apenas descifrables había un mensaje de las nueve de la mañana:

Creo que deberías hablar con Emily. Está disgustada.

Con la ducha, las náuseas se habían desvanecido hasta convertirse en una corriente subterránea.

Abrí las persianas y contemplé por primera vez el glorioso día que hacía: digno de un fondo de pantalla, con nubes esponjosas colocadas sobre un cielo azul liso, como si lo hubiera creado un diseñador gráfico.

Pensé en ir a por un café, pero estando ahí, todavía envuelta en la toalla y con una sensación de opresión en el pecho, la idea de ponerme ropa y zapatos me abrumaba. Me tumbé de nuevo en la cama. El pelo mojado hizo un charco en la almohada, y contesté.

¡Ay, no! ¿Y eso?

No le habías contado que te acostabas con Nick.

Porque ya no lo hacía.

¡Solo fue una vez!
¡En la semana de bienvenida!

El ritmo entrecortado de estos textos, aislados, como pequeñas piedras lanzadas en mi defensa, jugó en mi contra.

Bueno, vale, pero está muy disgustada.
Creo que deberías disculparte o algo.

Esa era una expresión muy típica de Claudia. El «o algo» lo ponía para suavizar, como si disculparme no fuera la única opción, aunque era tan vago y poco constructivo que sirvió para remarcar que disculparse era, de hecho, la única opción.

Al ver la rapidez con la que me había puesto a la defensiva y a soltar excusas, decidí que lo mejor era disculparme cuanto antes y ya. Me puse unas mallas de correr, un sujetador deportivo y mi jersey de Fairfax, como si quisiera convencer a mi cuerpo de que era joven y sano, y no que estaba deshidratado y maltratado.

Llamé a la puerta de Emily y, al no oír nada, entré. Estaba oscuro y un olor a moho emanaba de una pila de ropa sin lavar. Me sentí como si estuviera transgrediendo al meterme de puntillas en ese espacio oscuro y privado. Estaba tumbada en la cama y las cortinas de plástico naranjas estaban corridas e iluminadas por la ventana, que dibujaba un cuadrado blanco, como un proyector de cine. La habitación tenía un tinte anaranjado, así que más que ser oscura y húmeda como una cueva, era oscura y plástica como un Tupperware con salsa de tomate que se ha quedado olvidado en el fondo de una bolsa.

—Toma. —Le di una bebida isotónica que había comprado el día anterior y que ahora le ofrecía con un aire de sacrificio, aunque probablemente a ella le debió parecer más bien prepotencia.

—Gracias. —Se sentó en la cama y puso la bebida azul entre sus rodillas—. No tenías por qué.

—No te preocupes.

—¿Segura?

—Sí, tómatela, tranquila. Te la regalo.

—Gracias. —Abrió el tapón y tomó un pequeño sorbo.

—¿Qué tal te fue la noche?

—Fue divertida. Me quedé hasta el amanecer. ¿Tú cómo acabaste? —Su voz estaba adquiriendo una formalidad que solo le había oído usar cuando hablaba con el director o con sus padres por teléfono. Odiaba los conflictos, puede que incluso más que yo, y compartía ese instinto que nos llevaba a hablar sobre banalidades con tal de evitar abordar el asunto.

No obstante, era su sonrisa la que me incomodaba. Era tan evidente que la estaba forzando. Decidí ir al grano.

—Claudia me ha dicho que estás molesta por lo mío con Nick.

—¿Claudia te ha dicho eso?

—Sí, me lo ha dicho esta mañana.

—Ay, debía ir muy borracha anoche. —Se rio y sacudió la cabeza, como para reprender a su antiguo yo—. Está todo bien, de verdad. No sé por qué Claudia te habrá dicho eso.

—Lo siento. Sé que te gusta…

—No me gusta. —Lo dijo tan rápido que resultó poco convincente—. Nos hemos acostado un par de veces y, obviamente, no hay exclusividad ni nada por el estilo. No es que crea que me pertenece o algo. No es mío.

—No, ya lo sé. Pero te gustaría estar al corriente si una de tus amigas se acostara con él.

—Bueno, sí. Supongo que sí. —Emily se rio y dio un sorbo.

—Lo siento. —Fui a sentarme en la silla de su escritorio y, al ver que estaba cubierta de ropa, me senté en el suelo.

—Ups —dijo Emily señalando la silla—. Voy a mover mis cosas.

—No, no, tranquila, estoy bien aquí —dije mientras notaba cómo la moqueta rascaba mis leggings y la puerta del armario se me clavaba en la espalda—. Solo iba a decir que la razón por la que no te lo dije, y, por favor, créeme que no es una excusa, es que no supe hasta anoche que era Nick.

—Pero tú conoces a Nick.

—Sí, lo sé, pero lo hicimos la primera noche de la semana de bienvenida, y me acuerdo de haberme acostado con alguien, pero estaba demasiado borracha como para recordar el nombre del chico o, bueno, cualquier cosa.

—¿No recordabas cómo era?

—No. Recuerdo que tenía las cejas gruesas.

—Nick tiene cejas gruesas.

—Dudo de que sea así como quiere ser recordado después de tener sexo. Yo soy el tipo que tiene las cejas…

—Enormes —dijimos al unísono. Ahora Emily se estaba riendo con los hombros destensados y la cabeza apoyada en la almohada.

—Bueno, ahora ya lo sabes —dije—. No me di cuenta hasta que Sackers hizo la broma; de lo contrario, quiero pensar que te lo habría dicho.

—Puto Sackers. —Emily le guardaba un especial desprecio a Sackers porque, aunque no era el primer tío que le decía «eres muy guapa para ser asiática», sí era el más reciente. Hablar sobre un enemigo común nos unió. Me miró con los ojos llenos de preocupación—. Dios, pues sí que debías ir borracha.

—Sí, supongo que sí. No recuerdo gran cosa.

Emily jugaba con la botella, abriendo y cerrando la tapa.

—Pero fue… ya sabes… ¿estás bien y tal?

—Sí, sí, estoy bien. ¿Habría tomado las mismas decisiones estando sobria? Probablemente, no. ¿Fue diferente a las demás veces en las que dos personas se emborrachan y follan? Probablemente, no.

—Todas hemos pasado por eso —dijo Emily.

La posibilidad de dedicar la mañana a tener una conversación tranquila y reconfortante, repasando los acontecimientos y analizándolos desde una nueva perspectiva más amable, se esfumó cuando escuchamos que alguien llamaba a la puerta. Abrí y ahí estaban Claudia y Portia, que parecían la sombra de su antiguo ser. Venían con un problema que se consideraba mucho más importante que el mío.

El cabello de Portia, que la noche anterior rozaba la perfección, ahora colgaba sin fuerza. Sus ojos estaban vidriosos y rodeados de pegotes negros de rímel, uno de los cuales se había caído y estaba en la mejilla. Llevaba un pijama gris de la aerolínea Qantas, uno de esos que te regalan cuando vuelas en primera clase. El logo del canguro volador se apoyaba contra su delicado pecho. Emily se levantó para que pudiera ocupar su lugar en la cama.

—¿Qué ha ocurrido?

—Lo he perdido todo —dijo Portia entre sollozos mientras apoyaba la cabeza en las manos y sus delgados hombros temblaban.

—¿A qué te refieres?

—Todo. Ha desaparecido todo. —Se sonó con la manga esa pequeña nariz puntiaguda. Me pregunté si existía algo que pudiera hacer que se considerara asqueroso, ya que hasta limpiarse la nariz con el pijama parecía una muestra de algo caro y limpio—. He perdido mi bolso.

Claudia saltó al segundo:

—¿Tu Lucy Folk?

—Sí. —Imagino que esa debió de ser la respuesta, ya que comenzó a llorar de nuevo, con más fuerza.

Claudia continuó acariciándole la espalda con una ternura inusual.

—No pasa nada, estoy segura de que podrás comprarte uno nuevo. Esos bolsos siempre se revenden de segunda mano. ¿Qué había dentro?

—La llave de mi habitación, mi teléfono, que tenía todas mis fotos…

—Seguramente tus fotos estarán en la nube —dije.

—Pero no las de anoche. —Me miró como me imagino que yo la miraba a veces: como si fuera extremadamente tonta.

—Yo tengo unas cuantas de anoche en las que salimos nosotras —dijo Emily.

Portia levantó la cabeza.

—¿Me las puedes pasar?

Le alcancé a Emily su teléfono, que estaba en el suelo, cerca de mis pies.

Claudia empezó a hacer recuento de los objetos con los dedos de una mano mientras seguía acariciando a Portia con la otra, como si fuera un animalito.

—Vale, entonces: el bolso, el teléfono, las llaves… podemos hacer control de daños hasta aquí. ¿Algo más?

Su labio inferior empezó a temblar. Murmuró algo que empezaba por *m*.

—¿Qué?

—Mi medallón.

Creí haberlo escuchado mal.

—¿Qué?

—Mi medallón. Ya sabes: esas pequeñas monedas de oro que había anoche en la mesa de picoteo y que decían «Baile del Colegio Mayor St. Thomas» con la fecha grabada.

—¿Sí…?

—Nunca lo recuperaré.

La examiné desde un punto de vista antropológico, como si estuviera al otro lado de una vitrina de cristal.

—¿Qué ibas a hacer con él?

—Habría sido un recuerdo tan bonito.

—Pero… —No se me oyó por encima de los sollozos, que ahora eran aún más fuertes. Claudia, con una mirada, me sugirió que lo dejara.

—¿Para qué? —pregunté—. En plan, ¿para enseñárselo a tus hijos o algo?

—Exacto. —El cabello lacio se le partía en dos mitades ante su hermoso rostro. Por primera vez, me miraba como si fuera alguien que la entendía de verdad.

8

Estuve cansada todo el fin de semana, y cuando el coro de la capilla actuó el domingo, lo sucedido en el baile aún se aferraba a mí como una sombra. Me puse, como siempre, al lado de Eve y dejé que su voz se impusiera a la mía. Canté tan suave que, aunque podía sentir la vibración en mi garganta, no escuchaba que saliera ningún sonido.

Después de la misa, con *Hazme un canal de tu paz* todavía sonando en mi cabeza, Balth se acercó a las contraltos.

—Vosotros dos, ¿qué? ¿Tuvisteis una noche mágica el viernes? —preguntó Eve mientras cruzaba los brazos en señal de irritación.

—Uf, ni te lo imaginas. Podrías haber cortado la tensión sexual con un cuchillo.

Eve se rio y, con esa risa, le perdonó.

Caminé detrás de Eve y de Balth mientras salíamos de la capilla y me paré en el césped una vez afuera. El sol acababa de ponerse y el cielo estaba casi púrpura; las estrellas aún no estaban listas.

—Tengo un problema —dijo Balth.

—¿Solo uno?

Ignoró a Eve.

—La previa del baile fue en mi habitación porque, ya sabéis, soy un tipo sociable. Y tengo tres botellas de champán a medio beber en mi mininevera, que a cada segundo pierden más gas.

—Creo que sería de mala educación tirarlo todo —contestó Eve.

—De una mala educación imperdonable.

—¿Dónde vamos a bebérnoslo? —Eve se volvió hacia mí, con las cejas levantadas.

Me sentía agotada y dolorida, como si me hubieran exprimido los huesos. Pero la idea de que bebieran sin mí me hacía estar más cansada aún.

—En vuestras habitaciones, no. Están demasiado desordenadas. Y la mía tampoco. Está demasiado limpia.

—¿En la pista de atletismo, entonces?

Balth nos dejó a Eve y a mí fuera de la capilla mientras corría a su habitación a buscar el champán. Eché un vistazo al teléfono por ningún motivo en concreto, solo por hacer algo.

—Será divertido —dijo Eve. Llevaba una americana de cuadros con unos vaqueros y una camiseta negra y fina. Tenía las manos en los bolsillos y su cabeza miraba hacia el cielo del atardecer.

—Nos sentaremos en el césped, beberemos champán sin gas y hablaremos sobre el sentido de la vida. —Lo dijo como si estuviera leyendo en voz alta la primera frase de una novela.

Así que nos sentamos en el césped del borde de la pista mientras la noche se iba extendiendo como una marea creciente, bebimos el champán sin gas de Balth en vasos de plástico y hablamos de nuestras pequeñas vidas.

—He oído lo de la alarma de incendios —dijo Eve, dándome un codazo.

—No vayas por ahí —Balth levantó un dedo.

—Ay, de verdad, Balthazar, ¿una vela perfumada? ¿A quién querías impresionar?

Balth aplastó el vaso de plástico que tenía en la mano y luego puso los dedos por dentro para devolverlo a su forma. Lo rellenó. Estábamos sentados con las piernas cruzadas, cada uno con una botella de champán en el hueco entre sus piernas. La mía estaba tibia y todavía le quedaba un poco de gas; notaba algo que se acercaba a unas burbujas en mi lengua.

—¿Y dónde te metiste tú, Mujer Internacional del Misterio?

Balth me señaló con su vaso, como si fuera nuestro director de coro, dirigiendo la conversación.

—Fui al after.

—¿Con esos «amigos» tuyos? —Eve hizo el signo de comillas al decir la palabra «amigos». A menudo me decía que mi popularidad me delataba como una persona sin principios. Nunca me molesté en defenderme cuando hacía afirmaciones de ese tipo. En su lugar, me entusiasmaba en silencio al pensar que se interesaba por mi desarrollo moral.

—Sí —contesté—. Fue horrible, como era previsible.

—¿Muchos juegos de beber? —preguntó Balth.

Asentí con la cabeza. Eve tomó un sorbo e hizo una mueca, como si el champán tuviera un sabor desagradable.

—Qué simplista.

—Sí —dijo Balth—, no todos podemos ir a fiestas de intelectuales en las que la gente habla de la teoría económica moderna y deja sagaces excrementos en el suelo.

—¿Se lo has contado? —me preguntó Eve.

Sonreí.

—Se lo he contado a todo el mundo.

Eve se llevó una mano al pelo y se apartó el flequillo de los ojos. Le caía sobre la frente en dos pequeños mechones, como cortinas que se descorren para revelar un paisaje soleado.

—Entonces, ¿qué? ¿Jugasteis a esos juegos de beber y ya?

—Sí. —Tragué saliva—. Me fui un poco temprano.

Eve entrecerró los ojos.

—Eso no es propio de ti.

—Estaba muy borracha.

Nos quedamos ahí sentamos en silencio durante un momento, y traté de distinguir formas en la hierba negra. Me quedaba mucha bebida en la botella, pero no había cenado y sentía la cabeza y el estómago revueltos.

—Me sentía un poco fuera de tono —me oí decir, y me pregunté si debía parar—. Jugamos al *Yo nunca* y alguien dijo: «Yo nunca me he acostado con Michaela».

—¿Qué?

Era difícil distinguir sus caras en la oscuridad, pero podía sentir cómo Balth me miraba.

—Sí. Probablemente exageré, pero aquello me cortó el rollo.

Eve puso una mano en mi muñeca con cuidado. Las puntas de sus dedos estaban frías y me estremecí.

—¿Quién?

—No importa —dije—. No fue más que un polvo en la primera noche de la semana de bienvenida. Estaba tan borracha ese día que ni siquiera recordaba quién era el chico.

—¿No lo recordabas? —La mano de Eve estaba ahora en mi pierna. Yo llevaba tejanos, así que ya no había contacto de piel con piel ni escalofríos, solo una ligera y suave presión.

—No. Como he dicho, estaba muy borracha.

Su agarre se hizo más fuerte. Empezó a doler.

—¿Recuerdas algo de esa noche? Algo, lo que sea.

Negué con la cabeza.

—De todas formas, ahora ya es un misterio resuelto. —Me reí y levanté el vaso de plástico, que estaba vacío, como si fuera a hacer un brindis. Bebí igualmente para completar la secuencia.

La voz de Balth era casi un susurro.

—¿Quién fue?

Eve seguía agarrada a mi pierna, justo por encima de la rodilla. Nunca la había visto tan quieta. Su mirada, dirigida hacia la oscuridad de la hierba, parecía observar sus propios adentros. Si existía una manera de contar esta historia con la que Eve —la que tanto adora el sexo casual y las indiscreciones espontáneas— se riera, ya era demasiado tarde. Parecía perturbada por lo que acababa de escuchar.

Pensé en Nick y en cómo se negó a mirarme mientras Sackers gritaba y reía y me daba palmaditas en la espalda. Por un momento me regodeé con la idea de que Eve pudiera dirigir su mirada asesina hacia Nick, y sentí cierta satisfacción. Pero no quise darle un nombre con el que completar la historia, quería que proyectara en su mente todos los posibles personajes. Cuanto más borroso fuera el recuerdo, más fácil sería soportarlo. Con Eve apretándome cada vez más fuerte, la historia parecía siniestra y mi papel en ella, patético.

—No importa quién fue —repuse—. Venga, cambiemos de...

—No. —Al oír la contundencia de su voz, de repente me di cuenta de que Balth, al igual que Eve, se había quedado extremadamente quieto. Me miraba con una preocupación tan intensa que tuve que apartar la mirada—. ¿Quién hizo la pregunta?

—Sackers.

—Cómo no. —Eve retiró la mano e hizo un pequeño sonido de exasperación, como si estuviera a punto de decir algo, pero Balth la cortó.

—Qué pedazo de gilipollas.

Me habría reído, pero Balth no lo dijo con deleite; lo soltó con una sinceridad que me asustó.

—No lo puedo defender —dije. Y luego, como el silencio se alargaba, añadí—: Tiene un sentido del humor muy inmaduro.

—Michaela. —Eve dijo mi nombre como si fuera una orden y yo la miré a los ojos—. No le veo ninguna gracia a esto.

Entonces, para mi sorpresa, me rodeó con el brazo. Me quedé rígida mientras miraba hacia ese oscuro océano de hierba donde, años y años atrás, habían abusado de una chica de mi edad para después dejarla ahí tirada. Acabó siendo un bulto de carne y huesos destrozados esperando a ser descubierto a la mañana siguiente.

• • •

Cuando ya las botellas estaban vacías y nos habíamos levantado y estirado para despedirnos de Balth, Eve y yo regresamos juntas a la universidad.

Cuando les conté lo de Sackers, intuí que Eve se estaba guardando algo. Rompí ese silencio tan espeso diciendo:

—En fin —Mi voz no sonaba a mí. Como no se me ocurría nada más que decir, fue Balth quien aprovechó ese *en fin* y sacó conversación.

Le contó a Eve, con detalles ensayados, la historia completa de cómo «casi arrasó» con la residencia. Ahora, caminando de vuelta a solas con Eve, la frivolidad se desvanecía.

Todavía podía sentir la presión de su brazo a mi alrededor. Me había parecido un abrazo instructivo, que más que para reconfortarme era para hacerme saber cómo me debía sentir.

Eve tenía las manos en los bolsillos y se miraba los pies, con cuidado de no tropezar en la oscuridad.

—¿Crees que Balth es gay?

Me detuve ante la inesperada pregunta. Había estado ensayando frases en mi cabeza, respuestas a las preguntas que creía que me haría sobre esa primera noche de la semana de bienvenida.

En cambio, recordé aquella noche, semanas atrás, antes de que Eve y yo fuéramos amigas. Mi oreja pegada a la fría pared; los gemidos fingidos de Eve al otro lado. Me costó mucho más distinguir la voz de Balthazar. Abrí la boca para decir: *No sé, Eve. Eres tú la que se ha acostado con él,* pero me cortó.

—O tal vez sea bi. Me lo puedo imaginar con un chico, ¿tú, no?

Decidí aflojar mi control sobre la conversación y dejar que Eve la llevara adonde ella quisiera.

—Sí —dije—. Lo estaba pensando el otro día. Aunque creo que si lo fuera es el tipo de persona que no tendría problema en salir del armario. Es muy seguro de sí mismo.

—No lo sé; los colegios privados solo para chicos son bastante problemáticos, incluso hoy en día.

Me quedé en silencio por un momento. Intuí que Eve estaba empleando su truco habitual: empezar con una provocación, no para solicitar mi opinión, sino para crear un ambiente en el que ella pudiera exponer la suya. Estas conversaciones, si es que se las puede llamar así, siempre me hacían sentir pequeña, tanto porque yo no era realmente su interlocutora sino su público, como porque, a pesar de mi descontento, sus llamativas ideas y su elocuente rostro captaban totalmente mi atención.

—Sí, supongo.

Tal y como había predicho, continuó sin necesidad de que la incitaran.

—También creo que nos confunde porque su masculinidad no es convencional y la sociedad nos mete en la cabeza una idea muy prescriptiva de cómo deben ser los hombres.

—Cierto. Quizá no sea gay, sino solo metrosexual.

—Sí. Si estuviéramos en Europa, donde el ideal de masculinidad es menos reduccionista y tal, en plan: no es solo chicas, fútbol, cerveza…, ¿estaríamos teniendo esta conversación?

Así que este era el tema sobre el que Eve quería hablar: la masculinidad australiana. Parecía artificial, incluso indulgente, discutirlo, como si nuestras conversaciones dieran forma a la realidad en lugar de solo pintarla para nuestra propia diversión. Así que me limité a decir:

—No lo sé, Eve; nunca he estado en Europa.

• • •

Había una cafetería en el campus, encajada entre la Facultad de Medicina y el hospital, donde las enfermeras, los paramédicos y los médicos iban a almorzar y yo iba para estar sola.

Me gustaba por varias razones. En primer lugar, todos esos profesionales con su uniforme y su antiséptico me recordaban con una sonrisa que mis problemas no tenían importancia. Ahí al lado, se perdían y salvaban tantas vidas que el sufrimiento, como la pausa para el café, era algo cotidiano.

En segundo lugar, el personal (una familia italiana que era propietaria de la cafetería desde hacía décadas) era tan increíblemente borde que uno llegaba a pensar que aquella experiencia debía ser edificante, como comer verduras o recibir una bofetada rápida.

Allá donde otras cafeterías ponían carteles optimistas como:

¡Felicidades! Has conseguido levantarte de la cama.
Antes del café ☹ Después del café ☺

Los carteles de Reggio's eran directos, rozaban lo ofensivo.

NO LE SERVIREMOS SI ESTÁ HABLANDO POR TELÉFONO.
No moleste al camarero. No le apetece charlar con usted.
SOLO EFECTIVO. Recargo del 10% por las quejas sobre esta política.

Me gustaba la familia Reggio al completo, desde la ojerosa matriarca, cuyo tono de voz más bajo era el equivalente a que alguien te gritase en la oreja, a su musculoso hijo Luca y sus camisas de tirantes, quien llamaba «bella» a cualquier mujer que no fuera blanca e ignoraba a todas las demás.

La comida era excesivamente cara, el café sabía mal y las leches de soja o de almendras parecían elegidas adrede para castigarte por ser tan exigente. Pero yo habría pagado ese diez por ciento de recargo y más a cambio de pasar el rato en un entorno en el que el cliente nunca tenía la razón —no solo desde un punto de vista fáctico, sino también espiritual— al pensar que por el precio de un café o de una carbonara recalentada podía comprar el respeto.

Estaba sentada en una mesa exterior, la única que no tenía un cartelito que decía *¡NO ESTUDIAR! ESTO NO ES UNA BIBLIOTECA.* Faltaban cuarenta minutos para que empezara mi clase y estaba intentando terminar el texto que nos habían mandado leer. Al parecer, esas treinta páginas iban sobre un hombre que bombeaba agua. Había frases largas, subordinadas encadenadas y una aparente fobia a los puntos y aparte que me daban una sensación de agotamiento rítmico y mental muy parecida a la que sentía el hombre con su bomba.

Tras leer un párrafo prestando mucha atención unas tres veces, deduje que el hombre de la bomba pretendía enseñarme algo sobre la intención. Si alguien le preguntaba qué estaba haciendo, él respondía: «estoy bombeando agua», no «estoy contrayendo estos músculos» o «estoy haciendo este sonido». Lo que pretendía hacer era lo que describía, aunque muchas otras descripciones posibles de la misma acción también eran válidas.

Un grito interior me hizo volver a Reggio's, como si me sacaran del agua después de estar sumergida. Luca gritó «capuchino de soja», y acto seguido, sin dejar pasar ni un segundo, su madre se hizo eco a un volumen veinte veces mayor, con furia:

—¡CAPUCHINO DE SOJA! ¿QUIÉN HA PEDIDO UN CAPUCHINO CON LECHE DE SOJA?

Lo tomé de la barra y musité un «gracias» como si fuera una disculpa. Luca no levantó la vista de la máquina de café.

—Eres una valiente. Hace siglos que dejé de pedir leche de soja aquí.

Me di la vuelta tan rápido que me manché la mano de espuma con cacao. (En Reggio's, el café se servía en vasos para llevar sin tapa).

El profesor Rosen estaba en la cola, detrás de mí, con su cartera de cuero colgando del hombro.

—¡No! Eso es dejarles ganar.

—Me rendí. No podía lidiar con la forma en que me juzgaban. —Señaló con los ojos a Luca. Fue un gesto infantil, como si estuviéramos haciendo muecas a espaldas de un profesor, y me di cuenta de que mi corazón latía tan rápido que mis dedos temblaban.

—Intimida mucho —dije.

—No sé qué es eso.

Me reí y me di cuenta de que la espuma empezaba a bajarme por el dorso de la mano. En Reggio's, las servilletas estaban en el mismo sitio que las tapas: en el lado opuesto de la barra, por lo que los clientes tenían que ir hasta ahí, tambaleándose, con el consiguiente riesgo de derramar algo.

—Bueno, nos vemos en clase —dije, y me dirigí al otro lado de la estancia.

Para cuando la tapa estaba bien colocada y mi mano limpia, Paul estaba de nuevo a mi lado, extendiendo la mano para agarrar una cuchara. No estableció contacto visual y nuestro silencio pareció artificial teniendo en cuenta que hacía un momento habíamos hablado con tanta fluidez.

—Justo estaba con la lectura —dije, tal vez demasiado alto.

—¿Cómo? ¿Ahora?

—Al menos lo hago antes de clase.

Caminamos juntos hacia fuera. Hacía sol y me detuve cuando llegamos a mi endeble mesa plateada.

—Cierto. Al menos lo haces. —Miró la mesa, con mis gafas, el ordenador y la botella de agua sobre ella—. Me sorprende que te dejen leer aquí.

—La verdad es que no me dejan. Normalmente me echan, pero me gusta sentir esa presión.

Se rio.

—¿Y qué opinas?

—¿Sobre qué?

—Sobre la lectura.

—Ah, la lectura. Es densa. Y detallada.

Desvió la mirada y la fijó al otro lado del campus. Adoptó una actitud distraída que me dio la impresión de que estaba pensando en otra cosa.

—Sí, no siempre lo pongo para los de primero, pero creo que es importante.

Hablé con rapidez, con cada palabra era evidente que estaba reclamando su atención.

—Veo que trata muchos temas. Por ejemplo, si nuestras acciones son intencionales o no, si somos capaces, siquiera, de llevar a cabo una acción consciente e intencional, y luego determina si podemos ser considerados moralmente responsables.

—Exacto. —Se volvió hacia mí y me miró de arriba abajo. Me lo tomé como una recompensa. No hace falta que vengas a clase. Esas son las conclusiones a las que quería que llegarais.

Ese día hacía frío, pero estábamos de pie bajo los rayos directos del sol, y cuando moví la mano para proteger los ojos de la luz, me pregunté si habría una mancha de sudor en mi axila.

—Pero ¿no hay otro campo de investigación que no tiene que ver con la intención de una acción concreta, sino con la forma de saber qué está bien o mal? Tengo la sensación de que hemos dedicado mucho tiempo a la libertad, pero sigo preguntándome si, a pesar de ser libre de hacer lo que quiera, no es necesariamente como si lo hiciera sabiendo si mis acciones son buenas o malas.

Paul me observaba atentamente, puntuando mi discurso con pequeños asentimientos. Le sostuve la mirada, como desafiándole.

—¿Cómo crees que puede saberse? Se podría decir que ese es precisamente el objetivo del curso. O uno de los objetivos. ¿Dónde crees que has caído en eso hasta ahora? ¿En qué punto estamos? ¿Es la décima semana?

—Sí.

Él también estaba entrecerrando los ojos bajo el sol.

—Entonces, Michaela, ¿de dónde sacamos el conocimiento moral en la décima semana del primer semestre?

—Me gustaría decir que de los constructos sociales, pero eso me deprime.

—¿Ah, sí? ¿Por qué?

De repente, sentía que tenía el corazón agitado y notaba que me subía un calor por la cara.

—No es que lo atribuya a un poder superior ni nada por el estilo. —Me reí. Fue un sonido estridente y extraño que deseé haberme ahorrado—. Es más bien que habitamos tantos espacios sociales diferentes que pensar que la moralidad puede ser inconsistente en todos ellos es simplemente... deprimente.

—Pero ¿realmente es así? ¿Habitamos espacios tan diferentes?

Miré lo que había más allá de él, el Reggio's, donde la cola de gente con bata blanca y uniformes azules se había duplicado.

—No lo sé —respondí.

—Me parece que yo sí.

Cuando volví a mirarlo, no había nada en su cara que me diera a entender que había escuchado lo que le había dicho.

—Tengo que irme. Yo no puedo llegar tarde.

Me pareció detectar un énfasis en ese «yo», así que, con la débil esperanza de que levantara la cabeza al verme entrar, tal vez con un destello de comprensión en los ojos, me quedé sentada ahí un rato más. Me aseguré de llegar y entrar al aula del profesor Rosen exactamente cinco minutos tarde.

• • •

Esa noche recibí un correo electrónico mientras estaba cenando, e inmediatamente salí del comedor para leerlo en la intimidad de un cubículo del baño. Me senté allí durante varios minutos, hasta que el asiento de plástico se me hizo incómodo y pensé que empezaría a parecer extraño si no tiraba de la cadena pronto.

El correo electrónico de Paul era, como siempre, de un solo párrafo.

Estaba pensando en lo que dijiste hoy, y solo quería decir que es una gran observación, y que (merecidamente) se ha hablado mucho del tema en los últimos años. Quizá te interesen algunos artículos (he adjuntado varios enlaces) sobre la ignorancia moral. Obviamente, nada de esto cuenta para evaluación, y en el examen no tendrás tiempo de hablar sobre nada más aparte de lo que sale en los artículos de lectura obligatoria, pero quizá te guste leerlos igual por simple interés/educación.

Me pareció que su uso de la barra diagonal era desenfadado y burlón, como si el conocimiento teórico fuera lo mismo que la educación, y él tuviera la capacidad de hacer ambos redimibles con solo pulsar un botón. Me pregunté si estaría tratando de coquetear. ¿Era así como él describiría su correo?

Estimado Paul,
Suena interesante/educativo.

De hecho, tenía algunas preguntas sobre el examen. Obviamente, te agradezco todo el tiempo que ya me has dedicado, pero me preguntaba si podría aceptar tu oferta de la clase de hoy y reunirme contigo para discutirlo.

Un saludo,
Michaela

Para cuando hubo contestado, ya estaba de vuelta en mi habitación, revisando las redes sociales con la mirada perdida mientras trataba de fingir que mi corazón no estaba desbocado ni hacía estallar mis pensamientos.

Claro. ¿Viernes a las 2 de la tarde?

Después de una hora en la que aproveché para ducharme, lavarme los dientes, enviar mensajes de texto a otras personas y organizar las palabras de mi respuesta, pulsé «enviar».

Perfecto. Gracias de nuevo.

Una sola línea, al estilo de Paul. Finalmente, había cedido.

• • •

Eve insistió en que visitáramos una galería que había cerca de la universidad.

—Dicen que es increíble. La exposición termina hoy.

—¿Quién dice que es increíble? Soy una mujer ocupada, por si no lo sabías.

—Luke.

Me tumbé en la cama y me tapé la cabeza con la manta.

—¡Pensé que Luke nos caía bien!

Salir del campus parecía algo sano y normal, y salir para ir a una galería de arte parecía francamente sofisticado, pero me molestaba tener que acompañar a Eve en lo que tenía pinta de ser una excursión para investigar y, así, luego poder entablar una conversación con Luke. Quizás el arte sea solo eso, pensé mientras me ponía unos vaqueros de cintura alta y me ataba las Converse: algo sobre lo que hablar.

Como un claro en un bosque de terrazas abandonadas, la galería se abría a una plaza, que (honrando la planificación de la ciudad) era lo suficientemente urbana para los monopatines, pero demasiado aburguesada para el tráfico de drogas. En el centro había una escultura imponente y muy optimista sobre el potencial humano —limpiar las ciudades y civilizar los parques— que me pareció deprimente. A nuestro alrededor, la hierba crecía por los lados de los edificios y el hormigón se plegaba en ondas sobre lo que quedaba de las cervecerías abandonadas. Era mediodía cuando llegamos, y la cascada de cristal que había en el paisaje reflejaba el sol por todas partes, ineludiblemente, a la vez, así que mis ojos se adaptaron con alivio a la sutil fluorescencia de la galería.

La exposición trataba sobre el cambio climático, y me tuve que enfrentar a la realidad sobre los residuos humanos de una forma totalmente teórica, independientemente de mis propias elecciones y comportamientos. Era como si fuera testigo de una narración, no partícipe.

Nos quedamos plantadas delante de una fotografía que cubría toda una pared: una toma aérea de un vertedero chino, probablemente captada por un dron.

Eve se giró hacia mí. La foto a contraluz, tan grande que resultaba abstracta, con envoltorios de plástico como manchas en un cuadro de Pollock, iluminaba los bordes de su silueta. Podía distinguir algunos cabellos.

—¿Sabes la historia esa que me contaste sobre el after…? —Habló en un educado susurro.

—Sí. —Seguí estudiando la fotografía.

—¿Has pensado en denunciarlo?

—¿Denunciar un juego de beber?

—Claro que no. Me refiero a que si has pensado en denunciar lo que pasó en la semana de bienvenida.

Me aparté de la fotografía y me giré para estar frente a ella. Su rostro tenía un tinte azulado. Pude distinguir las cejas, arrugadas por la preocupación. Me sentí molesta.

—No, creo de verdad que eso es entre… —Hice una pausa. Había detectado una emoción, una apreciación estética, en la forma en que Eve había susurrado «lo que pasó en la semana de bienvenida». Como si hubiera sacado el tema y luego se hubiera sentado a ver cómo se desarrollaba el drama. Al intentar sentarme en la posición de Eve, horrorizada y cautivada a la vez, sentí que la vergüenza desfilaba ante mí como una especie de pantomima. Al plantear que «denunciar» lo sucedido era una opción, supongo que me consideraba una víctima. Y donde ella veía a un villano, mi condición de víctima solo se realzaba.

—Es entre ese chico y yo. —Una conclusión débil, que Eve rápidamente anuló cuando se inclinó más cerca todavía.

—Puedes decirme su nombre.

—No importa.

Caminé hacia la sala contigua, que emitía un zumbido de ruido blanco. Eve no me siguió.

Me detuve y dije, un poco más alto:

—Aquello no tuvo ninguna importancia. Si Sackers no hubiera tratado de bromear sobre el tema, no estaríamos hablando de ello.

Ella siguió susurrando, no lo suficientemente bajo como para ocultar una sutil exaltación.

—No pudiste dar tu consentimiento.

—¿Qué?

Eve se acercó a mí.

—Si estabas demasiado borracha como para recordarlo, definitivamente estabas demasiado borracha para consentir. No creo que sea ninguna locura pensar que la residencia querría estar al tanto de cuándo sus inquilinos tienen sexo no consensuado.

—No quiero que la residencia lo sepa.

Ya no estaba susurrando. Su voz estaba llena de preocupación.

—Estoy segura de que tienen a alguien con quien podrías hablar sobre el tema.

Me oí tragar saliva por encima del ruido blanco. Señalé la fotografía de la basura.

—No tiene sentido, ¿no crees? Es realmente preciosa.

Eve no se volvió para mirarla. Pasó junto a mí, dirigiéndose hacia el ruido blanco, y me pareció detectar un pequeño movimiento de cabeza en señal de exasperación.

Recorrimos el resto de la exposición en silencio. En el vestíbulo del final, Eve miró la tienda de regalos. En ella vendían baratijas inútiles, mezcladas con algunos libros bellamente impresos.

Eve levantó la vista del libro de arquitectura que estaba hojeando y preguntó si nos quedábamos a ver la instalación de vídeo —una animación sobre el capitalismo de vigilancia— que empezaba en punto.

—Tengo que irme.

—Ah, perdón. Creía que no tenías clase los viernes.

Fingí estar leyendo una revista. Parecía que iba sobre sombreros.

—Tengo una reunión con el profesor Rosen.

No levanté la vista de esas páginas brillantes, pero pude sentir a Eve mirándome fijamente, y la oí cerrar el libro con un golpe seco.

—Eres insaciable. Sabes que tiene cierta reputación, ¿no? —Se apreciaba una sonrisa en su voz y levanté la vista para comprobar si su diversión era genuina. Su postura, con las manos en la cadera en señal de desaprobación, hizo que dejara de lado mi preocupación por ser un objeto de compasión.

—Si te soy sincera, eso es parte del encanto —contesté—. No soy ni de lejos tan aplicada en ninguna de mis otras asignaturas.

Eve volvió a reírse y yo lamenté tener que irme tan pronto.

—¿No sería bonito que la sociedad evolucionara hasta llegar a un punto en el que el sexo fuera algo claro y transaccional, en el que todo el mundo estuviera de acuerdo y fuera de la misma generación?

—Sí lo sería.

—Y sin complicadas dinámicas de poder.

Pensé en nuestro beso en casa de Luke, en la forma en que me tomó la cara con ambas manos con ese propósito; en lo intencionado, pero también inevitable, que pareció aquel acto.

—Está claro que de eso van las relaciones: de dinámicas de poder.

Me despidió haciendo un movimiento con su esbelta mano.

—Anda, ve a esa mierda de reunión. Espero que sea muy erótica.

9

El profesor Rosen mantuvo una distancia estrictamente profesional a lo largo de todo el curso, hasta el momento de «la caída de los bolígrafos».

En la semana previa al examen final, Eve y yo fuimos a la biblioteca de Fairfax todas las noches después de cenar. Nos sentábamos allí en pijama hasta la madrugada y «estudiábamos», lo que significaba, sobre todo, hablar. Hablábamos en susurros al principio, que iban *in crescendo* a medida que las observaciones de Eve se convertían en opiniones, tras lo cual exponía su conclusión con la convicción que ella consideraba que merecía y lo hacía lo suficientemente alto como para que toda la biblioteca lo oyera. Entonces, un «shhh» por parte de los estudiantes que nos rodeaban la sometía. Pero el estar tan sometidas, con las cabezas agachadas y susurrando palabras, no hacía más que fortalecer nuestra amistad. Como si fuéramos los dos únicos miembros de un club en el que respondíamos a las preguntas morales con tanta prepotencia que cualquiera pensaría que nos las habíamos planteado nosotras mismas.

—¿El profesor Rosen dijo algo útil en vuestra reunión académica?

Era la noche anterior al examen y Eve, que susurraba con tanta fuerza que hasta escupía, volvía a una pregunta que ya me había hecho varias veces.

—No, lo cierto es que no. Solo repasamos algunos ejemplos de cómo evitar la exégesis.

Ya sabía la pregunta que venía después, ya que me la había hecho todas las veces que habíamos quedado para estudiar.

—¿No insinuó nada sobre lo que saldría en el examen?

—No. Di un trago al té de menta que me había traído del comedor. Lo encontré frío y con sabor a pasta de dientes.

—¿Estabais... —hizo una pausa para crear emoción, levantando las cejas— ocupados haciendo otras cosas?

—¿Cómo te atreves? Como si no te lo hubiera dicho al segundo.

—Más bien habrías presumido de ello.

La reunión académica, durante la cual le hice unas preguntas al profesor Rosen que había pensado con el propósito de tener algo que decir, no fue nada de lo que presumir. A diferencia de nuestra reunión anterior, estuvo como ausente durante todo el tiempo. Se sentó medio girado hacia su ordenador, con una cara que oscilaba entre la hostilidad (cuando yo describía la naturaleza de mi confusión) y el aburrimiento (cuando me respondía). Me sentí una molestia, como si le estuviera haciendo perder el tiempo, y no dejé de moverme todo el rato en esa silla, cruzando y descruzando las piernas, tratando de ocupar el mínimo espacio. Al cabo de media hora, me dijo:

—Parece que ya lo tienes —en un tono vacío y declarativo que tomé como un ofrecimiento a que me marchara.

—No tengo palabras para describir lo poco sexy que fue esa reunión —le dije a Eve—. Fue casi como una reunión militar.

—El ejército tiene grandes problemas con el abuso sexual; también podrías decir que fue una reunión religiosa.

Me reí, y luego fui silenciada por la mirada de los de la mesa adyacente.

—Ya sabes a qué me refiero.

—Claro. —Eve se puso de pie y se estiró. Al levantar los brazos por encima de la cabeza dejó a la vista los suaves mechones de pelo que tenía en las axilas. No llevaba sujetador, y sus pezones estaban imponentes bajo esa camiseta blanca. Mientras tenía los brazos por encima de la cabeza, dijo, lo suficientemente alto como para que toda la sala la oyera:

—Voy a escribir un diálogo.

Las mesas circundantes emitieron un fuerte «¡shhhhh!», como si hubieran encendido los aspersores.

Como en vez de responder agaché la cabeza bajo el peso de la reprimenda, ella se inclinó hacia mí y repitió en un tono más calmado pero no menos orgulloso.

—En el examen. Voy a escribir un diálogo.

—¿Qué quieres decir?

—¿Recuerdas que en clase Paul dijo que no teníamos por qué escribir una redacción? Creo que estaba insinuando que un diálogo sería buena opción.

—Qué original —susurré, demasiado débil para transmitir el sarcasmo.

—No te creas. —Eve sonrió como si le pareciera que, efectivamente, era muy original—. Es muy socrático por mi parte.

Cuando me senté para hacer el examen a la mañana siguiente, escribí un diálogo sin ser consciente de haber tomado la decisión de hacerlo. No respondí a la pregunta, sino que más bien representé cómo un profesor y un alumno discutían sobre ella. Tanto uno como el otro hablaban como Luke: en un tono cortante y preciso, sin floridas muestras de respeto. El diálogo tenía un cariz de combate. Cuando terminé y miré el reloj, descubrí que faltaban cuarenta y cinco segundos. Estaba demasiado nerviosa para releer lo que había escrito. Miré a los demás estudiantes, y luego, consciente de que estaba mirando fijamente a la gente, bajé la vista a mi mesa, me apoyé sobre las manos y esperé a que la supervisora dijera «dejen los bolis». Cuando lo hizo, salté.

Fuera del aula de examen, encontré a Eve. Estaba con un grupo de personas que no conocía. Estaban hablando sobre el examen y no me hicieron sitio cuando me acerqué. Tuve que tocarle el hombro a Eve para que se diera la vuelta y me mirara.

—No ha estado mal. Ha salido todo lo que había estudiado. En todo caso —se giró de nuevo hacia el grupo para asegurarse de que estuvieran escuchando—, se podría decir que ha sido un poco fácil.

—¿Fácil? —Se rieron—. Bueno, fácil para ti.

Yo también me reí y me metí en el círculo. Cuando vi que Luke se acercaba, me moví para hacerle espacio.

—¿Cómo ha ido? —preguntó mientras miraba solo a Eve.

Todos en el círculo se quedaron observándolos.

—Yo me alegro de que haya terminado —dijo ella con una modestia fingida.

Fuimos al pub. La conversación fluía alegre gracias a un cóctel de adrenalina y alivio. Era nuestro último examen del semestre, el sol brillaba y el cielo era de un azul invernal radiante. Nos sentamos en el patio y nuestras cervezas tenían un color dorado.

Eve le contó a todo el mundo que había escrito un diálogo. Tomé un posavasos y empecé a doblarlo en cuartos, luego lo rasgué suavemente por los bordes, intentando que la línea fuera lo más recta posible.

Eve no me preguntó qué me había parecido el examen ni qué había escrito, pero estaba segura de que, aunque lo hubiera hecho, no le habría dicho nada sobre el diálogo.

• • •

Después de los exámenes, Eve sugirió que podríamos asistir a la charla «Mujeres en la Filosofía» que organizaba el departamento de Filosofía. El evento estaba diseñado para hacer que la disciplina pareciera menos masculina, o amenazante, o algo así.

—No suena muy bien —dije.

—Se trata de crear espacios seguros para las mujeres que estudian la asignatura. ¿Qué hay de malo en eso?

—No lo sé, suena a algo meramente simbólico. Cada vez que hablo contigo, recibo mi dosis de «Mujeres en la Filosofía».

Eve puso los ojos en blanco.

—Ven. Conoceremos a gente guay.

Al llegar a la charla, solo hizo falta echar un vistazo a la sala para ver que Eve tenía razón. Ella se dirigió directamente a una mujer que parecía tener más de sesenta años y que estaba de pie, al fondo.

Llevaba unos pantalones finos de pitillo y una camisa blanca. Su pelo era corto y le caían algunos rizos sobre la frente.

—Es Eileen Murphy —me susurró mientras nos acercábamos—. Es la jefa del departamento.

Al lado de Eileen, había una mujer muy bajita y muy delgada que hablaba enérgicamente. Era más cercana a nuestra edad, con una melena castaña que parecía impecable y, a la vez, como si nunca se hubiera tocado; era como si cayera de esa forma simétrica que le definía la cara por casualidad.

Las dos mujeres hicieron una pausa en su conversación y Eve se lanzó, como como siempre, con valentía.

—Estoy sorprendida por la cantidad de gente que ha asistido. No es lo que se espera de una charla sobre mujeres en la Filosofía.

Me apresuré a seguirle el rollo.

—El único motivo por el que hemos venido es porque pensábamos que sería un lugar tranquilo para pasar el rato las dos a solas.

Ambas rieron. La mujer de pelo castaño miró a Eileen, esperando que ella respondiera primero.

—Es una barbaridad, ¿verdad? —dijo Eileen—. Ya sabes, cada año pasa lo mismo: hay una mayor cantidad de mujeres estudiantes, pero muy pocas llegan al posgrado.

Eve se enderezó.

—¿No llegan?

—Por los hombres. Hablan por encima de ellas, socavan sus contribuciones, les dicen que temas como la literatura son menos importantes que el pragmatismo de la vieja escuela. —Enumeró cada una de estas cosas con los dedos, con un pequeño gesto al final, como si dijera: *Podría seguir*. Se sumió en un silencio con los brazos cruzados.

—Por cierto, me llamo Violet. —La mujer de pelo castaño extendió una mano elegante; llevaba una manicura semipermanente de un color rojo tan oscuro que era casi negro.

Tomé su mano con avidez y Eve y yo nos presentamos.

Eve les preguntó sobre su trabajo. Preguntas directas e interesantes con pequeñas aseveraciones y exclamaciones que daban a entender que sabía de lo que estaban hablando. En ningún momento admitió no conocer ni a un solo filósofo. Matizaba su ignorancia:

—No he leído nada suyo, pero he oído hablar de él.

Cuando Violet me preguntó amablemente si había leído algo del filósofo sobre el que estaba trabajando, le dije que no. Parpadeé un par de veces durante el silencio que siguió.

—Tampoco he oído hablar de él.

Eileen se rio y Violet lo entendió como una señal.

—No he oído hablar de él —dijo.

Me di cuenta de que Violet a menudo repetía lo que decía la gente en la conversación, sobre todo cuando decían algo que la hacía reír. Al hacer eso, se apropiaba del chiste. Su risa sexy y ronca, combinada con esa espesa melena castaña, era tan reconfortante, que era como si el chiste fuera suyo desde un primer momento y tú, mediante esa conversación, simplemente se lo hubieras devuelto.

Violet nos invitó a Eve y a mí al pub, junto con otros estudiantes de máster. Cuando le preguntó a Eileen si quería venir, esta se limitó a negar con la cabeza.

—Ya me conoces.

Violet nos dijo, a modo de explicación:

—Eileen tiene la política de no socializar con los alumnos. —Luego, dirigiéndose a Eileen, añadió—: Vamos. Será divertido.

Eileen levantó una mano, apartándola. Fue un gesto autoritario que a mí me habría hecho encoger.

—Hazme caso, Violet —dijo—. Si ir al pub con los alumnos es tan, tan divertido, entonces no deberías ir.

• • •

Cuando llegamos al pub, a la única persona a la que reconocí fue al profesor Rosen. Los estudiantes del máster y varios miembros de la facultad estaban sentados en una larga mesa de madera en un rincón oscuro del fondo. El profesor Rosen tenía los ojos fijos en la mesa, con la mirada perdida, y hacía girar lentamente su vaso de cerveza con el pulgar y el índice.

Eve y yo nos sentamos con Violet en el extremo opuesto. Pedí una jarra de sidra y Eve unas patatas fritas.

—Entonces, ¿os conocisteis en la clase de Paul? —Violet era tan elegante que una patata frita, en sus manos, podría haber pasado por un cigarrillo.

—Más o menos —dijo Eve.

—En realidad nos conocimos en Fairfax. Nuestras habitaciones están una al lado de la otra.

—¿Vivís en la residencia? —Mordisqueó el extremo de su patata frita—. ¿Lo odiáis?

Eve se pasó varios minutos criticando el sistema universitario en general. Se me pidió que proporcionara anécdotas, pero era Eve quien se encargaba de contarlas, como lo de aquella ocasión en la que me entrevistaron en el Rumwold College y me dijeron que la universidad no podía estar pendiente de «cada vez» que se daba una situación de acoso sexual. Eve iba bebiendo y sus gestos se volvieron tan fluidos como su conversación. Fue entonces cuando, por un momento, me preocupó que me pidiera que contara lo personales y humillantes que pueden ser los juegos de beber como el *Yo nunca*.

—¿Os importa si me uno? —El profesor Rosen estaba de pie detrás de Violet, con una mano en el respaldo de su silla, o en su espalda; desde donde estaba sentada, no podía verlo. Miré hacia donde él había estado sentado y vi varias sillas vacías.

Paul nos sonrió a Eve y a mí, con un gesto de reconocimiento.

—Violet —dijo—, estas chicas estaban en mi clase de primer año este semestre.

Ella levantó las cejas, que eran como dos paréntesis muy cuidadosamente perfilados.

—¿*Chicas*?

—Está bien —El profesor Rosen levantó ambas manos en señal de rendición—. Chicas, no. Alumnas, colegas, amigas cultas.

—Me quedo con lo de «amigas cultas». —Eve sonrió.

—No sé, no sé… Preferiría «las lindas señoritas» —dije.

A todos les hizo gracia, sobre todo a Paul. Miré hacia a él y me encontré con que sus ojos ya me estaban contemplando fijamente. Aparté la mirada antes que él.

Esperaba que Violet fuera borde, pero se dirigió a él como si fuera un amigo, sin hacer ningún intento por dominar su encanto. Miró a Paul con una amplia sonrisa y, con un pulcro movimiento de melena, le indicó que se sentara en la silla que había a su lado. Los únicos signos de hostilidad que mostraba parecían actuados: no estaba de acuerdo con casi todo lo que él decía, pero en un tono que interpreté como juguetón, como si sus opiniones fueran objetables pero totalmente ajenas a su persona.

Cada vez que yo decía algo gracioso, Paul me miraba con una sonrisa en los ojos, incluso después de que ya hubiéramos cambiado de tema. Parecía una persona completamente diferente a la de la reunión del otro día, cuando se sentó al otro lado de la mesa y ni siquiera me miró. Pensé que debía ir borracho.

Cuando se fue a por otra cerveza, Eve no esperó ni a perderlo de vista antes de inclinarse hacia delante y mirar fijamente a Violet.

—¿Qué hay ahí?

—¿Con Paul? —Violet se giró para ver cómo se alejaba. Otro movimiento de pelo suave—. Ah. Es muy inteligente, obviamente. Y, por desgracia, lo sabe.

Eve continuó.

—He oído ese rumor… —dejó caer— sobre la chica que está ahora en Oxford.

—Ah, sí. Eso fue hace años. —Violet tomó una de las patatas fritas que quedaban y rebañó con ella el fondo del cuenco para recoger granos de sal—. En su primer año de docencia, diría. —Eve exhaló, fue una pequeña señal de desaprobación, y Violet se encogió de hombros—. Lo cual lo hace todavía más sorprendente, claro. Es como: ¿por qué haces eso, sabes? Es evidente que no merece la pena arriesgar tu carrera justo cuando estás empezando. Supongo que pensó que podría salir ileso.

Eve tomó un sorbo de vino tinto.

—Tiene pinta de que así fue.

—Eso es lo más triste. Es inteligente y atractivo, así que, probablemente, lo que pasa es que cree que tiene derecho. Y eso lo hace peligroso.

—¿Crees que es atractivo? Michaela también.

Violet me miró, como si esperara que hiciera algún comentario sobre el aspecto de Paul. De repente, sentí que me ponía nerviosa y, consciente de mi ritmo cardíaco, anuncié:

—Tengo que hacer pis. —Era verdad que llevaba aguantándomelo desde que habíamos llegado.

Como siempre, fue la soledad del cubículo la que confirmó aquello que venía intuyendo desde hacía un rato. Estaba borracha. Sentada en el retrete, me dediqué a mirar el teléfono hasta que me di cuenta de la cola que se estaba formando afuera.

Mientras volvía a la mesa, el profesor Rosen, que seguía haciendo fila para pedir la bebida, me llamó desde la barra.

—Michaela. —Su gran sonrisa le hacía parecer mucho más joven—. Voy a salir a fumar.

—Me parece bien —dije.

—¿Quieres venir?

Volví a mirar hacia la mesa, donde las manos de Eve gesticulaban con firmeza para enfatizar lo que fuera que estaba contando. Violet asentía con vigor.

—Parece que es mi mejor opción.

Se rio y se puso a un lado para que yo pudiera pasar por delante de él. Me siguió de cerca y, cuando nos acercamos a la puerta, se inclinó a mi lado para abrirla, con una mano en la puerta y la otra apoyada, muy ligeramente —quizá solo rozaban las yemas de tres o cuatro dedos— en la base de mi columna vertebral.

Ya en la calle, con el zumbido del bar como ruido blanco detrás de nosotros, sacó un paquete de cigarrillos y lo agitó en mi dirección.

—¿Quieres uno?

—Mi padre murió de cáncer de pulmón.

—Madre mía. —Se guardó el paquete en el bolsillo—. Qué bien, porque yo no fumo.

—No he dicho que yo no fume.

—¡Madre mía! —Se rio y volvió a sacar el paquete para tomar dos cigarrillos. Me miró, sacudiendo un poco la cabeza, y se rio de nuevo—. Que te den. —Su risa fluía, fuerte y relajada, no como en sus clases, en las que solo soltaba una risa jadeante e irritante para remarcar sus bromas y que servía para dar la señal a los demás de que teníamos permiso para unirnos.

—No lo he dicho solo para vacilarte —dije—. Fue así. Murió, me refiero.

—Lo siento mucho.

La gente de mi edad nunca me respondía con empatía. Cuando les decía aquello se incomodaban y murmuraban algo, o desviaban la mirada, como buscando una salida. La forma en que Paul me miraba era como si me estuviera abrazando.

—Pero fumo igual.

Volvió a reírse, una carcajada sarcástica y malvada.

—Y me lo has dicho igual para vacilarme.

—Un poco.

Acepté el cigarrillo y me incliné hacia delante cuando me ofreció el mechero.

—Entonces, ¿cuál es el plan?

—¿Qué plan? —Le di una calada. Me sentía liviana. Me apoyé con una mano en la fría pared de ladrillos que había a mi espalda.

—El plan de vida. —Tiró el humo hacia un lado, con cuidado de que no me fuera a la cara—. ¿Crees que seguirás con la filosofía? Estoy seguro de que podrías hacerlo muy bien.

—No estoy segura. Lo cierto es que no tengo ni idea de lo que estoy haciendo.

—Acepta el cumplido y ya.

Sentí como si me hubiera regañado, así que baje la mirada, exhalé y vi cómo se iba desvaneciendo el humo.

—Bueno, me gusta mucho —dije—. Pero aún no sé lo que quiero hacer.

—No pasa nada. Solo tienes, ¿cuántos? ¿Veinte años? ¿Veintiuno?

—Dieciocho.

Le entró tos a media calada.

—Vaya. Eres muy…

—Me suelen decir que soy madura. —Levanté la barbilla al decirlo. Una pequeña muestra de orgullo.

—Sí, no te echaba dieciocho años. Creo que es por el corte de pelo.

Me llevé la mano al pelo. Era muy corto, al estilo *pixie*, y la base del cuello la llevaba rapada.

—Dejaron de pedirme el DNI el día que me lo corté.

—Que te pidan el DNI. Ni me acordaba de eso. —Hizo una pausa para dar una calada—. ¿Por qué lo hiciste?

—Tengo mucho pelo. Me agobiaba.

—Y estabas harta de ser igual que las demás.

Aquello fue una afirmación. Resentida ante su percepción, redirigí la conversación de nuevo hacia él.

—¿Y tú?

—Sí, yo también estaba harto de ser igual que las demás chicas.

—No, ¿cuántos años tienes?

Miró hacia arriba, como si estuviera contando mentalmente.

—El doble que tú, mira. Treinta y seis.

—Bien. —Exhalé con un largo suspiro—. ¿Cuánto hace que trabajas aquí?

—Siglos. Estuve un tiempo en Oxford.

—Oxford. ¿Cómo era aquello?

—Hermoso, y muy pomposo. También era muy gris. Tuve depresión estacional.

Me reí, entusiasmada porque me hubiera dado ese detalle personal.

—Al menos eso es fácil de curar. En plan, ¿te compraste una lámpara de sol?

—No. Volví a casa y ya.

—¿Ves? Qué solución tan rápida.

Paul dejó caer el cigarrillo al suelo. Había una fina película de lluvia, y el suelo crujía elegante bajo su bota. Al aplastar la colilla, su peso se desplazó ligeramente, reduciendo a la mitad el ya pequeño espacio que había entre nosotros.

—Deberíamos volver adentro —dijo.

Estaba muy cerca. Lenta y suavemente, puso una mano en la pared de ladrillo, justo detrás de mi cabeza.

Mi estómago revuelto por la cerveza y el vino, el ruido del pub, los latidos de mi corazón, todo quedó en silencio cuando agarré la cara de Paul con las dos manos y la atraje hacia la mía. No pensé en lo que hacía. Bueno, en realidad llevaba meses pensándolo. En ese momento, con una de sus manos detrás de mi cabeza, el calor de su cuerpo a ras contra el mío, su suave sonrisa entre la barba tan cerca de mi cara… no era consciente de lo que estaba haciendo.

Él respondió lentamente, primero con una mano todavía en la pared, la otra caída a un lado, su boca húmeda contra la mía. Luego, me puso la mano libre en la espalda y me dio un suave mordisco en el labio inferior mientras me acercaba más a él.

Cuando nos separamos, ambos sonreímos. Notaba un hormigueo en todos los poros de la piel, pero al mismo tiempo me sentía relajada, como si pudiera apoyar la cabeza en su pecho y dormirme.

—Vale —dijo mientras me acariciaba la cara. No creo que quisiera decir nada con aquello; solo lo dijo por decir algo.

Antes de que pudiera responder, dejó caer las manos, tomó una de las mías, la apretó sutilmente y se dio la vuelta para entrar nuevamente.

Le seguí. En el interior del pub hacía calor y olía a rancio. Se respiraba un aire pegajoso. El jersey me picaba y sentía mis extremidades livianas.

Una vez que volvimos a la mesa con Eve y Violet, el profesor Rosen no me miraba, salvo de pasada. Su pierna no tocaba la mía bajo la mesa. Su mano, cuando se extendía para agarrar una patata, no rozaba la mía en el cuenco. No pasó nada entre nosotros: ni una mirada ni un toque, ni siquiera un cuchicheo.

Cuando se levantó para irse, se despidió de la mesa en general, sin hacer contacto visual con nadie. Cuando pasó por mi lado de la mesa, que estaba más cerca de la puerta, me dio una palmada en el hombro.

Fue tan convincente su actuación que, cuando volvía a casa con Eve, ni siquiera me preguntó por él. Había imaginado durante mucho tiempo cómo sería contarle este momento, cómo podría saborear la expresión en su rostro, cómo se retorcería y tensaría el ambiente entre nosotras. Ahora, sin embargo, el beso parecía algo frágil: un momento cristalino que se rompería si lo contaba.

Me crucé de brazos para protegerme del frío, aunque en realidad no hacía frío, solo que no me había vestido acorde con el tiempo. Sentí el viento en los tobillos y el sabor de la sidra rondaba por mi garganta.

—Creo que voy un poco borracha.

—Totalmente. —Eve metió una mano en el bolsillo de la chaqueta—. ¿Nos fumamos uno?

Cuando llegamos a Fairfax, caminamos por el aparcamiento hasta la pista de atletismo y nos sentamos juntas a fumar, sin saber si el césped estaba mojado o frío hasta que comenzamos a notar que la humedad se iba filtrando hasta llegar a nuestros culos.

—Violet es genial —dije, dando un golpecito a mi cigarrillo para que cayera la ceniza.

Lo hacía con demasiada frecuencia, mucho más a menudo que Eve. Ella dejaba que la pequeña chispa se arrastrara con cada calada y que el gris se acumulara hasta caer. Yo era calada y golpecito, calada y golpecito.

—Deberíamos hacernos sus amigas.

Miré a Eve, para comprobar que no estuviera bromeando. Sus ojos se entrecerraron mientras daba una calada lenta.

—Es mucho mayor que nosotras —señalé.

—¿A quién coño le importa? Es una tía guay.

Eve aplastó la colilla contra el suelo, se puso de pie, la pisó un par de veces y me ofreció sus manos.

Las tomé y me agarré como un bebé, con una mano en cada una de sus esbeltas muñecas, y dejé que me estirara hacia arriba.

10

Mi madre estaba encantada de tenerme en casa durante las cinco semanas de vacaciones de invierno. Hablamos de ello por teléfono, y dejó caer que quizá yo prefería quedarme en Sídney con mis nuevos amigos. Lo dijo con la boquita entrecerrada, como si tuviera miedo de que, si lo decía demasiado alto, se convirtiera en realidad.

—No, volveré a casa.

Ahora más alto:

—¿Estás segura?

—Sí. Todos mis amigos de la residencia se van a Europa.

—¿Todos, todos?

—Ni que te pareciera mal.

Se rio.

—Me alegro por ellos. He oído que Ibiza es preciosa en esta época del año.

Las personas que se sentían más cómodas en Fairfax, si la comodidad pudiera medirse por la participación social, eran las que se habían ido antes. La mañana después de acabar los exámenes, Portia, Emily y Claudia se fueron rumbo al aeropuerto. Tenían la esperanza de coincidir en el camino con colegas de colegas.

Eve se sumó unos días después. La acompañé a la estación de tren porque no había querido que su madre la llevara. Iba a hacer un viaje de mochilera por Europa del Este, algo que había planificado con sus amigas del colegio. Hizo hincapié en el *Este*, por lo que supuse que aquello debería parecerme más aventurero, si cabe.

Cuando volví de la estación a la residencia, me encontré con los pasillos vacíos, más limpios y silenciosos sin el trajín diario de los estudiantes.

Y cuando salí de Fairfax hacia Canberra al día siguiente, fue con una sensación de alivio. El aire del invierno de Sídney era como un chapuzón de agua fresca, no lo suficientemente fría como para congelarme el aliento o helarme las puntas de los dedos, pero sí como para darme energía para pasar el día.

El autobús partió de la estación central con una ligera llovizna y un tráfico lento, que hacía que Sídney pareciera interminable. Dado que cada vez que levantaba la vista veía que aún no estábamos cerca de la autopista, abandoné la ventanilla y fijé la mirada en mi teléfono. Redacté mensajes a Paul en la aplicación de notas, pero no los envié.

Llevaba días esperando alguna correspondencia. Como, por descontado, yo me consideraba una mujer independiente —independiente, sobre todo, de la aprobación masculina—, no me permitía admitir que estaba esperando. Era la adrenalina posexámenes lo que explicaba mi energía, y era el agotamiento lo que explicaba mi (recién descubierta) ausencia de propósitos. Era normal pasar un día sola en la habitación, leyendo algo en el teléfono, viendo los primeros veinte minutos de los programas de televisión; era normal que mi cuerpo se sintiera como una bomba de relojería, una que llevaba demasiado tiempo haciendo tictac y había perdido ya todo el suspense.

Al principio pensé que el único medio para contactar con Paul era su dirección de correo de la universidad, pero no iba a enviarle un correo electrónico hablando sobre cosas que con casi total seguridad implicarían su despido. La amenaza inminente de quedarse sin empleo no era muy sexy. Cualquier conversación que mantuviéramos tendría que ser en privado, lejos de la sombra de la administración universitaria.

No fue hasta que limpié mi escritorio mientras hacía las maletas para ir a Canberra que me di cuenta de que su número de móvil había estado delante de mí durante meses, en la portada del cuaderno de la asignatura de Moralidad, justo al lado de la dirección de su despacho y de su horario de atención.

Cuando mi cabeza empezó a desvanecerse y a doler por el mareo, me metí el teléfono en el bolsillo de la chaqueta y dejé que mi cuerpo se apoyara contra la ventana. Me imaginé contándole a Eve lo del beso.

Te lo dije, diría ella sin rastro de júbilo. Sonreí para mis adentros al imaginarme su incredulidad. *¿Cómo pasó? ¿Te lanzaste tú?* Su rostro en estado de shock, su flequillo inmóvil.

A mi llegada a Canberra, la cara sonriente de mi madre mientras me saludaba con la mano me recordó, con una asfixiante certeza lacrimógena, que estas conversaciones eran solo imaginadas.

La historia del beso con Paul —la historia tal y como se la contaría a Eve— me empoderaba. Pero el recuerdo del beso, el apretón de manos y el silencio que se produjo después… eran cosas que le ocurrieron a otra versión de mí. Una versión fina como el papel, a la que quería proteger de Eve.

• • •

Mi madre estaba cocinando mi boloñesa favorita, pero en ese momento era yo la que estaba a cargo de la comida. Verla pelar ajos con las uñas era insoportable. Le quité los bulbos mientras apoyaba mi otra mano en su esquelética espalda y los aplasté con la parte plana de un cuchillo. En respuesta, me sirvió un poco de vino.

Apoyó la cabeza en el respaldo del sofá, girándola ligeramente hacia mí, y empezó a disparar preguntas. Estaba ávida por saber los detalles sobre mi nueva vida. Sin embargo, mientras de su olla más grande emanaba olor a ajo y el vino se acomodaba en mi boca, frío y maduro, sentí que la vida que estaba describiendo era la de otra persona. Esta casa era real, y yo era real en ella: las fotos de la infancia en la nevera; la manta hecha jirones en el sofá; los libros amontonados de mi madre, con las esquinas dobladas y garabateados hasta la saciedad; al mirarlo de cerca, todo aquello parecía amor.

Yo en los fogones, ella en el sofá y el ruido de la tele de fondo; esa era nuestra rutina familiar. Desde que mi padre murió cuando yo tenía siete años, así acabábamos todos los días.

Nada más entrar en la casa, me di cuenta de que mi madre estaba controlando la emoción. No quería que pensara que me necesitaba, así que no vino conmigo a la habitación para deshacer las maletas y no levantó la vista cuando entré en la cocina para preguntarle si podía ayudarla con la cena. La nevera estaba llena de mi comida favorita (que eran cosas que ella jamás compraría para sí misma) y, a medida que su copa de vino se vaciaba y ella se hundía más y más en el sofá, las preguntas iban en aumento.

Cuando nos sentamos a comer, puso una mano cálida sobre la mía y la apretó.

—Es un gusto tenerte en casa.

Era un gusto. Era lo más natural del mundo: cenar las dos solas. Nunca había encontrado nada más que comodidad en la pequeñez de nuestra unidad familiar. De niña, echaba de menos a papá y me entretenía con las fotos de la familia. Le pedía a mi madre que me contara las mismas historias una y otra vez para poder construir la imagen de mi padre en la mente. Pero cuando llegué a la adolescencia, mi apetito por los libros superó al de los álbumes de fotos y las historias familiares. No tardé en aprender que la literatura estaba llena de padres ausentes. De hecho, la ausencia de un padre era aquello que definía a los protagonistas. Entonces se me ocurrió que este trozo de tragedia familiar no solo me hacía más mundana —con los ojos entornados por el dolor—, sino también más interesante.

Sin embargo, mi madre, que siempre callaba y tragaba su sufrimiento, me curó esa miopía. Porque la literatura también estaba llena de mujeres que sufrían. Miraba a las afligidas, a las engañadas, a las abandonadas, a las maltratadas, y pensaba: sí, lo entiendo. Veía a mi madre reflejada en su dolor. *Te ayudaré a soportarlo,* solía pensar cuando Fanny Robin, muy unida a un perro, se arrastró hasta la muerte, o cuando Gertrude Morel vio cómo su hijo se le escapaba de las manos y se dejaba llevar por el amor. *Te ayudaré a soportarlo.*

Nos tenemos la una a la otra, solía decir mi madre. Lo que significaba que ella me tenía a mí, y aquello me hacía sentir que tenía la responsabilidad de ser la mejor versión, la más brillante, de mí misma. Durante la primaria y el instituto me esforcé por cumplir las expectativas que percibía que tenía para mí. Era deferente con mis profesores, irreverente con mis compañeros, y tan popular como puede llegar a ser una estudiante que no se mete en problemas.

Durante la cena, hicimos planes para las siguientes cuatro semanas.

—Querrás ver a tus amigos del colegio —dijo mi madre.

—Sí, pero puedo verlos durante la semana. Prefiero pasar el fin de semana juntas.

—Si estás segura...

Si no estaba segura, su sonrisa me convenció. Estaba en mi mano hacerla feliz, pensé. Y con ese pensamiento, ese tirón umbilical que me unió y me dio forma, supe que estaba en casa.

• • •

Después de cenar vimos un episodio de *The Crown*. Mi madre era una republicana acérrima, tal y como me recordaba en cada episodio (varias veces, si la hacían llorar). Pero ella podía «pasar por alto su humanidad».

—Empatizo con todos los personajes a la vez, incluso cuando están en conflicto. ¿No es extraordinario? Incluso cuando están en conflicto.

Este episodio tenía lugar en un barco, pero perdí el hilo de la trama al ver una notificación en Instagram.

@PhilPaul había solicitado seguirme.

Sentí una repentina descarga de energía. Por hacer algo que no fuera dar golpes al aire, me levanté con el pretexto de ir a por un vaso de agua. Apoyada en la encimera de la cocina, abrí la cuenta de Instagram de Paul y me consternó ver que era privada.

De repente, tenía a mi madre encima.

—¿Quién es ese?

—Nadie. Solo estoy mirando una cosa de la alerta de noticias.

Una mirada cómplice hizo que mis mejillas ardieran, así que dejé mi teléfono cargando sobre la encimera (a pesar de que sentía como si me hubieran amputado el brazo) y me volví a sentar, esta vez sin él.

No pude concentrarme en el programa. Con su acento, las vocales sonaban redondeadas hasta el absurdo, y la actuación era tan débil que sus rostros adquirían la calidad de un documento de Word en blanco. Intenté emular exteriores tranquilos y dignos mientras mi mente se llenaba de la emoción por aquella solicitud.

Cuando empezaron a salir los créditos, me despedí y fui a por mi teléfono como va un adicto a por su próximo chute. Me tumbé encima de la cama sin quitarme la ropa y acepté la petición.

Apareció un mensaje casi al segundo. Fue tan rápido, de hecho, que me hizo sospechar que ya lo tenía redactado de antes, que lo había guardado para tenerlo a mano y así poder copiar y pegar en cuanto mi bandeja de entrada estuviera disponible.

A diferencia de sus correos, este mensaje estaba puntuado meticulosamente.

> *Ay, qué vergüenza. Me he dado cuenta de que el único medio que tengo para ponerme en contacto contigo es el correo electrónico de la universidad, lo cual me parece un poco demasiado formal (a falta de una palabra más adecuada).*
>
> *Todo esto viene para preguntarte: ¿me das tu número?*

Me había pedido el número. Es más, había utilizado la frase exacta: «me das tu número», cuya ironía solo podía haber sido empleada para disfrazar intenciones siniestras.

Pensé en algo ingenioso que decir. Al final, me limité a responder con un «jaja» y mi número. Le mandé una solicitud de seguimiento y no respondió. Sin embargo, sí me envió un mensaje.

Hola, aquí Paul.

Hola Paul, aquí Michaela.

Tienes activada la tilde azul. Eres valiente.

Me gusta responsabilizarme de mis actos,
si no, nunca respondo.

Eso es admirable.

¿Puedes explicarme una cosa?

Hubo una larga pausa. Probablemente se debatía entre el alivio de que yo hubiera tomado las riendas de la conversación y el temor de qué sería esa «cosa». Al fin y al cabo, se estaba arriesgando. Supongo que eso no solo era lo divertido, sino también el objetivo principal. Por el motivo que fuera, respondió pasados unos minutos:

Claro.

¿Así que quieres mi número pero no quieres que te siga?

Los puntitos se movían e indicaban que ya estaba redactando una respuesta.

El ritmo de la conversación era emocionante. Sentía que tenía vida propia, que pasaba rápidamente de una mano a otra. Podía imaginármelo, solo y con su teléfono, pensando en cómo responder. Sentí que, en cierto modo, estábamos en la misma habitación y, a la vez, a una gran distancia.

Ya, lo siento. No es personal, es solo que no da buena imagen.

¿Qué es lo que no da buena imagen?

Seguir a estudiantes en Instagram.

Ah. ¿Y qué imagen da tener los números de los estudiantes?

Una menos voyeurista, como mínimo.
Gracias por dármelo.

De nada.
Gracias a ti por tus encantadores modales.

Borré esa última parte y luego la volví a añadir. Él reaccionó con un «jaja».

En realidad, yo sí tenía tu número.

Aquella era la segunda vez (sí, llevaba la cuenta) que había impulsado la conversación. La primera con una pregunta directa y ahora con doble mensaje. Tal vez yo estaba siendo demasiado entusiasta y Paul no estaba tan pendiente, iba bloqueando el teléfono, absorto, no en mí, sino en la vida fuera de la pantalla.

La rapidez de su respuesta me confirmó que no estaba en lo cierto.

¿De verdad? ¿Cómo?

Le envié una foto de mi cuaderno de Moralidad. Esta respuesta tardó más.

Ah. Eso es... humillante.

No lo es. Es un gran recurso.

Volví a leer esa cadena de textos varias veces durante los días siguientes. A veces me notaba divertida; a veces, hostil.

Parecía que no había nada que hacer, excepto esperar a que enviara otro mensaje. Pensé en las lecciones que había aprendido de las conversaciones en el comedor de Fairfax: nunca hagas lo de enviar doble mensaje. Si tú enviaste el último, él debe enviar el siguiente.

Me parecía un estado muy pasivo para una mujer moderna, pero supuse que mi integridad dependía de ello.

Esperé.

• • •

Paul no envió ningún mensaje.

Mis días adquirieron una cariz lento e incoloro. Dejaba a mi madre en el trabajo por la mañana y me pasaba el día con la vista fija en el teléfono, desplazándome entre las diferentes habitaciones de la casa, mirando las fotos de las vacaciones soleadas de mis amigos. Balthazar me llamó unas cuantas veces: siempre hacia el mediodía, cuando era muy tarde en Europa y volvía a casa andando desde un club. Si no contestaba, me enviaba un mensaje de voz. Solían ser bastante incoherentes y parecían más bien un monólogo interior, lo cual hacía que los prefiriera frente a las llamadas.

Vi a algunos amigos del instituto, la mayoría de los cuales se esforzaron por mostrar una fría indiferencia ante mis historias sobre la vida en Sídney. Nuestros encuentros consistían en catalogar a los amigos que teníamos en común: si habían ido a la universidad, dónde trabajaban, dónde se les había visto por última vez... Era como si estuviéramos actualizando sus páginas de Wikipedia.

Por la noche, mi madre y yo cenábamos juntas y, poco a poco, iba desgranando los acontecimientos de mi vida desde que me fui de casa. Ese primer semestre en la universidad, me di cuenta entonces, había sido una desvinculación. Sin el ancla de la aprobación de mi madre, había ido de una relación a otra, entrando y saliendo de conversaciones, tratando de encantar, sorprender, deleitar, sin pararme a pensar de quién era la aprobación que buscaba, y qué decía eso de mí.

Ahora que estaba de vuelta en Canberra y que había puesto el freno hasta casi quedarme parada, me sentía indigna bajo la cariñosa mirada de mi madre. Sentí que había abusado de mi libertad, como si fuera un adolescente que ha organizado una fiesta durante el fin de semana en el que tenía la casa vacía.

En la pared de nuestro salón había una foto de mis padres cuando se conocieron en la Universidad Nacional de Australia décadas atrás. Llevaban camisetas de campaña a juego e iban tomados de la mano. Mi madre, en la mano que le quedaba libre, sostenía un megáfono. Desde donde estaba sentada en la mesa de la cocina, parecía que me miraban.

¿Y yo? Había ido a fiestas todo el semestre, en las que mis amigos ricos me encontraban encantadora. Les di mi tiempo, mi energía y, una vez, sin siquiera saber su nombre, mi cuerpo. Allí me quieren, mamá. Créeme.

Así que, a las diez en punto de la mañana, le mandé un mensaje a mi madre avisándola de que ya habían subido las notas. Tenía la imperiosa necesidad de restablecer mi identidad. Ella se apresuró a responder:

¡Eres un genio! Bien hecho, cariño.

Me sentía animada, así que fui a pasear al Monte Ainslie. El viento me maltrataba las mejillas y, a pesar de ser un día llano y gris, de esos que hacen que la superficie del lago, a lo lejos, se vea plateada como el papel de aluminio, era también un día prometedor.

Metí las manos en los bolsillos del abrigo para protegerme del frío. Mi teléfono vibró. Al abrirlo, quise echar la cabeza hacia atrás y gritarle al viento.

Era un correo electrónico de Paul:

He oído hablar bien de tu examen. No lo he puntuado yo, por supuesto, y aunque así fuera no me habría enterado (sois todos números para mí).
Enhorabuena.

De camino a casa fui releyéndolo en cada semáforo en rojo y llegué a la conclusión de que ese correo era impersonal hasta un extremo que resultaba provocativo. Era como si, ya que tenía que dirigirse a mí de forma apropiada, lo exagerara hasta caricaturizarlo. La intención era convertir toda esa formalidad en algo personal: una broma interna.

Cuando llegué a casa, me preparé un té de menta y le envié un mensaje.

Gracias por el correo electrónico.

De nada. Gracias a ti por tus encantadores modales.

¡Ja!

No, ahora en serio, lo hiciste muy bien.
Deberías estar orgullosa.

Bueno, te considero mi mentor, así que tú
también deberías sentirte orgulloso.

Qué honor.

Su forma de dar la enhorabuena, tan formal y poco original, anuló mi euforia hasta que, tras unos minutos de silencio, me envió un segundo mensaje seguido.

¿Qué planes tienes estas vacaciones?

Fue como si hubiera saltado, y nuestra conversación estuviera en caída libre.

Paul estaba dando clases de invierno sobre la Filosofía de la Felicidad. Le pregunté:

¿Cuál es tu filosofía de la felicidad?

Después de varias horas, respondió:

Está sobrevalorada.

Durante días, me quedaba suspendida entre silencios que me autoflagelaban y conversaciones vibrantes. En el mejor de los casos, hablábamos unos minutos seguidos: una rápida ráfaga de idas y venidas. La mayoría de las veces me aseguraba de esperar varias horas antes de responderle, saboreando la tensión. Me daba la sensación de que le mantenía en vilo.

Las clases de invierno terminan mañana. Mis alumnos me han invitado a tomar una copa después de la última clase. ¡Socorro!

Seguro que saben que es inapropiado estar en el pub con un profesor.

Jaja. Eso pensarías.

Además, ¿no estamos en vacaciones? ¿No tienen nada mejor que hacer?

De nuevo, eso pensarías. Pero todos están en el colegio de invierno así que, aparentemente, no…

Peor aún, ¿no tienes TÚ algo mejor que hacer?

Trágicamente, no. ¿Por qué? ¿Te gustaría ir a tomar algo conmigo?

Volví a leer la conversación, con el corazón palpitando. No podía saber cuál de los dos le había tendido una trampa al otro. ¿Era esa la intención de la conversación desde el principio? ¿O era eso lo que yo había insinuado al preguntarle qué estaba haciendo?

En cualquier caso, la oferta se presentaba, desnuda y temblorosa, ante mí. Debí dudar demasiado, porque Paul volvió a enviar un mensaje de texto:

Me acabo de acordar. Estás en Canberra.
No te preocupes.

• • •

Le mentí a mi madre con tanta naturalidad que parecía que lo había hecho ya mil veces antes.

—Tengo que volver a Sídney mañana —le dije durante la cena.

—Oh. —Volvió a apoyar el tenedor con comida en el plato—. ¿Por qué?

—Una amiga mía da una fiesta.

—¿Una amiga de la residencia?

—Sí, Emily. Te caería bien.

Se quedó sosteniendo la copa de vino ante su cara sin llegar a beber.

—Creía que todos tus amigos de la residencia estaban en el extranjero. —Pronunció «en el extranjero» con un toque de parodia, como si fuera un lugar inventado.

—No todos. Emily acaba de mandarme un mensaje y me ha dicho que está planeando hacer una gran fiesta con los chicos y todo.

Mi madre exhaló suavemente por la nariz al oírme decir «los chicos», lo cual hizo que yo empezara a hablar más rápido.

—No quiero perdérmelo porque, ya sabes, es la primera vez que todo el mundo ha salido y quedado fuera del campus. Probablemente le esté dando demasiada importancia, pero todavía estoy en los primeros días, así que me preocupa que todos los eventos sean… una forma de escalar.

Me había pasado la tarde mintiéndome a mí misma: conjurando razones no relacionadas con Paul para volver a Sídney antes de tiempo. Podía buscar trabajo. Podía ver si Balthazar estaba por ahí. Podía ir a la biblioteca y adelantar cosas del segundo semestre. Igualmente, Canberra era aburrida.

Esta lista mental no era más que una fina capa de pintura, una estructura que se desmoronaba en torno a una decisión que ya había tomado en el momento en que le envié un mensaje a Paul y le dije:

No, no, iba a volver a Sídney de todos modos.

Y la fachada se desmoronó, dejando solo el calor de la vergüenza y la anticipación, cuando mi madre levantó su copa como si fuera una señal de stop y dijo:

—Lo entiendo. La asistencia es obligatoria. Estas cosas se te dan mejor que a mí.

Luego, alargó el brazo desde su lado de la mesa para agarrarme la mano. Me la apretó brevemente y añadió:

—Te echaré de menos.

• • •

Fairfax estaba incluso más frío y vacío que cuando me había ido hacía dos semanas. Encendí el calefactor de la pared y fui acercando una mano para comprobar que emanaba algo de calor.

En la parte superior de mi pequeña maleta negra había una bolsa de plástico con una nota y un paquete de píldoras anticonceptivas dentro. La nota, escrita por mi tierna madre, decía:

Te has dejado esto en el baño. Cuídate, cariño.

La firma de mi madre me llenó de lágrimas no solo los ojos, sino todo el cuerpo. Y todo aquello venía porque me calmaba, y al calmarme me volvía frágil.

Estoy orgullosa de ti y siempre lo estaré.

11

Fuimos a un bar de vinos en Bondi. Tardé casi una hora en autobús desde Fairfax, y era mucho más silencioso y con mesas más pequeñas que los pubs a los que estaba acostumbrada. La cercanía de las mesas para dos personas y la pila de botellas de vino a lo largo de la pared evocaban una sensación de intimidad en medio de la multitud. Esto me convenció, por si había alguna duda, de que estábamos en una cita.

Nos sentamos en un rincón y Paul pidió, mientras yo leía las descripciones de los vinos en voz alta y haciendo vocecitas para pintarlo como un *snob*. Él se lo tomó con admiración.

Nuestra conversación iba desde detalles personales a discusiones más amplias y conceptuales: sobre la familia, libros, el sentido de estudiar una carrera de letras y más todavía el de enseñar en una. Lo encontré tan ingenioso y oscuramente divertido como cuando me escribía mensajes, excepto por que, en persona, cuando se reía de mis chistes, lo hacía dándome un pequeño toque en la mano. Era algo que rozaba el egoísmo, como si me estuviera regalando la broma: me permitía hacerle reír.

Cuando la camarera anunció que el bar iba a cerrar, me sorprendió comprobar que habían pasado más de tres horas.

Paul se ofreció a pagar, y yo acepté de la manera autoconsciente que había aprendido de Eve.

—Por favor. Mi feminismo se limita a funcionar dentro de las limitaciones capitalistas.

—¿Te refieres a que puedo pagar?

—Me refiero a que no me lo puedo permitir.

Paul pagó y volvió a poner la tarjeta en la cartera de cuero.

—¿Quieres que vayamos a mi casa? —Dio un golpe con la palma de las manos en la mesa y levantó las cejas: la imagen de la espontaneidad.

—¿Está cerca?

—Vivo en Bondi.

Tomé un panecillo de cortesía y rompí un trozo con los dientes.

—Cómo no.

—¿Por qué dices eso?

—Es que eres guay hasta decir basta. Me apuesto algo a que haces surf.

—Siempre. Aunque es vergonzoso lo mal que se me da para la de veces que lo hago.

Me metí lo que quedaba del pan en la boca y lo mordí.

—Es porque el surf es un pasatiempo muy vergonzoso.

—Deberías venir conmigo alguna vez.

Me reí.

—¿Eres adicto a enseñarme cosas?

No iba con segundas. Era una pregunta real que tenía. Pero me lanzó una mirada hambrienta, que me hizo ser consciente de repente de que mi piel existía y era como una superficie de contención para mi cuerpo.

Caminamos hacia su casa, con el mar a nuestras espaldas aunque no se veía, y yo siguiéndole unos pasos por detrás.

Pensé en lo que haría Eve si estuviera aquí, e imaginé que haría una broma sobre la reputación de Paul de acostarse con sus alumnas. Este pensamiento me recordó que ella también era una de sus alumnas, pero que era yo la que estaba yendo a su casa. Fue este pensamiento el que me hizo acelerar hasta estar a la altura de Paul, y mi mano rozó la suya.

• • •

Mis pies estaban sobre el asiento, y mi barbilla casi tocaba las rodillas. Me agarraba los brazos y, de vez en cuando, los golpeaba ahí donde estaban asolados por los mosquitos. Era una noche húmeda y llena de insectos.

El apartamento de Paul estaba en un edificio de ladrillos rojos, y contaba con un tocadiscos y un armario lleno de vinilos, así como con un pequeño balcón abarrotado de suculentas desde donde se podía vislumbrar el agua. Dependía de cómo asomabas el torso por la barandilla y tenías que estirar el cuello más allá del lateral del edificio. Paul me sujetó de la cintura mientras ejecutaba esta maniobra, para evitar que me cayera, supuse. Vi el agua, que era un tono más oscuro de negro que el cielo.

Me sirvió un vaso de vino y fumamos. Paul me aseguró que podía usar la suculenta más pequeña como cenicero:

—Lo aguantan todo.

Se rio cuando aplasté un mosquito en el muslo.

—¿No te parece asqueroso? —dije abriendo mi palma. El mosquito yacía, negro y rezumante, en un pequeño charco de color rojo—. Siempre te preguntas si es tu propia sangre.

Me tomó la mano.

—Probablemente sea una mezcla. La mía y la tuya. —Limpió la mancha de sangre con su pulgar, y luego se rio. Otro mosquito se había posado en mi antebrazo, con su sedienta aguja extendida.

Lo contempló por un momento, antes de mirarme con las cejas levantadas como pidiendo permiso. Asentí con la cabeza y lo mató de un golpe.

—Esto es insostenible —dijo—. ¿Quieres un jersey?

—Pensé que no me lo ibas a ofrecer nunca.

Me dejó sola en el balcón. No necesité levantar el cuello para ver el agua. Podía oírla: una agitación constante que se hacía eco de mi sangre palpitante. Estaba nerviosa, pero solo porque todo había ido tan bien hasta ahora; parecía como si la noche esperara que pasara algo malo.

Paul volvió con un jersey. Olía a limpio y a químicos.

—Gracias.

Por un momento, la noche se quedó en silencio. Me sentí más lúcida tras aquella pausa y me di cuenta de que ya debía estar casi sobria.

—Este sitio está muy bien —solté por decir algo, aunque el sitio estaba muy bien, eso era cierto.

—Sí, bueno, tengo mucha suerte de tenerlo.

—¿Esto es tuyo? ¿Es de tu propiedad?

—Era de mis padres, sí.

—Oh, lo siento. ¿Han fallecido? —Me encogí ante el eufemismo. Al oírme decirlo sonó como si una niña estuviera leyendo en voz alta: pronunciando palabras sin significado.

—Mamá vive en Victoria. Papá está en una residencia.

—Lo siento mucho.

—No pasa nada. Es viejo. Eso pasa.

Otro momento de silencio en el que Paul se miró las manos. Sentía pánico, como si estuvieran tirando de una cuerda y no lograra agarrarme bien.

—En realidad, no lo siento. Esta es una casa muy bonita.

—Tienes razón. Soy muy privilegiado. No me la merezco.

—Nadie «merece» nada.

—Soy básicamente el chico del anuncio de la plusvalía del muerto.

Me miró con una pausa expectante, esperando que me riera. Me pregunté cuántas veces había utilizado ese chiste antes, y cuán similar era el escenario.

—Supongo que para eso están las residencias de ancianos.

Se rio. Estaba logrando agarrarme bien a la cuerda.

—No te equivocas. Son más caras que la hostia. Es el lugar más cruel del mundo. Vas y todo es estéril, desgarrador, etcétera, y luego te vas y lo único que puedes pensar es que estás perdiendo dinero por un tubo por pagar ese sitio.

—Debo decir que ese no es un problema que yo tenga.

Se rio.

—Ay, ya lo tendrás.

Me arrepentí de haber hecho una broma. Me gustaba cómo sonaba su voz cuando decía la palabra «desgarrador». Le temblaba un poco, algo que el «etcétera» solo amplificaba al intentar disimularlo. Un pequeño temblor que acariciaba mi sentido de identidad y me decía que estaba empezando a ver a este hombre —a verlo de verdad— de una manera que otras personas menos perceptivas no verían.

Me relajé por cómo me abrazaba el jersey y solté un gran bostezo. Paul me observó.

—Vaya.

Me encogí de hombros. Las mangas de su jersey, demasiado largas para mí, caían sobre mis manos.

—Perdón.

—No, no, está bien. Te he aburrido.

—Es la una de la mañana.

—Así es.

—Debería irme.

Me puse de pie y me sacudí el culo, que estaba húmedo por el asiento. Empecé a quitarme el jersey.

—¿Cómo vas a ir a casa?

—En Uber, supongo —dije desde el interior del jersey. Mi top subió también y noté el frío de la noche en mi estómago.

Cuando me quité el jersey, él seguía sentado y me miraba.

—Puedes quedarte, si quieres.

No lo dijo a la ligera. No hubo ningún subterfugio, no se molestó en mencionar los aspectos prácticos: lo tarde que era, el gasto de llegar a casa. Simplemente me pidió que pasara la noche. Y yo dije:

—Vale.

• • •

La luz de su habitación estaba encendida y yo estaba fuera de su alcance en el pasillo. Eché un vistazo cauteloso y sin permiso a la habitación. Tenía una pila de novelas en la mesilla de noche y otra más grande al lado. Esta estaba ordenada por colores: negro en la parte inferior, con un *crescendo* de lomos anaranjados de Penguin.

No pude evitarlo.

—Veo que te gustan los clásicos.

—Veo que has visto que soy un pajero.

—Un pajero consciente de sí mismo, entonces.

—¿No son esos los mejores? —Estaba doblando la manta y me sonrió.

Me volví hacia su escritorio y fingí mirar los lomos. Estaba deseando que cruzara la habitación y me tocara por detrás para darme la vuelta y dejarme recoger por su abrazo.

Pero no dio ese paso. Me di la vuelta y lo encontré en la cama.

Decidí que, pasara lo que pasare, sería extraño dormir en vaqueros, así que me los quité. Me metí en la cama llevando solo ropa interior y una camiseta negra. Debajo, los aros del sujetador se me clavaban incómodamente en el pecho. Me dije que también era raro dormir con sujetador y esperé que los hombres no se dieran cuenta de ese tipo de cosas o que, si lo hacían, lo añadieran a su lista mental de lo insondable del género femenino y no le dieran más vueltas.

Me acurruqué como todas las noches, cuando no había nadie en la cama a mi lado: en posición fetal. En mi mente, me vi desde arriba, esperándole.

Con el corazón palpitando, me quedé quieta y tensa, y él se movía en intervalos emocionantes e insoportables.

Se puso de lado y yo me coloqué en mi sitio.

Deslizó su brazo bajo mi cuello.

Sabía, con una certeza que me helaba la sangre, que solo podían ocurrir dos cosas, aunque no estaba segura de en qué orden.

Podía girar la cabeza y besarle, o bien su mano podía salir del limbo en el que se encontraba y comprometerse con una oferta provocativa tocándome un pecho.

Ambas eventualidades eran tan naturales que resultaban inevitables, como respirar.

En lo que me pareció un movimiento precipitado, pero que se produjo tras una pausa agonizante y antinatural, giré la cabeza y nos besamos.

Nos abrazamos, como un suspiro de alivio.

Le quité la camisa y su estómago quedó vulnerable y expuesto, contra el mío. Clavé mis dedos en su espalda y lo acerqué.

Me tocó tan tímidamente, tan suavemente, que me apreté una almohada contra la cara, y me preguntó si estaba bien. Me reí y le dije que sí, y él dijo que solo quería asegurarse. Mi risa sonó como la de otra persona.

Cuando estaba dentro de mí, intenso y jadeante, no me dolió en absoluto, pero cuando terminó, me sentí agradablemente dolorida, y me acurruqué contra él, con su vientre expuesto a ras de mi espalda, y apaciguó el dolor de mi mente mientras sus dedos recorrían con delicadeza mi columna vertebral.

Cuando dejé de sentirme temblorosa y rota, y sus manos recorriendo mi espalda adquirieron el ritmo de un juego, pude hablar.

—Por un momento me preocupó que esto fuera una fiesta de pijamas platónica —dije.

—Ya somos dos.

Giré la cabeza y le miré.

—Fue confuso en cierto momento.

—Lo siento. Me pones nervioso.

Mi corazón lo escuchó y se tambaleó. Giré la cabeza hacia un lado y cerré los ojos.

—¿Por qué? ¿Crees que soy una denuncia de acoso esperando su momento?

—Dios, no. Aunque —pasó un dedo por mi espalda, y sentí un cosquilleo—, tal vez debería haber pensado en eso.

—Creo que ese tren ya ha pasado.

Se rio y yo me estremecí.

—Tú también me pones nerviosa —le dije a la almohada. Y luego, más alto, giré la cara hacia él y dije—: Me arrepiento de haber elegido la posición fetal.

Se rio.

—Fue un poco incómodo.

—No fue muy sexy por mi parte, perdón.

Se quedó en silencio. Me hizo rodar despacio hacia él y me abrazó. Podía sentir su barba en el hombro. Descansaba con un peso agradable y seguro. En voz baja, casi para sí mismo, dijo:

—En realidad me pareces preciosa.

—¿Te parezco?

Se rio y presionó su dedo en mi columna vertebral, donde encontró un nudo. Me dolió y me retorcí un poco para absorberlo.

—No sabes aceptar un cumplido, ¿verdad?

—¿Se supone que eso es un cumplido?

—No, no creo que lo sea.

—Está bien, lo acepto.

Me quedé dormida.

Recuerdo que me desperté en medio de la noche, después de lo que me parecieron solo unos minutos, y me lamenté porque tenía un pelo especialmente largo en el pezón. Me pregunté si, cuando Paul me había besado allí, le habría molestado.

• • •

Cuando me volví a despertar, todavía estaba oscuro. Paul estaba sentado en la cama y la luz de su teléfono proyectaba un resplandor azul. Le observé durante un rato.

Vio que estaba despierta.

—¿Qué hora es?

—Las seis y poco.

—¿Qué haces?

—Nunca duermo bien.

—Muy característico de ti.

—¿Es eso característico?

—Nunca, nunca he dormido mal en mi vida. Tal vez, unas cinco veces o menos. Antes de un examen o cosas así.

—Tienes mucha suerte.

—Lo sé. Soy una dormilona olímpica. Cuando era más joven, me preocupaba no llegar a desarrollar una vida interior.

—¿Porque estabas durmiendo?

—Sí. La gente siempre parecía preocuparse por las cosas antes de irse a dormir. Y yo pensaba que, si no me preocupaba por nada, quizá me estaba perdiendo algo, no sé, una gran reflexión.

—Estoy seguro de que tienes una vida interior muy robusta, Michaela.

—¿Por eso me has pedido que me quedase esta noche?

Eso le hizo gracia. Soltó una carcajada poco halagüeña que me hizo palpitar el corazón. Quería hacer que su cara se partiera de nuevo.

En vez de eso, miré al techo y sonreí. Volví a darme la vuelta y pensé que, cuando me despertara, me escabulliría de su vida y daría la bienvenida a la mañana. Luego le enviaría un mensaje a Eve: *Tengo una historia que contarte*. Pasaríamos semanas diseccionándola.

Sin embargo, antes de que me quedara dormida, me tocó el hombro golpeándome levemente con el dedo índice.

—¿Michaela?

—Mmm.

—Creo que deberíamos ir a nadar.

• • •

Paul conducía un Subaru rojo con un arañazo en la parte trasera, como un presagio.

Me senté en el asiento del copiloto, apoyé la barbilla en las rodillas e inmediatamente identifiqué algo de lo que burlarme. Su mano se cernía sobre la palanca de cambios, pero solo la movía para dar marcha atrás y adelante.

—¿Es un cambio manual?

—Aprendí a conducir con un coche que tenía el cambio manual.

—Sabes que han inventado los automáticos, ¿verdad? Creo que este podría ser uno de ellos, incluso.

—Es que me gusta estar preparado.

—¿Para dar marcha atrás en cualquier momento?

—O para aparcar, o para expulsar el asiento del pasajero.

Seguimos conduciendo a lo largo de la península, se veía el puerto llano y oscuro en el horizonte y los jardines perfectamente cuidados a ambos lados de la carretera. Los helechos y las palmeras se desbordaban, pero dentro de lo razonable. La respuesta del horticultor a la belleza sin esfuerzo.

Se detuvo en un callejón sin salida con puertas de proporciones carcelarias.

Me pasó una toalla de baño marrón deshilachada y caminó delante de mí hasta el fondo de la calle. Allí giró y empujó una puerta de madera, que dio paso a un pequeño hueco entre dos edificios de menos de un metro de ancho.

—No está muy bien señalizado, ¿no?

—Es un lugar secreto que solo conocemos los locales —dijo volviéndose hacia mí y dándose un golpecito en la nariz.

—¿Todos los lugareños están desnutridos? —le pregunté al ver cómo sus hombros rozaban las paredes del estrecho pasillo.

—La gente gorda no vive en Vaucluse.

Al fondo había un pequeño camino de piedra, y al otro lado, una delgada orilla blanca. Estaba repleta de mansiones: pendientes de césped verde salpicadas por pequeñas cabañas o duchas al aire libre.

A la luz de la mañana el agua era pálida, y la silueta de la ciudad en el horizonte era negra.

Obviamente, no había traído bañador, así que me desnudé y me quedé en ropa interior. El aire de la mañana era fresco, como el agua.

—¿Haces esto a menudo? —pregunté.

—No así. —Me tomó la mano.

—¿Estará congelada?

—El agua se calienta durante el año. Ahora está más caliente que al principio del verano.

Debí parecer nerviosa, porque se rio y me tocó la cara. Sentí el calor de sus dedos en la mejilla.

—Sí. Estará congelada.

Jadeé cuando el agua me tocó los pies. Corrí hasta que me llegó a los muslos, y luego me sumergí. Quería que el shock terminara cuanto antes.

Salí a la superficie con un grito animal, con la respiración entrecortada por el frío. Al darme cuenta de los colores pastel y de la quietud de la mañana, me tapé la boca con la mano. En la orilla, con el agua por los tobillos, Paul se rio de mí. Era una risa ululante que saltaba sobre el agua como una piedra.

Me sumergí y conté doce patadas de delfín. Resurgí cerca de un barco amarrado. Mi cuerpo estaba más caliente por el movimiento, pero la mañana me congeló la cara. Hacía frío suficiente como para recordarme, con el hormigueo de cada poro, que yo era, ante todo, una cosa física. Antes que el pensamiento, el sentimiento o la razón, yo era un trozo de piel, una bolsa de carne dispuesta a que el océano la acunara o la ahogara con indiferencia.

Observé cómo el amanecer se reflejaba en el agua, rosado y cremoso, y esperé a que Paul saliera a la superficie junto a mí. Cuando lo hizo, le rodeé con las piernas y él me agarró, pero con un movimiento torpe, interrumpido por las patadas que le mantenían a flote.

—Está congelada de cojones.

Me reí.

—Fuiste tú quien propuso un baño.

Puse mis manos sobre sus hombros y empujé. Él balbuceó mientras se sumergía. Luego, me agarró por el tobillo, tiró de mí hacia abajo y utilizó mis hombros para impulsarse hacia arriba.

Salí a la superficie como pude y le salpiqué la cara.

Continuamos así durante varios minutos, en un tímido tira y afloja. Imagino que en cada una de las mansiones que bordeaban la orilla, la gente se movía: se despertaba para ir a pilates o a clase de *spinning*; se detenía en la encimera de mármol en la que desayunaba para contemplar la vista del puerto; o quizá se burlaba del hombre y la mujer que chapoteaban y solo podía describir lo que hacían como *retozar*.

Me pregunto si pensarían que estábamos borrachos, o drogados, o enamorados, o si no habrán pensado en la distinción.

En el camino de vuelta paramos a repostar y entré a por un tentempié, como si estuviéramos de *road trip*. Compré un café y un helado Golden Gaytime. Paul se rio y compró un Maxibon. Nos los comimos mientras el coche parecía volar entre los semáforos en verde de la madrugada, y saboreé el momento como si ya fuera un recuerdo.

Conectó su teléfono con un adaptador y puso canciones que no recuerdo. Miré por la ventanilla: su jersey estirado sobre mis rodillas, mi cara tiesa por la sal, y me vi como un sujeto digno de una película con banda sonora indie.

Le había dicho que vivía en Newtown. A medida que el campus universitario se alzaba, con sus agujas de arenisca asomando entre los árboles de Victoria Park, le di indicaciones más concretas, hasta que se detuvo frente a las puertas de hierro forjado de Fairfax.

—¿Vives aquí?

—Durante el semestre, sí.

—¿Vives en una residencia? —Me miró, y creí pillarle cambiando de parecer.

—Si te acuestas con las de primer año —dije mientras le sostenía la mirada—, puede que te encuentres con que algunas viven en el campus.

—Es una buena observación. Quizá no debería acostarme con las de primer año.

Me tropecé al salir de su coche. No sabía si su último comentario era una broma.

—Bueno, espero que tengas un buen día —dije.

—Gracias, tú también. —Tenía las manos apoyadas sin fuerza sobre el volante y la vista fija en la carretera.

Asomé la cabeza por la ventanilla y, con un esfuerzo consciente para no parecer forzado, añadí:

—Me lo he pasado bien, Paul. Deberíamos repetirlo.

Me di la vuelta, sin esperar respuesta, y llevé mi cabeza nublada y mi cuerpo pesado a la cama. No me desperté hasta que el crepúsculo se empezó a colar por la ventana.

Deberíamos repetirlo. Durante el resto del día, Paul repitió esas palabras en su cabeza y sonreía cada vez. Se sentía a la vez conquistador y conquistado. O eso me contó más adelante.

12

La música estaba tan alta que cada frase, por inane que fuera, tenía que ser repetida hasta que perdía todo su significado o era reemplazada con un «da igual».

Estábamos en el bar de la residencia St. Thomas, era la primera noche del segundo semestre. El bar en sí era un sótano sin ventanas y con paredes de piedra: una celda que olía a sudor. La cola siempre era larga y estaba destinada a pasar frío, así que Claudia insistió en que nos emborracháramos primero. Me arrodillé en su áspera moqueta y dejé que me echara zumo de naranja en la boca abierta y luego vodka. Me lo bebí, con la cara contraída por el sabor.

¿Qué pensaría Paul, me pregunté, si me viera haciendo esto? Dejaba un regusto medicinal. Vi a mis amigos de la universidad, a mi yo universitario, a través de sus ojos burlones. Esto no era tanto un ejercicio de autorreflexión como de autopartición. El contraste entre la chica arrodillada en el suelo y la mujer que era junto a Paul me convertía en algo complejo e incomprensible.

Fue liberador verme como un cóctel de personalidades. Lo que para Claudia, Emily y Portia eran vidas y hábitos, para mí eran experimentos que se podían emprender y abandonar a voluntad.

En la pista de baile, Claudia, Emily, Portia y yo nos tomábamos de la mano y nos cantábamos la letra de las canciones, como si todavía estuviéramos en la habitación de Claudia y no actuando para los chicos que ahora nos miraban. Nuestro pequeño círculo gritaba que podíamos divertirnos sin ellos —diversión femenina autónoma— como si no hubiéramos hecho una hora de cola para divertirnos justo así, justo aquí.

Cuando se me pasó la borrachera lo suficiente como para medir el tiempo con las canciones de los 40 Principales que iban sonando en lugar de solo escuchar un sonido continuo, sugerí que saliéramos.

Claudia negó con la cabeza.

Me aventuré a salir al patio sola. Podía oír cómo dejaba atrás los acordes de *Eagle Rock*, de Daddy Cool. Ya sabía que aquella canción era la señal para que los chicos se bajaran los pantalones y se pasearan por la sala. Podía imaginarme el «Espera, ¿qué?» de Portia. Como si no supiera desde los primeros compases que esas pollas llenas de whisky estaban ya de camino. Y prácticamente podía oír cómo Claudia ponía los ojos en blanco, dando la vuelta, como si estuvieran buscando una forma de salir de su cráneo.

Aceleré el paso. Había muchos cuerpos empujando y pegándose a mí. Identifiqué a cada persona como un obstáculo que había que sortear y empujar hasta que encontré, arrinconado contra la pared, un banco de madera en un cuadrado de aire respirable.

—Hola.

Nick estaba a mi lado, liando un cigarrillo con las manos temblorosas.

La última vez que lo había visto había sido en el Jace un día que estaba abarrotado y habíamos esquivado nuestras miradas. Lo que compartíamos —lo que quiera que fuera aquello— se alzaba ahora en el espacio entre nosotros. Por supuesto, para Nick, cuyos recuerdos no eran tan borrosos, siempre había estado ahí.

Me acerqué un poco más al banco, para que pudiera oírme.

—Necesitaba un poco de aire.

—Sé a lo que te refieres.

Nos quedamos callados. Busqué algo que decir. Lo que encontré fue tan sorprendentemente formal y poco original, que no rompió el incómodo silencio, sino que lo intensificó.

—¿Qué tal las vacaciones?

—Bien. —Otra pausa. Lamió el papel del cigarrillo y lo selló—. ¿Quieres uno?

—Sí, por favor. —Sonaba famélica.

Lo lio en silencio, mientras yo lo observaba. Tenía las manos grandes y las uñas limpias y cortas. Pensé que esas manos habían estado sobre mí, dentro de mí. Di una profunda calada y traté de concentrarme en el acto de fumar.

Él exhaló.

—Probablemente me vaya pronto.

—¿No te lo estás pasando bien?

—No, para nada. —Nick me miró y yo aparté la mirada. Soplé una pequeña nube de humo sobre las cabezas de la gente en la fila del baño.

—¿No te cansa esto? —me preguntó.

—¿Qué quieres decir?

—Eres inteligente, ¿verdad?

Yo seguía mirando a la multitud. Delante de nosotros, una chica que iba un curso por arriba de mí en Fairfax decidió que no podía esperar más. Se puso en cuclillas en una maceta y su amiga, con piernas tambaleantes, intentó levantarla. Se cayeron una encima de la otra. Un ciego guiando a un ciego.

—Más inteligente que ciertas personas —dije, señalando el montón de borrachos.

Nick se rio con un sonido cerrado y monosilábico como *hmm*. No fue gran cosa, pero sí lo suficiente como para evitar la conversación que ninguno de los dos queríamos tener y sacarme de ese silencio. Se me relajaron los hombros al exhalar y echar humo a la noche.

—Bueno, como sea —dijo—. Emily me dijo que eras muy inteligente.

Le miré.

—Bueno, si Emily lo dice.

—Y se nota. —Se inclinó para darme un golpecito con el hombro—. Tienes los pies en la tierra. Por eso creo que estarás receptiva para tener esta charla.

—A ver, prueba.

Se aclaró la garganta.

—¿No crees que nuestras vidas son aburridas?

—¿En una de las universidades más prestigiosas del país? —Puse una voz de profesora distinguida—. ¿Te aburrimos, Nick?

—Pero no hay más, ¿no? Eso lo empeora todavía más. Somos unos de los privilegiados, con el mundo a nuestros pies y tal, y lo único que podemos hacer es emborracharnos y contárnoslo los unos a los otros. Es aburrido.

—Claro que lo es. Pero la emoción por la novedad desaparecerá pronto. Tiene que haber algo más en la vida, ¿no?

Me miró, con la brasa del cigarrillo encendida junto a su cara.

—¿A que sí?

Nuestras caras estaban muy cerca. Pude distinguir sus pupilas: anchas y negras; sus iris marrones como marcos de madera para cuadros.

—No estoy segura de que merezca la pena darle muchas vueltas —dije.

Sonrió, sin dientes.

—Bien por ti. Pienso mucho en lo que dijiste aquella vez sobre que los chicos del St. Thomas no tienen vida interior.

—Soy muy sabia.

—No, pero en serio. Sabes, yo diría que la mayoría de mis amigos no tienen la capacidad de reflexionar. Pero para nada. No creo que sean capaces de hacerlo.

—Es difícil, creo. Cuando siempre te han dicho que sí a todo.

—Exacto. Es como si nada ni nadie de lo que les rodea tuviera... No sé. Nada de lo que hacen tiene consecuencias.

Terminé mi cigarrillo y lo apagué en el banco de al lado. Pensé en la última vez que habíamos hablado, los dos solos, en este patio, mientras la música retumbaba en el interior. *¿Cuáles fueron las consecuencias de aquella noche?*, me pregunté. ¿Acaso ahora no existíamos el uno para el otro de forma diferente? Como cuerpos intercambiados, como pasión y placer e incluso dolor. Sin embargo, no podía decir que aquello me hubiera acercado a Nick. En todo caso, retazos de memoria, como manchas de color que preceden a un dolor de cabeza, lo oscurecían mientras lo tenía ahí sentado ante mí, con el ceño fruncido y haciendo una profunda reflexión.

—Mi madre tiene una expresión para ese tipo de gente —dije—. La aprendió de mi padre. Solía decirla para referirse a la gente del colegio que era insípida y que estaba obsesionada con la popularidad.

—¿Ah, sí?

—La gente que no piensa lo suficiente sobre la muerte.

Se rio.

—Me gusta. —No había visto esa risa que mostraba sus dientes blancos, la que parecía que te hacía señas para que te acercaras y pudiera susurrarte un secreto al oído, en toda la noche. Y era yo quien la había recuperado. Fue como si este Nick risueño, este amigo mío, fuera la única versión que había conocido. Pensé en el otro Nick, en esos recuerdos grises, flashes expresivos de piel sobre piel, y olores desconocidos, y deseé desesperadamente reconciliarlos.

Estaba tan decidida a preguntarlo que, mientras daba una larga calada al cigarrillo para prepararme, escuché mi propia voz: *¿Y cuáles son las consecuencias para nosotros?*

Pero antes de que pudiera hablar, una mano me dio una palmada tan fuerte en la espalda que tosí. La cara de Sackers, con su gran sonrisa, invadió el espacio entre nosotros.

—¡Nick y Michaela! Parecéis muy a gusto. Recordando viejos tiempos, ¿no?

—Vete a la mierda, Sackers. —Nick tiró su cigarrillo a los arbustos y se levantó—. ¿No puede uno fumarse un cigarrillo tranquilamente?

Sackers señaló el interior.

—Están sonando temazos, amigo.

—Genial. Ahora entramos.

Con su brazo alrededor de Nick, Sackers se giró. Casi me golpea con sus anchos hombros. Se volvió para mirarme, como si se acabara de acordar de que estaba ahí.

—¿Vienes?

Los seguí hasta el interior del bar, donde los perdí frente a otros cien cuerpos que chocaban y sudaban contra el mío.

• • •

Eve regresó de Europa una semana después de que hubiera comenzado el semestre. Supe que había aterrizado por el mensaje que me mandó. Era una sola palabra:

¡¿Brunch?!

Eve y yo no habíamos hablado mucho durante su ausencia, pero su mensaje disipó cualquier inseguridad que pudiera albergar. El hecho de que pudiera retomar la conversación con tanta facilidad sugería que nuestra amistad seguía estando al alcance de la mano. Además, estaba desesperada por contarle lo de Paul. Le respondí enseguida.

Sí, estoy deseando verte. Tenemos mucho de qué hablar.

¿Cómo qué???

Te lo contaré en persona.

La mañana pasó rápido hasta la hora de nuestro encuentro. Desde nuestro primer beso en el pub, el secreto se había ido incrementando, un mensaje tras otro. Y desde que había vuelto a Sídney, lo que Paul y yo compartíamos se había vuelto más enriquecedor, más complicado: no se podía reducir a una simple anécdota.

Si hubiera sido sincera conmigo misma, me habría percatado de que había, por supuesto, otras razones menos sentimentales para esperar a contarle a Eve lo de Paul en persona. A saber, la oportunidad de ver su cara al escuchar la noticia: que me había acostado con él, varias veces ya. Al imaginar su reacción, vi, por supuesto, su cariz moral. *Pero es tu profesor. Hay una dinámica de poder*. Pero antes de que pudiera hablar, o incluso formar un pensamiento, estaba segura de que se quedaría en shock. Y, en ese shock, esperaba detectar la envidia.

Que el deseo de Paul se hubiera posado en mí, en una aula en la que también estaba Eve, sugería que, por la razón que fuera, yo era más deseable. Por supuesto, sabía, e incluso me decía a mí misma, que era degradante competir con otra mujer por la atención masculina. Sin embargo, saber esto no acabó con la sensación de que yo había ganado. Y era esta sensación la que no podía esperar a encontrar en Eve: la sensación de haber sido, si no vencida, al menos superada.

Mis otros logros, si era que podían llamarse así, se veían atenuados, en vez de ensalzados, por las comparaciones con Eve. Especialmente mis resultados en el examen final, que tanto le debían a ella. Nos habíamos mensajeado sobre ellos, fue una de las pocas conversaciones que mantuvimos mientras estaba fuera. Cuando le conté a Eve lo que había sacado, matizó su «guau» con un «en serio?!?!». La puntuación, en particular, me hizo sentir culpa. No necesitaba que fuera tan empática a la hora de compartir su incredulidad.

Por eso, tal vez porque había decidido no volver a tomar prestada su voz —a hacer pasar sus ideas por mías—, veía mi relación con Paul como un logro. Era totalmente independiente de Eve y, por esa razón, era un trofeo que me moría de ganas de enseñarle.

Quedamos para almorzar en una cafetería cerca de Fairfax, frente al hospital.

Llegué antes que ella. Me sentía inusualmente empoderada. Qué sensación más rara: tener una sorpresa reservada para Eve.

Sin embargo, nada más verla recordé lo difícil, por no decir imposible, que era vencerla en su propio juego.

Estaba atravesando el cruce en dirección a mí. Llevaba unos vaqueros negros acampanados y unas deportivas que —como ya le había dicho cuando se los compró— estaban justo en la línea que separaba lo que estaba de moda de lo que resultaba ridículo. Su jersey rosa estaba tan lujosamente tejido, que al mirarlo era como si lo tocara mentalmente. Y lo más importante: se había afeitado la cabeza y ahora mostraba un cráneo perfectamente redondo.

El efecto era sorprendente. Era como si, por el simple hecho de existir con la cabeza rapada, estuviera reinventando el significado de la belleza. Sentí cómo las reglas del juego se tambaleaban. Mi corte *pixie* parecía propio de alguien de mediana edad en comparación.

Cuando se abrió paso entre las mesas y se sentó junto a mí, me sonrió, con los lóbulos de las orejas enhebrados con pequeños aros de oro que no hacían sino aumentar su aspecto de elfa. En su sonrisa, detecté la anticipación de un cumplido.

—Debes estar fresquita —fue todo lo que le dije.

Ella ahuecó su cráneo con la mano, como si se acabara de acordar.

—Gracias. Lo hice en un hostal de Budapest. No sé muy bien por qué.

Yo sí sabía por qué.

Si lo más privilegiado que puede hacer una joven rica es despreciar y disimular su riqueza, esto era el equivalente a la lotería estética. Este nuevo look decía: *Soy hermosa, pero no es que me importe.*

Hablamos de sus viajes y me contó lo exasperante que había sido su amigo y cómo se habían separado en Bosnia.

El camarero se acercó con unos vasos elegantes y poco profundos y una botella de agua del grifo. No había leído el menú, así que pedí un rollito de bacon y huevo. Estaba ansiosa por desviar la conversación de las vacaciones de Eve hacia las mías. Formulé la historia en mi mente mientras Eve pedía tostadas francesas y un capuchino con una de azúcar. Luego le sonrió al camarero como si le estuviera haciendo un regalo.

—De todos modos —apoyó la barbilla en la mano y me dedicó la misma sonrisa—, basta de hablar de mí. He pensado mucho en ti durante mi ausencia.

—¿Sí?

—Sí. —Se inclinó hacia delante y volvió a poner los brazos en el regazo—. No podía dejar de pensar en lo que pasó en la semana de bienvenida.

—No puedo creer que estuvieras pensando en mis locuras de borrachera cuando deberías haber estado pensando en Europa del Este.

Eve se rio, pero no se rindió.

—Sé que intenté convencerte de que hablaras con la universidad, pero no creo que sea el enfoque correcto. Creo que la universidad es el problema.

—¿No es de tu rollo?

—No, Michaela. Las culturas tóxicas no son de mi rollo. —Su tono era seco: no del todo sarcástico, pero aludía a ello. No dije nada, y ella continuó—. Piensa en todos los comportamientos que nos parecen totalmente normales: emborracharse y drogarse todo el rato, grabarnos mutuamente degradándonos y enviarlo al día siguiente. Los chicos presumen de su vida sexual, hablan de las mujeres como si fueran conquistas, hacen bromas sobre ellas en público. No es normal, Michaela.

—Por supuesto que es tóxico. También está increíblemente estratificado en términos de clase.

—Por supuesto. —Sacudió la mano bronceada por el verano europeo. Me cabreaba que la capacidad de razonamiento moral de Eve, con sus elegantes barridos intelectuales llenos de objetividad, nunca se aplicaran con mayor intensidad que cuando estaba en la categoría de oprimida en lugar de en la de opresora.

—No creo que puedas sanar o, digamos, hacer despertar a una institución que se basa fundamentalmente en el refuerzo de las estructuras de género y de clase.

Mi énfasis era combativo, pero Eve no lo escuchó. Continuó como si nada, haciendo gestos con las manos, como si estuviera haciendo una observación en un tutorial.

—Exacto. Este lugar no va a cambiar por sí solo. Tiene que haber un escrutinio público. Tu historia, Michaela, podría ser un catalizador para el cambio.

La comida llegó. Me concentré en mi rollito, aliviada por tener algo que hacer con mis manos y algún lugar donde mirar que no fuera a Eve. Habíamos llegado, por fin, al destino previsto por ella.

Desvié la mirada hacia el otro lado de la calle, donde los peatones se reunían en el cruce. Había una mujer con el pelo verde, y un paciente apoyado en un gotero, tan delgado que la bata de hospital colgaba como de una percha de alambre; un grupo de cinco chicos, todos con pantalones cortos de rugby y chanclas, caminaba con pasos desgarbados hacia la cafetería donde estábamos sentadas.

Cada vez tenía más claro que hoy no le hablaría a Eve de Paul. Bajo su implacable mirada, que insistía en que me revelara ante ella, tenía la vengativa necesidad de retener algo. Después de las últimas semanas con Paul, lo ocurrido entre Nick y yo me parecía tan relevante como los acontecimientos de una novela. Me sentí obligada a negarle la posibilidad de que tuviera esta perspectiva.

El grupo de chicos se amontonó en la mesa de detrás de nosotras. Arrastraron sillas y soltaron risas roncas. Con los brazos estirados sobre los respaldos de las sillas de los demás y las piernas abiertas, parecían llenar la pequeña cafetería. Amplificaron nuestro silencio momentáneo, que acabé rompiendo yo.

—Mira, Eve —dije—, no significó nada. No quiero meter con calzador una experiencia sin sentido, que, sinceramente, he superado, solo para que encaje en algún tipo de trauma o relato de víctima.

Dejó el cuchillo y el tenedor con una expresión de exasperación. Como si estuviera haciéndome la difícil adrede.

—¿Cómo puedes decir que no significó nada?

—¡Fue sexo casual! Entre adultos.

—Estabas demasiado borracha para consentir.

—Sí, pero el sexo es sexo. ¿A quién le importa? Lo hacemos siempre. Te encanta el sexo casual. —Las cejas de Eve, alzadas, desafiantes, me obligaron a argumentar mi afirmación. Busqué un ejemplo—. Tuviste sexo con Balthazar y no revolucionó vuestra amistad.

—¿Lo sabes?

—Eve, mi habitación está al lado. No es que estuvierais callados.

—¿Balth y tú habéis hablado sobre esto?

Había una preocupación en su tono que me perturbaba. Era consciente de que nuestra amistad era algo físico y frágil. Solo la conocía desde hacía medio año, me recordé a mí misma.

—No —mentí.

—No estoy segura de eso que dices sobre que hay tipos de sexo, incluso el casual, que no significan nada. Si eso es lo que nos ha enseñado el feminismo, entonces nos estamos engañando.

Que involucrara el feminismo fue un alivio. Marcó una salida de la conversación lejos de la experiencia personal. Ahora que estábamos tratando con teorías, sentí que había menos riesgo de que diera un golpe en falso. Intenté continuar en la línea de Eve.

—Pero ¿no crees también que hay algo arcaico y problemático en insistir en que el sexo es necesariamente un acto increíblemente significativo? O sea, según la teoría, ¿por qué es tan diferente de meterle el dedo en la nariz a alguien?

—Vale, Germaine Greer.

No estaba familiarizada con esa referencia, lo cual me molestó. Sabía que Germaine Greer no gozaba del favor de Eve, así que supuse que era un insulto.

—Mira... —Me limpié las manos en una servilleta de papel, la arrugué y la arrojé sobre mi plato vacío—. Lo importante es que lo que pasó en la semana de bienvenida es pasado. Me importa un carajo, y a ti tampoco debería importarte.

—¿Pero no estás de acuerdo conmigo, aunque sea un poco? Incluso cuando es casual, y si es totalmente consensuado, no es tan sencillo.

Miré a la mesa detrás de ella, donde esos chicos estaban ocupando mucho espacio. No me cabía duda de que todos estaban amamantando a la resaca y que las risas que se disparaban como disparos desde su mesa provenían de contarse historias de la noche anterior. Seguramente eran historias relacionadas con chicas: chicas a las que habían besado, tocado, follado. Chicas que quizás habían salido de sus habitaciones esa misma mañana, o que quizá seguían ahí, acostadas. No me fiaba de ninguno de esos hombres, con esos muslos tan grandes y musculosos, esas espaldas tan anchas y esas cejas tan gruesas.

Volví a mirar a Eve.

—Claro.

El camarero vino con la cuenta. Al ver al grupo de chicos, se volvió hacia nosotras y puso los ojos en blanco.

—Malditos universitarios.

Eve y yo nos reímos.

• • •

Le envié un mensaje a Paul para decirle que se me había hecho tarde. Mi amiga, le expliqué, era muy habladora. Aunque la verdadera causa de mi retraso fue el tiempo que me llevó volver a Fairfax con Eve, quedarme sentada en mi habitación el tiempo suficiente como para que ella pensara que iba a pasar allí toda la tarde, y luego volver a salir en dirección a la parada del autobús.

Paul mostró un inusual interés por «esta amiga, esta habladora», como la llamaba. Quería saber cuánto tiempo llevábamos siendo amigas, lo unidas que estábamos, si era «alguien en quien confiaba».

No respondí. En su lugar, dije:

—No le he contado lo nuestro.

La cara de Paul, aliviada, estaba tan descompuesta que me pareció entrañable. La idea de que me pudiera deber algo, de que yo tenía el poder de hacerle daño y, en cambio, elegía protegerlo, me hizo sentir, de repente, muy cercana a él. Le rodeé el cuello con mis brazos.

Cuando teníamos sexo, a menudo anunciaba, después de solo unos minutos, «me voy a correr». Lo decía en tiempo futuro, pero cuando abría la boca, era que ya estaba ocurriendo. Después, se disculpaba varias veces.

—Lo siento. Lo siento mucho.

—No pasa nada —le dije—. Me gusta cuando pierdes el control. —Aunque era más bien la sensación de que yo, al verle llegar al clímax a través de unos ojos menos extasiados, tenía el control.

También me gustaba pensar que permitir que se corriera pronto era, técnicamente, un acto desinteresado, en la medida en que truncaba mi placer. Pero yo obtenía placer de ello. No tenía claro si era egoísta o desinteresado.

Me deleitaba en el punto intermedio.

Esa noche, Paul me preguntó si podía ver cómo me tocaba. Fue, reflexioné más tarde, lo más íntimo que había hecho nunca. Más íntimo que masturbarme. Le pregunté a Paul:

—¿Cómo es posible que sea más personal masturbarse delante de alguien que a solas?

Sonrió de forma ilegible.

—Creo que Sartre tendría algo que decir al respecto.

Por la mañana, fuimos a nadar y a tomar un café en una librería de segunda mano de Bondi. El café tenía un sabor fuerte, pero la tienda olía a humedad y a seguridad, y el camarero conocía a Paul. De vuelta a su apartamento, Paul me puso la mano, húmeda por haber sostenido la taza caliente, en la nuca.

—Ahora que se han reanudado las clases —su tono estaba lleno del falso pesar que suele preceder a las malas noticias—, deberíamos vernos un poco menos.

No dije nada. Incliné el cuello, como si pudiera zafarme de su mano.

—Por ejemplo —continuó—, no creo que deba llevarte más a Fairfax.

—Está bien —dije—. Puedo ir en autobús.

—Es que no quiero perder mi trabajo.

—Claro que no. ¿Cómo, si no, vas a conocer a chicas buenas?

Se rio.

En el autobús de vuelta a Fairfax, me quedé de pie, con las piernas abiertas como si estuviera haciendo surf, y escuché un pódcast de crímenes reales. Una mujer desaparecida, presuntamente muerta. Un informe policial fallido. Testigos que se presentan, con décadas de retraso, lamentando no haber tenido el valor en su momento de decir que había algo sospechoso en el marido. Seguí rebobinando, perdiendo el hilo narrativo y escuchando, en cambio, mis pensamientos. Cuando, tras cuarenta minutos, solo había digerido diez, pulsé el botón de pausa.

En lo único que podía pensar era en la idea de que, cuando Paul se reía, no era porque lo que yo decía era absurdo, sino porque era cierto. Tal vez su risa fuera un alivio: que no le tomara en serio; que reconociera que no éramos serios. Y tal vez, al subirme al autobús, lo que realmente estaba haciendo era desprenderme de su vida.

• • •

Claudia y yo salimos a pasear una mañana antes de clase. Ella caminaba sorprendentemente rápido para lo pequeñas que eran sus piernas. Tuve que estirar mi zancada para seguirle el ritmo. Cuando llegamos a la orilla del barrio Glebe, nos detuvimos para que Claudia pudiera hacer una foto del puente Anzac, cubierto de rocío a la luz de la mañana, y vimos cómo los botes de remos atravesaban las aguas tranquilas.

Había pensado en lo que dijo Eve mientras pasaban varios días sin que supiera nada de Paul. Sentía como si se me llenara el estómago de cemento cada vez que pensaba en él. Tal vez, pensé, yo valía más que aquellos golpecitos en la espalda o las burdas bromas de gente como Sackers. Mi cuerpo, mi consentimiento, mis errores… no deberían ser de consumo público. Y si tenía que insistir en mi intimidad, insistir en que me trataran con cuidado y dignidad, entonces tal vez debería empezar a hablar.

—Tengo una pregunta.

Claudia levantó la vista de la foto que estaba editando.

—¿Crees que debería hablar con Nick, ya sabes, sobre lo que pasó en la semana de bienvenida?

—¿Nunca habéis hablado de ello?

—No. Simplemente actuamos como si no hubiera pasado. Y, no sé… Me pregunto si es más maduro sacar el tema y cerciorarnos de que todo el mundo esté bien y de que realmente fue inocuo. En lugar de dejar que Sackers lo decida por nosotros haciendo bromas sobre el tema.

Metió el teléfono en el bolsillo de sus mallas y se cruzó de brazos contra la brisa.

—Entiendo tu punto de vista, pero Nick y Emily están juntos ahora. Es decir, no querrás crear un drama porque sí. No es que a ella le vaya a importar, necesariamente…

—Nunca nos lo diría si fuera el caso.

—Bueno, precisamente.

—Soy consciente de ello. No quiero seguir hablando de cómo me acosté con su novio hace meses.

Claudia miró hacia el agua, que se volvía más profunda y azul a medida que el sol salía, y habló con una voz tranquila que no parecía dirigirse a mí. Al principio, pensé que tal vez no me había escuchado.

—Tuve un novio en el instituto; no era una relación de verdad, sino algo parecido a un primer novio, como si estuviéramos probando la intimidad. De todos modos, en unas vacaciones, sus padres se fueron de fin de semana largo, así que fui y me quedé en su casa y, ya sabes, perdí mi virginidad y tal. —Hizo un gesto con la mano, como para descartar el recuerdo—. Y todas las mañanas de ese fin de semana, me desperté con él metiéndome los dedos.

—Oh, Dios, lo siento mucho. —Mi voz sonaba demasiado fuerte comparada con la suya.

—Sí, fue horrible. Cada vez que me despertaba, sus dedos ya estaban dentro de mí. Y yo solo… No hacía nada. Me daba la vuelta y me acostaba con él. —Mientras hablaba, se estaba recogiendo el pelo en una coleta alta, tan apretada que pude ver cómo se le retiraba la piel de la frente—. Y no fue hasta que leímos un cuento de Tim Winton en clase de inglés sobre una mujer que vivía en un parque de caravanas con un marido maltratador, que me di cuenta de que esas no eran maneras de tratar a alguien.

—Tiene gracia.

Me miró a los ojos.

—¿Tú crees?

—Perdón, por supuesto que no. Es horrible. Pero ¿quién iba a pensar que Tim Winton sería el padrino de tu autonomía corporal?

Claudia se rio, con la cabeza inclinada hacia el cielo.

—Tiene gracia.

Nos detuvimos un momento, dejando que los paseantes de perros pasaran junto a nosotras.

—¿Qué hiciste al respecto? —pregunté.

—Nada. Simplemente rompí con él. Le dije que tenía que concentrarme en mis estudios.

Decidí que en los próximos días, cuando me sintiera con fuerzas, le enviaría un mensaje a Nick y concertaría una cita para hablar de ello. Como adultos.

13

El domingo por la mañana, los ciclistas pasaron a toda velocidad por una escena horrible en el Parque Nacional Ku-ring-gai. Una motocicleta estaba destrozada en pedazos en la carretera, y lo que quedaba de ella estaba envuelto alrededor de un árbol de caucho marchito junto con un joven sin rasgos discernibles excepto por su pelo negro.

Nick había salido a dar una vuelta, solo, muy tarde, el sábado por la noche.

La autopsia confirmó más tarde que había tomado MDMA.

No dejó ninguna nota, aunque ir a dar un paseo solo y drogado no significa que deba haber una nota. La idea de que no fue algo deliberado, sino solo deliberadamente imprudente, rondaba la escena. Al menos nadie más resultó herido, dijo todo el mundo, como si fuera un accidente de tráfico normal y corriente.

• • •

Yo estaba con Emily cuando se enteró. Fue un momento horrible. No es que haya un buen momento. Pero el lugar en el que estaba cuando contestó la llamada fue tan inapropiado, que nos dio a todos la sensación de que no deberíamos haber estado allí.

Estábamos en el St. Thomas, en lo que los chicos llamaban un «almuerzo en el sótano».

Un par de veces al año, los estudiantes que dirigían el bar del sótano del St. Thomas bajaban a las bodegas de piedra y buscaban cajas de vino que estaban a punto de caducar. Viniendo de un establecimiento que pensaba que beber de un zapato («tomarse un zapati») era muy elegante, esto no era tanto que se preocuparan de la seguridad alimentaria como una excusa para hacer una fiesta.

El término «almuerzo» no es correcto, ya que nunca hay ni rastro de comida. Nos ubicamos en un lado del patio central del St. Thomas en largas mesas de caballetes con manteles blancos. La luz moteada proyectaba manchas doradas.

Nos sentamos en viejas sillas de madera que habían sido arrastradas desde del comedor y bebimos esos vinos dulces y baratos, con toda la languidez y el feliz derecho de una barcaza real que remonta un río al anochecer.

Este día en particular, la conversación no era interesante y fluida.

Había pausas frecuentes, y me encontré riendo como un mecanismo para sentirme incluida, no porque algo me hiciera gracia. O tal vez la conversación fuera la misma de siempre, pero el recuerdo está contaminado por lo que siguió.

Cuando el vino y el sol se combinaron en un aburrido y seco dolor de cabeza, Emily fue al baño. Como yo estaba sentada a su lado y es una práctica habitual en las mujeres, fui también al baño, junto ella.

El baño de mujeres en la residencia de hombres era diminuto, como se podía predecir. Era como si cada centímetro cúbico fuera una concesión a regañadientes. Solo había dos cubículos. Uno se suponía que era «ambulatorio», con algo más de espacio, la mayor parte del cual estaba ocupado por una barra de plata. Emily y yo, borrachas, entramos juntas en ese. Mientras yo orinaba, su teléfono sonó y ella contestó. Puse los ojos en blanco y opté por esperar a que terminara para poder tirar de la cadena sin interrumpir.

Abrí la puerta del cubículo y me dirigí al lavabo para lavarme las manos.

Oí cómo su teléfono caía al suelo y un sonido gutural que, al principio, supuse que procedía del exterior porque, aunque estaba cerca y resonaba en las baldosas, no me pareció que fuera humano.

Abrí el cubículo y la encontré agazapada, no para vomitar en la taza, como podría haber esperado, sino de cara a mí. Sus hombros se agitaban y lloraba con sollozos profundos y ahogados.

Me arrodillé junto a ella y le puse una mano en la espalda. Pude sentir su columna vertebral curvada, que se elevaba con cada sollozo.

—¿Qué ha pasado?

Intentó hablar, pero estaba encorvada y le temblaban las manos, así que dejé de preguntar y me limité a decir:

—Está bien —una y otra vez, aunque no sabía lo que pasaba.

Después de varios minutos, mi preocupación se mezcló con una leve irritación, y le envié un mensaje a Claudia para que viniera a ayudar.

Emily está mal.

Claudia entró con sus botas negras de gamuza que le llegaban hasta la rodilla y dijo que esperaba encontrar vómito.

—Lo sé, yo también.

—¿Qué le pasa?

—No he logrado que me lo dijera.

Al final se lo sacamos. Cuando nos lo dijo, Claudia y yo nos miramos, con la mirada perdida. Creo que, si soy sincera, puede que mis labios formaran una sonrisa.

—¿Qué quieres decir con «muerto»?

—Iba en su moto. Lo han encontrado esta mañana.

—¿Quién te lo ha dicho?

—Su madre, acaba de llamar.

Empezaba a calmarse, las constantes preguntas guiaban sus pensamientos y la respiración en un patrón más regular.

Con la relativa tranquilidad, Claudia, siempre práctica ella, dijo con una voz ligeramente chillona:

—Deberíamos llamar a la madre de Emily.

La miré.

—Su madre. No debería quedarse aquí. Debería irse a casa.

En otro contexto, podría haber sonado infantil: llamar a la madre, como si los padres siguieran siendo compuertas de escape y no personas individuales con vidas individuales que no orbitaban alrededor de las nuestras. Pero parecía lo más obvio del mundo, cuando Claudia lo dijo.

La noticia se extendió. Una pequeña multitud se reunió fuera del baño, dispuesta a dar el pésame en voz alta. Más que un acto de simpatía, parecía una actuación para mostrar su amabilidad. O, al menos, la intención de ser incluidos.

Así que Claudia y yo llevamos a Emily al aparcamiento y nos sentamos con ella en la grava, una a cada lado, a esperar a su madre. No hablamos. Nada era apropiado.

Por primera vez, me salté mi actuación dominical en el coro de la capilla.

Cuando recogieron a Emily y nos quedamos solas, Claudia me preguntó si quería ver una película con ella, y le dije que me parecía genial. Me dijo que debía ser una película que ya hubiéramos visto y que nos gustara, porque tenía que ser una película «con asociaciones consolidadas». No quería arruinar una nueva haciendo que luego le recordara a esto. Así que vimos *Ella es el chico*, con Amanda Bynes, y hablamos de su carrera fallida, como si la juventud perdida y el potencial desperdiciado fueran ideas abstractas.

• • •

A solas en mi habitación, agudizada por su luz fluorescente, me parecía que era pleno día. Había dejado el ventilador encendido y zumbaba con un sonido intermitente, como el tictac de un reloj.

Hice una lista mental de todas las conversaciones que Nick y yo habíamos tenido y las reimaginé a la luz de la moto destrozada, los cristales aplastados y los sollozos de Emily. Me pregunté dónde podría haber intervenido.

Era casi medianoche y todavía estaba completamente vestida, hasta llevaba los botines negros con un poco de tacón y las lágrimas manchadas de rímel. No estaba nada cansada, y la idea de apagar la luz y acostarme en esa cama individual, que se sentiría sombría y cavernosa en la oscuridad, hizo que quisiera llorar de nuevo.

Pensé en llamar a mi madre, pero decidí que era demasiado tarde. Ella sabría exactamente qué decir, y eso podría romperme el corazón.

Llamé a Paul. No contestó la primera vez, así que lo intenté de nuevo.

—¿Michaela? —Su voz sonaba sorprendida pero despejada. No le había despertado.

—Hola.

—¿Estás bien?

—Sí, estoy bien. Solo quería hablar contigo.

—¿Estás borracha?

—¿Parezco borracha?

—No, pero es muy tarde. Solo me lo preguntaba.

—Esta no es una llamada de borracha, Paul.

—No tengo tanta suerte. —Intenté imaginarme en qué lugar del apartamento estaba. Probablemente en su dormitorio—. Entonces, ¿qué tipo de llamada es esta?

—Un amigo mío ha muerto hoy.

Se rio. No fue una carcajada de asombro, sino una risa de verdad. Yo también me reí. Parecía la reacción más sincera.

—Lo siento, no debería reírme, es terrible. Es que… no me lo esperaba para nada. Lo siento. ¿Estás bien?

—Sí, no era un amigo íntimo ni nada. Teníamos muchos amigos en común, así que todo el mundo está bastante afectado. Y es solo… en principio, ¿sabes?

—¿Cómo murió? —Sonaba como si se estuviera sentando, relajándose para tener la conversación.

—Accidente de moto.

—Dios, eso es horrible.

—Sí.

Ninguno de los dos dijo nada. Me di cuenta de que había estado paseando por mi habitación y que ahora estaba de pie en la esquina junto al armario, jugando con el mango.

—¿Quieres quedarte a dormir? —preguntó Paul.

—¿Puedo?

—Por supuesto. Iré a buscarte.

• • •

Aquella fue la primera vez que al meterme en el coche de Paul me sentí como si fuera algo mundano.

Las veces anteriores tuve la sensación de estar cruzando un umbral, la emoción de penetrar en otra parte de su vida, de emprender un viaje juntos. Esta vez, simplemente entré y le di un beso, sin pensarlo.

—Siento mucho haberme reído antes; siempre me pasa cuando me cuentan noticias muy, muy horribles. No puedo contar historias terribles sin sonreír. Es una mala cualidad.

—A mí también me pasa —dije.

—¿En serio? —Me miró y sonrió—. Lo has soltado de una forma muy brusca.

—¿Debería haber allanado el terreno? *He estado pensando en la muerte…*

Se rio y pasó su mano izquierda de la palanca de cambios a mi rodilla.

—Me alegro de que me hayas llamado.

Cuando ya estábamos en su apartamento, abrió una botella de vino tinto y me preguntó si quería una copa mientras ya me la estaba sirviendo.

Nos sentamos en extremos opuestos del sofá, sosteniendo nuestras copas. Me senté con las piernas cruzadas para poder mirarle de frente.

—¿Quieres hablar de ello? —me preguntó.

Lo que quería era preguntarle por qué no se había puesto en contacto conmigo en toda la semana.

—La verdad es que no. Pero se me hace raro hablar de otra cosa.

—Iba a hablarte de un pódcast que acabo de escuchar, pero si eso te parece raro con la sombra de la muerte cerca… —Fingió encoger los hombros como para decir «cada cual a lo suyo».

Me reí. Me gustó el empeño que ponía en divertirme, esa intencionalidad lúdica al encoger los hombros. Tal vez, pensé, había tenido una semana muy ocupada. Estiré una pierna y le di un golpe con el pie.

—Es muy triste para una amiga mía —dije—. Creo que estaba enamorada de él.

—Eso es horrible. —Ahora estaba serio y me miraba de cerca.

—Yo estaba con ella cuando se enteró.

—Jesús. —Me iba dando señales de que estaba escuchando, sin ser simplista, pero sin ocupar demasiado espacio tampoco. Se apoyaba en el reposabrazos mientras mis palabras iban saliendo.

—No paraba de decir: «¿Por qué estaba solo?». No decía otra cosa, y yo no supe qué contestarle. Le dije que probablemente le había apetecido dar una vuelta.

—¿Así que chocó contra otro?

—Más o menos. Con un árbol.

—Dios.

—Lo encontraron en el parque nacional, aparentemente. Iba en moto.

—¿Qué? ¿De noche? ¿Solo?

—Bueno, sí. Creo que esa es la peor parte. Ella no sabía si había sido un accidente, así que no dejaba de preguntarme por qué se había metido en esa situación. Es como que ella realmente quería saber si él se había puesto en esa situación adrede. Estábamos con un grupo de gente alrededor y todo el mundo decía cosas que pensaban que sonaban tranquilizadoras, como: «Lo queríamos mucho» y «Obviamente han encontrado su cuerpo muy rápido». Y yo estaba sentada ahí con la cabeza de esta pobre chica en mi hombro, pensando: *¿En serio estás tratando de encontrar el lado bueno de la situación justo aquí?*

—La gente solo quiere aliviar el dolor. Para que todos se sientan más cómodos.

—Supongo.

—Creo que es una respuesta muy natural. Lo que pasa es que, a veces, la gente no se da cuenta de que, al tratar de aligerarlo, solo está demostrando que no ha vivido el dolor de verdad, no sé si me explico. —Para esta pequeña interjección usó la misma entonación que cuando daba clase. *¿Me estoy explicando?* Como si estuviera caminando unos pasos por delante y se hubiera detenido para mirar por encima del hombro, para comprobar que yo le seguía el ritmo—. Porque si lo vives de verdad, te das cuenta de que es demasiado grande, demasiado pesado para aliviarlo.

—Ya lo veo. —Pensé en las semanas que siguieron a la muerte de mi padre: todos los recipientes llenos de comida (pasteles de pescado y sopas y guisos) que los vecinos y amigos dejaban caer por ahí. No me gustaba nada de lo que traían. Congelamos muchos y, meses después, los tiramos a la basura como si fueran ladrillos. *No lo hacen por ti*, decía entonces mi madre. *Lo hacen por ellos. Quieren sentirse útiles.* Pensé en contarle a Paul esta anécdota, pero no quería parecer autocompasiva. En lugar de eso, le dije:

—Preferirías que alguien viniera y te dijera lo horrible e insoportable que es todo eso, ¿no es así?

Paul asintió.

Me había acabado la copa de vino. Estudié las manchas marrones en el fondo del vaso.

—¿Sabes qué? Lo último que le dije, la última conversación que tuvimos, fue que no me gusta la gente que no piensa lo suficiente en la muerte.

—Ay, Michaela. —La forma en la que dijo mi nombre, con un significado totalmente nuevo, como una palabra en otro idioma, me rompió en pedazos—. No es tu culpa.

Los sentimientos que había acumulado durante toda la tarde se fijaron en sus palabras. Las sombras se hicieron sólidas: adquirieron un peso que amenazaba con aplastarme.

Apoyé la cabeza en su pecho, dejando que me acariciara el pelo como a una niña, y lloré.

—¿Cómo lo sabes? ¿Cómo puedes saberlo?

Me hizo callar.

—Lo sé. Confía en mí. Lo sé.

Nos quedamos en silencio durante un momento. Me incorporé de su abrazo y vi una polilla que aleteaba contra la luz del techo.

—Creo que es muy difícil —Paul habló con cautela— recordar que no es tu culpa. Creo que existe el instinto de dar sentido a las cosas que nos suceden. Ponernos a nosotros mismos en la historia. Pero las cosas simplemente suceden, Michaela. No tienen sentido. Simplemente ocurren.

Aparté la mirada de la polilla y volví a mirar a Paul, aún consciente del sonido que producían sus alas al agitarse.

Entonces lo besé, sujetando su cara con ambas manos. Quería volver a oír mi nombre en un tono igual de tierno, como una declaración.

Se apartó enseguida.

—¿Estás segura? —preguntó—. Has tenido un día horrible. Podemos ir a dormir, o ver algo, o seguir hablando.

No dije nada. Me limité a besarle más fuerte, juntando nuestras lenguas. Pensé en la posibilidad de fundirme con él hasta dejar de existir.

Puse mi mano en su erección y sentí una emoción destructiva. Me estaba desligando del día, de mi mente. Piel contra piel era todo lo que necesitaba para recordarme que solo era un cuerpo de carne y hueso y, por ahora, de eso se trataba.

Me subí encima de él y luego intercambiamos las posiciones. Tenía un pie en el suelo y la otra pierna arrodillada en el sofá. Con cada embestida, me agarraba a su espalda y tiraba de él para acercarme, con la esperanza de que, si profundizaba lo suficiente, me rompiera en pedacitos estando en sus brazos.

Cuando terminó, disfruté de la forma en que cayó, jadeante, sobre mí, como si estuviera roto y yo fuera lo único que lo mantenía unido.

Sentí un cansancio profundo, como si mi cuerpo fuera arrastrado bajo el agua. Sentía que había cruzado un océano entero desde el momento en que mi mano se había posado en la espalda de Emily y había notado cómo su columna vertebral se curvaba bajo mis dedos, doblándose y haciendo que le fuera imposible respirar.

—Estaba pensando en lo que dijiste antes, sobre que reconocer el dolor de los demás y tratarlo por lo que es, algo inmenso, es más importante que aliviarlo. O no es más importante, pero a veces es lo único que puedes hacer.

—Bueno, a veces el hecho de reconocerlo es un alivio en sí mismo.

Sentí que su voz retumbaba ahí donde mi oreja se pegaba a su pecho. Me acurruqué, tratando de estar más cerca.

—Exactamente. Sí. Me encanta ese planteamiento.

—Hay gente que piensa que el amor es eso: ser reconocido.

—¿Crees que es así?

—Creo que sí, la verdad.

—Me encanta ese planteamiento —repetí.

Toda esta charla sobre el amor —charla; no declaración— quedó suspendida en la habitación con nuestro sudor y nuestras respiraciones jadeantes. Era una sombra que se deslizaba detrás de lo que no habíamos dicho. El amor, la idea abstracta, arrastraba consigo, a patadas y a gritos, la acción, el sentimiento: el salto de fe que quedaba pendiente de acometer.

Empecé a llorar, al principio en silencio para que no se diera cuenta, hasta que mis lágrimas cayeron sobre su pecho. Me acarició el pelo e hizo ruidos tranquilizadores mientras las sombras se expandían a nuestro alrededor.

• • •

En un momento dado, nos fuimos a la cama y lo besé con delicadeza, solo rozando sus labios con los míos, de la forma más tierna que pude conseguir. Me miró con los ojos entrecerrados, sin mirarme realmente.

Me quedé dormida, y cuando me desperté él estaba sentado en su escritorio envuelto en el resplandor de su ordenador portátil. Le dije que volviera a la cama.

Pero se lo dije con una voz que no era la mía: fue un gemido de niña, la misma voz que usaba Eve cuando hablaba en francés. Mi vergüenza me despertó de golpe, e hice rodar la cara contra la almohada, temiendo cuál podría ser su reacción.

—Estaba pensando en tu amigo —dijo.

—¿Qué amigo? —La almohada amortiguaba mi voz. En cuanto lo dije, el recuerdo de la noche volvió a mí, con la curva de una columna vertebral, el crujido de una moto sobre la grava y pequeñas manchas marrones en el vino tinto.

—Me hizo pensar en esa cita de Camus, sobre que la muerte es la única cuestión filosófica importante.

—¿Tenemos que tener esta conversación esta noche?

—Lo siento, no te lo he dicho para sacar conversación. Es el motivo por el que estoy fuera de la cama. Toma: *Solo hay un problema filosófico realmente serio*, dice Camus, *y es el suicidio. Decidir si vale la pena vivir o no es responder a la pregunta fundamental de la filosofía. Todas las demás preguntas se derivan de ella.*

Me incorporé y me arrastré hasta el borde de la cama para ver la pantalla. En el encabezamiento de la página ponía: «3.1. El suicidio como respuesta al absurdo».

—¿Estás leyendo la entrada de la Enciclopedia Stanford de Filosofía sobre Camus?

—Sí.

—¿A mitad de la noche?

—Ajá.

—Eres una parodia de ti mismo.

Me quedé dormida en posición fetal, con un brazo estirado sobre el lado frío de la cama que Paul había dejado libre.

• • •

Eve me envió un mensaje. Yo estaba sentada en la cama de Paul, con el sol de la mañana brillando en las sábanas blancas. El sonido de la ducha resonaba en el apartamento.

Siento mucho lo de Nick.

Me imaginé a Eve en el comedor de Fairfax, donde la noticia de la muerte de Nick se difundía en susurros durante el desayuno. Si estuviera allí, tendría que sentarme con Emily, Portia y Claudia y notar los ojos en mi espalda. Sabría que mi dolor sería considerado mayor, porque, aunque todos en la residencia se conocían, no todos eran amigos. Los amigos de Nick, la gente que compartía sus noches de borrachera y que, por tanto, se consideraba cercana a él: su dolor ocupaba el centro del escenario. En la comparativa privacidad del apartamento de Paul, mi pérdida era, afortunadamente, la mía propia.

Fui a la cocina a por un vaso de agua. Estaba turbia por el flúor. Mi teléfono vibró con otro mensaje:

No puedo imaginar lo difícil y confuso que debe ser esto para ti. Espero que estés bien.

Normalmente, Eve se burlaba de mí, por considerarme «amiga» de Nick, o de Sackers o de cualquiera de los chicos con los que Emily y Claudia y Portia elegían pasar su tiempo. Era casi reconfortante pensar que, para Eve, Nick no era más que otro miembro de un grupo al que ella consideraba inferior a mí (y, por extensión, a ella). Me alivió no haberle dicho su nombre, aquel día en la galería, cuando me lo preguntó. Estas condolencias, aunque eran agotadoras, al menos no eran complicadas.

Escribí rápidamente y no releí antes de pulsar «enviar», como si estuviéramos hablando en la vida real.

Gracias, te lo agradezco mucho. Es muy triste.

Eve respondió enseguida.

¿Estás en tu habitación?

Paul había salido de la ducha. Podía oírle moverse por su habitación. Le dije a Eve que volvería más tarde ese día. No dije dónde estaba.

El sueño se me iba despegando mientras me movía por la cocina. Vacié el lavavajillas, preparé una tostada y le puse mantequilla y sal. Comí un plátano con yogur, muesli y miel. El día iba a consistir en tareas conquistables, sincronizadas con el sonido de los mensajes que Eve y yo nos íbamos mandando.

• • •

A diferencia de Eve, esperé después de llamar a la puerta hasta que me dio permiso para entrar.

Cuando abrí, todavía estaba ocupada. Su escritorio estaba lleno de libros, ropa e incluso zapatos, así que estaba sentada en su cama para escribir, arropada por un montón de abrigos, con la cabeza calva inclinada sobre un cuaderno verde oscuro.

—Me alegro de verte. —Se levantó y me abrazó, con un agarre sorprendentemente fuerte. Me quedé rígida por un momento antes de rodearla con mis brazos. No me soltó, pero giró la cabeza para susurrarme al oído—: Lo siento.

Justo cuando me sentía frágil y tranquila, me soltó.

—Siento interrumpir. —Hablé sin pensar porque quería llenar ese silencio que solo me hacía recordar todas las cosas de las que no quería hablar. Señalé su cuaderno verde—. ¿En qué estabas trabajando?

—Oh, ya sabes.

—¿No?

—Pensamientos dispersos. Ideas para cosas que podría escribir.

—Esos monólogos sobre la masturbación no se escriben solos.

Me golpeó en la nuca con el cuaderno. Sonreí y me toqué la cabeza donde me dolía.

—¿Dónde has estado? Hace días que no te veo.

—He estado en casa de Portia. —Me perturbó un poco la fluidez con la que mentí a Eve, sin ningún sentimiento de culpabilidad.

—Ah. —Eve trató de no hacer ninguna mueca con el rostro marcado por la preocupación. Normalmente, cuando oía el nombre de

Portia, al menos hacía la mímica de las arcadas o se ponía a imitar el movimiento del pelo, lo cual era más divertido ahora que Eve no tenía pelo que mover.

Se sentó en la cama y se dedicó a observar el desorden que la rodeaba.

—¿Y cómo está todo el mundo?

—Bien. O sea, no pueden estar bien. Están sacudidos, obviamente. Pero todos se apoyan y tal.

—¿Y tú?

—Estoy bien. —Mi voz sonaba extrañamente desafiante.

Eve se levantó de nuevo, con sus ojos a la altura de los míos. Todavía tenía una expresión de preocupación en la cara, pero se asomó una sonrisilla.

—Tengo una idea.

• • •

Cuando Eve sugirió que me comprara un helado porque necesitaba un capricho, fue el uso de la palabra «capricho» lo que me convenció. Subrayó la inutilidad. Qué infantil, y qué reconfortante, precisamente porque era infantil. Tomar un helado, como si fuera una forma de afrontarlo, me hacía sentir que la edad adulta seguía estando fuera de mi alcance.

Como si todas las versiones de mí —aparte de la que era débil y egoísta y no tenía responsabilidades— fuesen de mentira.

Con pantalones vaqueros y zapatos Birkenstocks y con la noche haciéndonos cosquillas en los dedos de los pies, cruzamos el aparcamiento de grava y entramos en su Honda Civic.

Era una caja de cartón negra, con una aceleración vertiginosa, y lo conducía como una loca. Su madre lo había tenido durante años, y tenía un problema de fugas que ella «arregló» metiendo palitos de canela en las rejillas de ventilación del aire acondicionado. Aquello, por supuesto, no consiguió nada. Creo que a Eve le gustaban como tema de conversación: una razón para enumerar los defectos del coche. Si esta era una forma rara de agitar la conciencia de clase, tenía el efecto contrario. Tener un coche y pensar que no era lo suficientemente bueno traicionaba más su procedencia y lo que valoraba que ese goteo intermitente en mis pies.

Eve tomó dos cucharadas, así que yo también lo hice. Dentro de la heladería, sonaba música tecno y el camarero me llamó «nena».

Durante el camino de vuelta al coche, Eve lamió su helado como un gato.

—Hoy tengo mi primera clase de Estética y Ética. ¿Tú la tienes también?

Ese era el tema de Paul. Habíamos acordado que, para evitar *complicaciones* (que era nuestro eufemismo para referirnos a arruinar su carrera), él no debía ser mi profesor.

—No —dije.

—¿Por qué no? Lo hiciste muy bien en la clase de Paul el semestre pasado. —Empujó el helado más adentro del cono con su lengua.

—Estoy en Historia de la Filosofía y Psicoanálisis.

—Luke dice que es una mierda.

Paul dijo lo mismo.

—¿Luke tiene que ser la autoridad en todo?

Eve metió su cucurucho, sin terminar, en la bandeja de las bebidas y giró la llave en el contacto.

—¿Qué tiene de malo Luke?

—¿No crees que le gusta fingir que te escucha?

Tomé el resoplido de Eve como un estímulo.

—En plan, hace muchas preguntas y te toca el brazo —Toqué el brazo de Eve para demostrarlo—. Pero se queda mudo cuando empiezas a responder.

—Sé a lo que te refieres. Parece que ve la atención femenina como una forma de reforzar su ego.

—Exacto.

—Sabes que somos como… —Eve hizo una pausa para concentrarse en la marcha atrás, con un cambio de marchas estrepitoso y un giro rápido que me provocó náuseas.

La tarrina de helado se me cayó en el regazo y un poco de sirope de caramelo goteó en el suelo.

—¿Sabes que estamos quedando?

—¿Qué quieres decir? —Intenté ocultar el derrame frotándolo con el pie.

—Nos acostamos la primera vez después de la fiesta en su casa. Y luego, obviamente, no quise exclusividad mientras estaba fuera, pero ahora estamos retomando las cosas donde las dejamos.

Miré por la ventana mientras intentaba controlar mi cara. Podía ver el perfil de Eve reflejado en el cristal. Miré sus labios, pegajosos y dulces por el helado. Pensé en nuestro beso en el cuarto de baño, en cómo se había desprendido de mí y se había posado en Luke.

—Vaya, me alegro por ti. —En el reflejo, vi que mis labios se movían como si fueran los de otra persona.

Eve se rio, y me volví hacia ella, comprobando que lo hacía de verdad.

—Pero tienes razón —dijo—. Luke puede ser un poco cabrón.

Entonces también me reí yo.

Cuando llegamos al aparcamiento de Fairfax, me alivió que Eve se sentara y empezara a mordisquear su cono en lugar de hacer un movimiento para abrir la puerta.

—Voy a quedarme con él un par de días —dijo.

—¿Ya te has mudado?

—No, solo es un cambio de aires. Me irá bien salir de Fairfax una temporada.

—Bueno —dije—, siempre y cuando vuelvas en algún momento. —Dije «en algún momento» porque pensé que no sonaría demasiado sincero. La sensación que tenía de que Eve y yo íbamos a la deriva debía ser audible, aunque para mí todavía era demasiado incipiente como para darme cuenta de que estaba ahí. Eve se inclinó y apoyó la cabeza en mi hombro.

Tuvo que estirarse sobre el cambio delantero para hacerlo. Fue tan forzado que me pareció como un premio de consolación.

De vuelta a mi habitación, después de que nos hubiéramos despedido, oí que la puerta de Eve se cerraba de golpe. Supuse que se iba a casa de Luke. Como no quería parecer desesperada, no la llamé para despedirme. En cambio, me quedé junto a mi ventana y observé cómo las lucecitas y el ruidoso motor de su coche confirmaban mi sospecha. La observé mientras se iba, con mi habitación a oscuras para que no me viera en la ventana. Ya me sentía mucho, mucho más sola que cuando ella estaba durmiendo en la habitación de al lado.

14

El funeral de Nick fue en una iglesia en Turramurra que no parecía una iglesia del todo, más bien era como una sala de conferencias. Los paneles de madera en el techo eran lo que quedaba de un auditorio escolar, y la luz que entraba por las enormes ventanas era demasiado abundante, demasiado uniforme, para transmitir una sensación de intención divina.

El coro de la capilla cantó, a petición de los padres.

No habíamos ensayado para cantar en un funeral, así que solo cantamos himnos que ya habíamos aprendido. En la puerta, nos dieron folletos funerarios que explicaban el orden del servicio.

El hermano mayor de Nick, que se parecía a él, no pudo terminar su elogio, y su madre —una mujer pequeña con facciones angulosas, una melena rubia lisa y brazos musculosos como los de Madonna— lo abrazó por los hombros y leyó la última frase por él. Era mucho más pequeña que él, quizá la mitad de ancha, pero él se derrumbó al tocarlo y ella pareció conseguir mantenerlo erguido.

Era mi mejor amigo. Una persona mejor, más amable y más generosa de lo que yo jamás habría podido esperar. Te echaré de menos, Nick. Se nos ha hecho corto el tiempo.

Esas fueron las palabras que pronunció en nombre de su hijo mayor (ahora, su único hijo) mientras él, con las rodillas débiles y sollozando, se aferraba a ella.

Cuando terminó el elogio, hubo un largo silencio antes de que Balth me diera un codazo y agitara el programa.

Estaba previsto que cantáramos. Nos pusimos de pie, mirándonos unos a otros, comprobando que no éramos los primeros. Tuve que reprimir una carcajada. Cantamos, al principio con dificultad, y luego, cuando nos olvidamos de dónde estábamos, con más fuerza, y nos concentramos en sonar bien.

Cuando el funeral terminó, el hermano de Nick, su padre y dos hombres que no reconocí llevaron su ataúd a hombros, y su madre caminó detrás. Su cabeza permanecía inclinada y llevaba gafas de sol; un gesto inútil, dado que sus sollozos eran muy fuertes.

En la tercera fila, vi el mechón de pelo rubio de Sackers saliendo de un traje. Estaba inclinado hacia delante, aferrado al banco de enfrente. Cuando la congregación se levantó para irse, él permaneció sentado. Una suave mano en su espalda no obtuvo reacción. Sus grandes y musculosos hombros temblaban.

Algunos nos pusimos de pie para cantar mientras la procesión marchaba, y otros se sentaron y lloraron. Nicola, defendiendo con orgullo la parte de la soprano, lanzaba miradas mordaces a los llorones cuando no se levantaban, como si fueran unos cobardes.

Cantó con una cara que, me imagino, a ella le parecía que tenía una expresión de gracia. Me pareció una bofetada de prepotencia.

Cantó como si se lo debiera a los dolientes, como si fuera un regalo que ella, una persona tan talentosa, estaba obligada a otorgar. Como si la música pudiera cambiar a la gente, pudiera salvarla de sí misma, pudiera tocarnos con una verdad universal. Como si todos estuviéramos conectados y Dios existiera y Nick estuviera yendo a algún lugar especial, no solo a un agujero en el suelo.

Los del coro salimos los últimos. Para entonces, Sackers tenía su brazo alrededor del hombro de un amigo. Sus pies se arrastraban detrás de él, débiles por la pena, a trompicones.

Eve era el único miembro del coro que no asistió ese día. No dijo que no podía ir, y cuando Nicola preguntó dónde estaba, le dije que no importaba, porque teníamos suficientes contraltos.

Y resultó que sí importaba, porque lloré tanto al final que no pude cantar. Así que acabamos por no tener suficientes contraltos.

• • •

En el velatorio, Emily desconcertó a todos con su cortesía.

En algún momento de su educación, se debió omitir una explicación de la distinción entre modales y moral. La cortesía, para Emily, significaba una consideración desinteresada por los demás —poniendo sus intereses por encima de los propios— que amenazaba con borrar su existencia.

Emily, Claudia, Portia y yo estábamos en la esquina, con las manos llenas de platos de plástico y canapés. Nadie comió.

—¿Estás bien? —nos preguntó Emily una a una. Luego procedió a preocuparse por el bienestar de todos menos por el suyo, como si pudiera devolver el orden al mundo, alejarlo de la crueldad y el caos mediante el apego a las reglas que ya conocía.

—La pobre madre.

—El padre parecía devastado.

—Su hermano es un buen tipo. No sé cómo va a superar esto.

—¿Has visto a Sackers? Pobre chico…

Empecé con los canapés y traté de concentrarme en el sabor del huevo y la mayonesa. La irritación creció ante el tono agudo y suave de Emily. No entendía qué estaba haciendo.

Claudia, a su favor, asentía y murmuraba lo suficiente para reconocer a Emily, sin llegar a animarla.

Emily continuó.

—Sus amigos del instituto no lo habían visto mucho este año. Debe ser muy duro para ellos.

—Emily. —La taza de té con leche de Portia se agitó en su platillo. La colocó sobre la mesa. Tragué y pasé de los canapés a las galletas.

Con movimientos deliberados e ininterrumpidos, Portia le quitó a Emily el plato de las manos y lo colocó junto al té tibio. Luego la abrazó. Emily apoyó la cabeza en el hombro de Portia, dejando que el pelo rubio de esta las envolviera a las dos como una mortaja. Estaba lo suficientemente cerca como para oírla susurrar:

—Todos le queríamos.

Emily se puso a llorar. Claudia y yo nos relajamos, palpablemente. Acariciamos su temblorosa espalda, mientras Portia la sostenía en ese elegante abrazo y no la soltaba. Aquella Portia (de la que no esperaba más que el habitual «Espera, ¿qué?») supo exactamente cuándo extender la mano y cuándo soltarla, cuándo hablar y cuándo tocar, y me hizo pensar que quizá fuera la más perspicaz de todas.

Los amigos del instituto de Nick se congregaron cerca de la puerta. Varios de ellos tenían cervezas en la mano. El ambiente era el de una fiesta, por cruel que pareciera. Tanta gente joven en una sola habitación.

Se habló de ir al pub. Emily, Portia y Claudia se animaron. Me apetecía una copa, pero solo conocía a un puñado de esos chicos trajeados y de pelo liso. Se merecían pasar una velada sin que los extraños les conocieran de otra manera.

—Vuelvo a la residencia, si quieres que te lleve —Balthazar, con las llaves del coche en la mano, me ofrecía una escapatoria.

En la autopista de varios carriles que se extendía hacia el Harbour Bridge, Balth me preguntó por qué Eve no había venido. Le dije que, honestamente, no lo sabía.

—Cada uno gestiona el duelo a su manera. —Lo dijo como si reprodujera las palabras para sí mismo y pensara que sonaban sofisticadas.

• • •

Portia, Claudia y Emily volvieron a casa de sus familias después del velatorio. No podía culparlas, pero me molestaba que se pudieran dar ese lujo. Balth y yo fuimos al cine. Yo estaba sometida, y él era su mejor versión. Me contó tantas anécdotas divertidas (la mayoría de ellas sobre gente a la que había ofendido) que me halagó que las hubiera estado guardando para la ocasión. De vuelta a Fairfax, con la habitación de Eve todavía vacía, mi habitación se sentía más pequeña y al mismo tiempo como si fuera todo mi mundo.

Llamé a Paul. Me respondió con una pregunta:

—¿Quieres que te recoja?

En su apartamento, Paul me preguntó por el funeral, y le dije que había sido tan triste como cabía esperar.

—Debe haber sido devastador.

Cuando dijo eso, su cara llevaba una máscara de sinceridad que no había visto antes. Eso me molestó.

¿Cómo lo sabes?, quería preguntar. *No lo conocías lo más mínimo.*

En lugar de eso, dije que solo quería una distracción. Lo besé.

—Una distracción —repitió. Su rostro estaba hueco y herido, como un moretón que aparece lentamente.

• • •

Esos días después de la muerte de Nick, el tiempo era intempestiva y ofensivamente cálido. El miércoles por la mañana, la luz caía sobre la cama de Paul en fragmentos teatrales, y mi brazo estaba caliente donde le daba el sol.

—Deberíamos ir a nadar —dije.

Esperaba que Paul dijera que no y que me mandara al autobús. Pero él no tenía clase hasta las once y, después de todo, hacía un día glorioso.

Fuimos a una playa que Paul llamaba Redleaf, aunque el cartel de la valla decía otra cosa. Estaba justo al lado de la carretera principal, y el aparcamiento estaba enmarcado por puertas de piedra arenisca.

Había llovido la noche anterior, así que cada brizna de hierba estaba verde y goteando, y cada superficie reflejaba el sol.

En el borde del aparcamiento, unas escaleras bajaban a una pequeña playa portuaria, acaparada por un muelle en forma de «U». La luz se reflejaba en destellos tan densos, que el mar era una sábana de un blanco resplandeciente. Era tan brillante y tan hermoso que la escena hacía que me dolieran los ojos.

La lluvia había limpiado la ciudad y sus parques, pero había convertido la playa en barro. La arena estaba húmeda y gris, y el agua estaba llena de algas que flotaban en la superficie, cubriendo la costa de mugre.

Todavía pienso en Paul en los días de lluvia, y pienso en su engañosa belleza. Si aprendí algo práctico de él, que me enseñó tantas cosas que no tenían ninguna utilidad práctica, es lo siguiente: si quieres arruinar algo hermoso y perfecto, ve a una playa del puerto de Sídney después de una lluvia intensa.

Nos sentamos en el muelle, lejos de la arena húmeda y mugrienta. Desde allí podíamos saltar directamente al agua y evitar el fango del fondo.

La primera vez que salté, mi cuerpo tardó más de lo que esperaba en tocar el agua. En la caída libre, disfruté de la irreversibilidad de mi decisión, que, por un momento, estaba libre de consecuencias.

El agua era aplastante y fría. Salí rápidamente, con la escalera metálica clavándose incómodamente en las plantas de los pies. En la cima, extendí una toalla y me acosté junto a Paul.

Leímos en silencio, yo una novela y Paul revisó trabajos de estudiantes. Sentí que la piel se me ponía dura bajo el sol. Todavía no era primavera, y la brisa me recorría la espalda en forma de soplos que ponían los pelos de punta.

Paul sacó de su bolso un tupperware lleno de mangos congelados. Estaban pegajosos y resbaladizos, y el jugo se pegaba a la barba de Paul dejando un rastro brillante.

Mientras estaba sentado con las piernas cruzadas como Buda, con el mango pegado a su barba grisácea y una mochila de Fitness First en las rodillas, le vi a través de los ojos de un extraño. No tenía ese empuje asertivo que le daba el atril, y al ver su posición de piernas cruzadas y encorvadas, encontré una semilla de lástima: lástima por un hombre con sobrepeso que dejaba atrás su mejor época, y la esbelta cosita a su lado no tenía el efecto deseado, sino que acentuaba el contraste.

Me pregunté si esta crueldad era normal en el trajín de la intimidad. O si se trataba de algún tipo de delito mental: una grieta que solo podía ir a más.

—Tengo que lavarme las manos —anuncié, y me puse de pie para saltar de nuevo.

Paul se puso de pie conmigo y me agarró suavemente por las caderas con las manos pegajosas por el mango. Me puse rígida y me pregunté si lo habría notado.

Me miró, el tipo de mirada que suena a violines hinchados y precipita un beso. Arrastré mi peso, inclinándome ligeramente hacia atrás, lo cual solo consiguió empujarme más hacia sus manos.

—Ay. —Me incliné hacia delante y mi cabeza casi chocó con la suya al inclinarse también.

—¿Qué pasa?

—Me cago en mi madre. Perdón. —Le miré y me reí—. Una astilla. —Le mostré la parte inferior de mi pie, donde sobresalía una aguja dentada de madera, enmarcada por un fino hilo de sangre.

—Ay. ¿Quieres que te la saque?

Me tocó la mejilla y yo me zafé.

—No, ya lo hago yo —dije de una forma más amable que la que indicó mi mano al apartarlo.

Volver cojeando sobre mis talones hasta la toalla no sirvió para reafirmar mi independencia. La saqué rápidamente, usando las puntas de mis uñas.

—Te traeré una tirita —dijo.

—No seas ridículo. Ya no está. —Me levanté de nuevo y me irritó la forma en que sus ojos se arrugaron con preocupación.

—Se infectará.

—¡Está cubierto de sal!

—La sal es un conservante, no un desinfectante.

—Paul, así está bien.

—Solo quiero ayudar.

Con una fuerza que me sorprendió, y sin duda a él también, le empujé abajo del muelle. Esperé a que saliera a la superficie para que pudiera oírme reír. Después salté tras él.

De nuevo en el muelle, recogimos nuestras toallas como si fueran mantas contra la fría brisa.

Él volvió a guardar ese pegajoso tupperware en la bolsa, donde imaginé que atraería granos de pelusa y arena.

—¿Michaela?

Me giré con la toalla alrededor de los hombros.

—¡Balth!

Su pelo, que normalmente estaba en su sitio, ahora tenía un aspecto voluminoso a causa de la sal. Me hizo sonreír.

—¿Qué haces aquí? —pregunté.

—Bueno, Michaela, como a mucha gente le pasa, me gusta ir a la playa a nadar.

—¿Un baño en agosto? Qué valiente.

—No me pueden acusar de nada —Sus ojos, risueños, se pusieron repentinamente alerta al ver a Paul.

La toalla de Paul estaba enrollada en lo alto de sus caderas, cerca del ombligo, quizás en un intento deliberado por ocultar la curva de su estómago.

Balth, en cambio, con aquellos pantalones cortos negros que estaban empapados, era tan delgado que casi parecía cóncavo.

—Balth, este es Paul.

Paul apoyó una mano en mi hombro. Vi cómo el movimiento se reflejaba en la cara de Balth en un destello de incomodidad tan fuerte que casi parecía dolor. Sentí el impulso de quitarme a Paul de encima, pero me obligué a mantener el hombro quieto.

—Hola, tío. —Paul extendió una mano. Se la estrechó rápidamente, antes de llevarse la mano a la frente para protegerse los ojos del sol. Se le puso la piel de gallina. Bajo la sombra de su mano, me miró. La incomodidad que había visto hacía un momento había desaparecido.

En su lugar, luchaba por controlar una sonrisa. Sabía que ya estaba saboreando el gusto que le daría poder burlarse de mí más tarde.

—Nunca había estado aquí —le dije—. Es muy bonito.

—Tu guarida preferida, ¿eh, Paul? —dijo Balth. Me estremecí ante el uso de la palabra «guarida».

—Supongo. —Paul hablaba en voz alta, con un tono más grave del que yo estaba acostumbrada a escuchar.

—¿Y tú qué?

—¿Qué? —La cabeza de Balth se dirigió a mí.

—¿Vives por aquí? —pregunté.

—Ah, sí. Bueno, mis padres. De hecho, puedes ver su casa desde aquí. —Señaló una enorme casa de color pizarra, de líneas rectas y enormes ventanales de un solo cristal, como el de los acuarios. Un césped verde descendía suavemente hasta un embarcadero. Ahí donde la madera se unía al césped, una enorme escultura de bronce se retorcía hacia el cielo.

Creo que me quedé boquiabierta.

—¿Esa casa? Con la escultura…

—¿Con esa insufrible escultura? Sí. A mamá le encanta, pero está trastornada.

—No, es…

Por la risa de Balth, supe que mis intentos por ser educada no engañaban a nadie.

—Tiene pinta de ser muy cara.

—Oh, lo es. Pero resulta que el dinero no puede comprar el buen gusto.

—Debe de ser duro —dijo Paul con tal brusquedad que de repente me vi incapaz de mirar a Balth a los ojos.

Paul se miró la muñeca. Para su vergüenza, no llevaba el reloj. Debía de habérselo quitado antes de ir a nadar.

—Deberíamos irnos, Mick.

—Sí, bueno, pues encantado de conocerte, Paul —dijo Balth mientras seguía su camino por delante de nosotros en el muelle. Por encima del hombro matizó—: Nos vemos pronto. —Y luego, tras una pausa exasperante en la que pude notar cómo disfrutaba, añadió—: Mick.

—Menudo gilipollas —dijo Paul en voz alta, adrede, antes de que estuviéramos fuera del alcance de su oído.

—Apenas has hablado con él.

—¿Quién era ese tipo? ¿Un amigo de la universidad?

—Uno de los buenos, en realidad.

—Jesús. Parecía un completo idiota.

—Me pregunto qué pensará él de ti. Has sido bastante grosero.

Ahora estábamos de vuelta en la playa, y estábamos empezando a subir las escaleras. Las subí de dos en dos y no me giré mientras hablaba con Paul.

—Entonces, ¿es tu amigo?

—No lo sé, Paul, no soy de Sídney.

—¿Qué significa eso? *No soy de Sídney*.

—Significa que no conozco a nadie. Así que cualquiera que conozca es una especie de amigo.

—¿Qué es eso? ¿Una especie de excusa para no tener gusto?

—Solo digo que los mendigos no pueden elegir. No todos nos podemos permitir el lujo de desperdiciar.

Llegamos a la cima de la escalera. Las subimos rápidamente, siguiendo mi enfado. En la cima, Paul se detuvo. Cuando recuperó el aliento, se pasó una mano por el pelo y dijo:

—No me gusta que ese chaval, Balth, nos haya visto juntos.

—¿Chaval? —Ahora me regocijaba en mi enfado. Me escuché desde el otro lado del aparcamiento, desde la perspectiva de una de las personas que sacaban sus toallas del maletero y se dirigían a la playa. Sonaba estridente y, junto con Paul, parecíamos una pareja que discute.

Paul habló en voz baja, demasiado baja para que le oyeran los desconocidos que pasaban por allí.

—Es un chaval, Michaela.

En el coche, miré por la ventanilla y vi pasar las casas.

—Creo que… Creo que el problema es que no estás seguro de si yo soy también demasiado joven.

—Claro que no eres demasiado joven. Eres más madura que yo.

—No estoy hablando de madurez.

El coche estaba cargado de silencio. Imaginé los remordimientos que podría tener y le odié por ello.

—O no te importa que la gente nos vea juntos en público, Paul, o soy demasiado joven para follar contigo.

—Eh. —Puso una mano en mi muslo y apretó suavemente—. Siento haber sido grosero.

Pensaba que quería que se disculpara, pero cuando lo hizo, me molestó la obligación que me imponía de aceptarla. No dije nada.

—Lo siento. —Casi lo gimió.

De nuevo el coche quedó en silencio: un intento de castigo por mi parte. Él parecía meditar. Cuando se detuvo frente a Fairfax y se inclinó para besarme, le volví la mejilla. Se rio. Y con su risa me hizo sentir —por primera y única vez— como una niña. Impotente, pataleando sin hacer ruido.

• • •

Empecé a dormir mal. Cuando estaba con Paul, me quedaba despierta escuchando cómo se revolvía, se levantaba, iba al baño, se sentaba frente a su ordenador. Intentaba mantener mi respiración regular, para que él pensara que estaba dormida. Y cuando me quedaba sola en Fairfax, miraba el techo y mis pensamientos se perseguían unos a otros, como galgos alrededor de una pista, chasqueando la misma pregunta incesante.

¿Qué impulsa a un chico con el mundo a sus pies a subirse a una moto y adentrarse en la oscuridad?

No pude evitar pensar que le perseguían.

El tintineo de mi ventilador marcaba el tiempo, como el tictac de un reloj o el de una bomba, el único recordatorio de que el mundo físico avanzaba, mientras yo seguía la voz de Nick, su sonrisa inclusiva, más allá, en el pasado. Una y otra vez, repetí nuestra última conversación en el patio del St. Thomas.

Nada de lo que hacen tiene consecuencias.

Mientras estaba tumbada, atada a mis sábanas como una cuerda, escuchaba a Eve en la habitación contigua. Interpreté cada pisada en el pasillo, cada crujido de una puerta, como una señal de que estaba regresando.

Me imaginé a mí misma, con los ojos desorbitados, llamando a la puerta, exigiendo que me escuchara.

Nick y Eve me parecía que estaban conectados. El hilo que los unía era delgado —demasiado delgado para verlo—, pero en esas horas tranquilas y cansadas había momentos en que lo oía vibrar.

Pensé en la insistencia de Eve en que informara de lo que había pasado con Nick hacía ya una vida. Lo que fuera que pasó en la semana de bienvenida, le había pasado a otra persona. Un antiguo yo; un hombre muerto. Sin embargo, fue esa noche y los fragmentos de su tacto lo que recordé cuando pensé en Nick, contemplando su vida y viendo una vasta extensión sin consecuencias.

Eve y Nick me susurraron: dos voces unidas en la misma oración. *Las acciones tienen consecuencias*.

Sentí que le debía una conversación más, y la representé en mi mente. Tomábamos el acontecimiento que apenas recordaba y lo esculpíamos juntos, decidiendo qué forma tomaba, antes de dejarlo con cuidado en el pasado. Sin esa conversación, el pasado adoptó muchas formas inquietantes. La primera era el temor de que, cuando Nick se subió a la moto aquella noche, quería, al menos en parte, morir. Y que, de todas las complejas formas en que se veía a sí mismo, había una versión en la que miraba a su interior más profundo y veía a un violador.

Me froté los ojos, como si quisiera borrar todas estas horribles posibilidades. Mi imaginación, me dije, era mi fracaso. Mi culpa —sobre lo que no se dijo; las conversaciones que nunca pude tener— no era la de Nick. No era de extrañar que todo pareciera estar conectado, cuando me sentaba por la noche y veía su vida a través de la pequeña porción que compartía conmigo. Había otras personas, otras relaciones que estaban fuera de mi alcance.

Busqué en el fondo de mi armario, donde escondía los cigarrillos. Todavía los escondía, como si viviera con mi madre.

Me senté en el borde de mi escritorio, con una pierna colgando por la ventana, y encendí uno.

Con un sobresalto, me vino a la memoria el destello de un sueño. Recordé el mensaje que Eve me envió el día que Nick murió. Tosí y bajé de ahí para recuperar mi teléfono.

Ahí estaba, aunque no exactamente como lo recordaba.

Siento mucho lo de Nick, había escrito. *No puedo imaginar lo difícil y confuso que debe ser esto para ti.*

Regresé a mi posición, con una pierna fuera de la ventana, el teléfono en una mano y el cigarrillo en la otra, y lo volví a leer varias veces.

Qué difícil y confuso debía ser «para mí».

Por primera vez, esas dos últimas palabras cargaban el peso de toda la frase. «Para mí».

Me había cuidado de no decirle a Eve quién era la persona de aquella primera noche en la semana de bienvenida. Una vez, en la galería, casi se me había escapado.

Puedes decirme su nombre, había dicho ella.

Qué difícil y confuso para mí, en particular. No para los jóvenes en general, cuando otro joven muere.

La ausencia de Eve en el funeral, su rápida huida de Fairfax tan pronto como se enteró de la noticia, se consolidaron en mi mente como una sospecha: un pensamiento que vino a mí, primero con una aceleración del corazón. Luego, se formuló en palabras.

Eve sabía quién me había follado aquella primera noche en la semana de bienvenida. Sabía que había sido Nick.

Un golpe en la puerta me sobresaltó.

—¡Jesús! —Tuve que agarrarme al escritorio para no caer por la ventana. Al hacerlo, se me escapó el teléfono. Cayó dos pisos y aterrizó con un ruido sordo en el aparcamiento.

—¿Michaela?

Abrí la puerta.

Era Emily, con cara de disculpa.

—Lo siento mucho.

—¿Qué hora es?

—Las nueve.

Me froté los ojos. En mi mente era mucho más tarde. Los pasillos estaban vacíos y silenciosos.

—¿Estás bien? —preguntó.

—Estoy bien, solo que… —Iba a decir que no podía dormir, pero era demasiado temprano. No había dormido en toda la semana. Tras terminarse la clase a las cinco de la tarde, había corrido las cortinas anaranjadas ante ese anaranjado atardecer y había tratado de dormir una siesta. Evidentemente, no había dormido tanto como creía.

—Lo siento. Me has asustado. Se me ha caído el teléfono.

—¿Qué?

—Estaba fumando en la ventana.

Emily sonrió. Era un edificio libre de humo.

—Me perdí la cena —dijo—. Solo vine a ver si querías comer algo por King Street. Los restaurantes tailandeses deberían estar todavía abiertos.

El hambre se impuso de repente. Podía sentir a mi estómago rugir.

—Sí. Estaría genial. De hecho, no he comido nada desde el desayuno.

Al salir, recogimos mi teléfono de la grava.

—Qué alivio —dijo Emily cuando lo giré para mostrar una pantalla intacta.

No fue hasta más tarde, a la luz de King Street, cuando me di cuenta de que el cristal se había roto casi perfectamente por la mitad.

15

Si la ausencia de Eve no hubiera sido tan persistente, nunca la habría espiado como lo hice. Pero durante días no volvió a casa.

Aunque no tenía nada que ver, su ausencia de mi vida —su habitación vacía; el desorden en su piso, sin ser vaciado— solo se sumaba a su ausencia en el funeral de Nick. Eso esculpía una única sensación, cada vez más profunda: se estaba escondiendo.

Pensé mucho en nuestra última conversación, cuando me instó a contar mi historia. La primera vez me había sugerido que lo denunciara a la universidad. Pero cuando hablamos después de las vacaciones, su tono había cambiado.

¿Has pensado en denunciar? se convirtió en: *Tu historia, Michaela, podría ser un catalizador para el cambio.*

Y sus ojos, esa segunda vez, si recuerdo bien, eran más maníacos. Más agrandados, más decididos. Lo que había hecho estando borracha —habíamos hecho, Nick y yo— se había convertido en una causa que defender para ella. Y me podía llegar a imaginar la rectitud con la que podría haber perseguido su objetivo, una vez que adivinó quién había sido el perpetrador.

Cada vez que la imaginaba así, con los ojos abiertos, las manos expresivas, golpeando las puertas, lanzando preguntas como acusaciones, era cuando más quería verla. Si llamase a mi puerta, pensaba, si llamase y entrase sin esperar a que le diera permiso, entonces podríamos reorganizarnos. Ella podría contarme cómo llegó a saberlo y podríamos, mediante la conversación, ver a través de los mismos ojos.

Puede que no lo sepa, me dije. Podría estar malinterpretando sus mensajes, y su ausencia. Era un salto de fe pensar que ella había hecho las preguntas necesarias y había juzgado las acciones de Nick bajo una cierta perspectiva que podría haber causado una onda, por no hablar de impulsar su moto esa noche.

Y, sin embargo, el pensamiento, como un virus mutante, volvía repetidamente.

El pensamiento de que ella podía saberlo, y que podía habérselo dicho a Nick como una especie de amenaza, que podría haber ido a por él, incluso. En mi aparentemente continuo estado de contemplación insomne, olvidé el consejo de Paul: que no tiene sentido. En su lugar, *¿Por qué murió Nick?* y *¿Eve lo sabía?* se convirtieron en diferentes expresiones para la misma pregunta. Y esa pregunta se convirtió en el objetivo.

• • •

La puerta de Eve estaba abierta. Ella siempre la dejaba abierta. Incluso comentó que creía que era prepotente por mi parte que cerrara con llave la mía. Pasaba por delante de ella cada vez que iba al baño. La pequeña grieta entre la puerta y el marco me tentaba, aunque sabía, de una manera abstracta y racional, que lo que me invitaba a hacer estaba mal.

Su habitación estaba tan desordenada como siempre. El suelo era irregular bajo mis pies, el olor era corporal y de abandono. Abrí una ventana y miré a mi alrededor, sintiéndome estúpida de repente, como si fuera la última que hubiera quedado jugando al escondite.

En la pared opuesta a la ventana había pegado varias polaroids. Había algunas fotos soleadas de su viaje a Europa y, justo en el borde, una foto mía en un bar tomada la noche en la que nos acostamos con los músicos.

Mi boca hacía un mohín alrededor de la pajita, mi cara era angulosa. Más dura que seductora, tal era el corte de mis pómulos. Me veía, pensé, no muy diferente a Eve.

En la cama, debajo de las fotos, había varios libros. Con esquinas dobladas, con notas adhesivas, frases resaltadas. Uno de ellos era un cuaderno verde bosque, plegado alrededor de un bolígrafo que habían metido dentro.

Todavía de pie, lo abrí. Un diario, impreso en papel grueso y cremoso, con citas inspiradoras en la parte superior de cada página y una entrada de Eve debajo. La primera entrada era de Europa del Este.

Evidentemente, a Eve le parecía que el concepto de diario de viaje estaba pasado de moda, porque sus entradas no solo contaban su día. Eran explosiones aleatorias de ideas y emociones, sin ningún cuidado estético.

Fundamentalmente, no son publicables. Excepto, quizás, en la yuxtaposición negramente cómica entre lo que Eve había rayado y la insípida cita que la marca de papelería había seleccionado. Dudo de que Eve haya perdido la ironía.

Sueña como si fueras a vivir para siempre, vive como si fueras a morir hoy.

—James Dean

El hombre del albergue ha roncado toda la noche. Debería ser ilegal, o por lo menos, estar sujeto a impuestos. Imagina ser una carga tan grande para la gente que te rodea. ¿Es este el contrato social que firmé?

Me senté y leí más detenidamente. Me salté varias páginas. Las anotaciones continuaron incluso después de haber regresado a casa.

La vida está para usarla, no para salvarla.

—D. H. Lawrence

He estudiado con Luke en la biblioteca. Me preguntaba qué porcentaje de ser inteligente consiste solo en ser elocuente. He comido un chicle y tres cafés en todo el día. Intentaré seguir el ritmo mañana.

Cada entrada estaba fechada. Las ojeé, levantando la vista cada poco rato para comprobar la puerta. Había una fecha que estaba buscando.

Si abrir el diario fuera algo inocente (que no lo era), entonces esta era la verdadera transgresión.

Sentí como si mi pecho estuviera hueco y mi corazón flotara. Mis manos hormigueaban por la adrenalina. Me detuve cuando llegué a la fecha del funeral de Nick. Era una entrada larga.

El éxito en la vida no es un destino, sino un viaje.

—Proverbio chino

El funeral de Nick es hoy. Me confronta. Nunca pienso en la mortalidad como un hecho de mi existencia, ni de la de nadie en realidad, a diferencia del género o la raza, por ejemplo. ¿Irónico, tal vez, porque es el hecho definitorio de la existencia? ¿Que se acaba??

No me he atrevido a ir. Es obviamente trágico y aterrador. Pero no era su amiga. No formo parte de ese entorno.

Aquí ella había tachado *entorno* y escrito *grupo*. Como si encontrara indulgente su propio vocabulario, al expresar no la palabra en sí, sino algo desagradable sobre la persona que la usaba.

No lo conocía. Solo hablé con él en persona una vez. Sería deshonesto afligirme como si hubiera perdido algo. Y después de la semana de bienvenida, sería aún más deshonesto sentarme y escuchar a todos decir lo buen tipo que era. Qué tipo tan bueno. ¿Como si eso fuera el mejor cumplido?

Así que ahí estaba: la confirmación robada. Eve lo sabía.

El chico muerto, el buen tipo, era, en opinión de Eve, un violador. Una noche que no podía recordar había seguido a Nick, en la forma de la beligerancia siempre cuestionada de Eve. Una transgresión que se negaba a desaparecer; una herida que no sanaba; unas consecuencias que hundían sus delicados dientes.

Cerré el diario y lo volví a colocar en el ángulo exacto en que lo había encontrado. Me sentí más pequeña e infantil por hacer aspavientos: por todo el cuidado que puse para no ser descubierta.

• • •

El domingo por la tarde llegué temprano a la capilla del coro. Hacía más frío dentro que fuera, y tenía el aspecto de una sala común más que de un lugar de culto. Todos los miembros del coro descansaban en los bancos como si fueran sofás: tumbados, con los pies sobre el asiento. Me senté cerca de la puerta y esperé a que llegara Eve.

Esperaba poder acecharla al entrar. Quería saber qué le había dicho a Nick, y cuándo. Estaba preparada para interrogarnos mutuamente. Diría que lo que había levantado mis sospechas era que no hubiera venido al funeral. Nada más.

Desde mi posición ventajosa, cerca de la puerta, la vi atravesar la pista de atletismo. Le había crecido el pelo y tenía una ligera pelusa. Se la había teñido de rosa chicle. Lo que resultaba exasperante era que eso la hacía todavía más atractiva.

Estaba demasiado ocupada analizando el cambio como para notar que Balth se acercaba.

—Mick, hola. —Balth me besó en ambas mejillas por hacer la broma.

Lo aparté de un manotazo.

—Vete a la mierda, Balthazar.

—¿Te lo pasaste bien en la playa?

—¿Oh, os visteis en la playa? —dijo Eve, ahora en la puerta, y me abrazó. Se adentró más y Balth la siguió, emocionado de estar acumulando público.

—Sí, vi a Michaela en la playa con un encantador caballero bastante mayor.

—¿Y con quién estabas en la playa, Balthazar? —repuse yo—. No estabas rodeado de amigos.

—Estaba allí con una plétora de amigos. Y todos eran de mi edad, muchas gracias.

—¿Quién era, Michaela? —Eve me miró con cara de sospecha.

—Parecía lo suficientemente mayor como para ser su padre.

—Es solo un amigo.

Esto iba exactamente como Balth había planeado. El pequeño coro se había congregado a mi alrededor, los que estaban en el perímetro se apoyaban en los bancos, riéndose de mi incomodidad, y los que estaban más cerca hacían preguntas. Solo Nicola permanecía sentada, con los ojos muy abiertos.

—¿Quién era?

—¿Estáis quedando?

—¿Cuántos años tiene?

—¿Va a la universidad?

Balth se rio.

—Puede que fuera a la universidad hace unas décadas.

—También hay gente en el mundo que no asiste a la universidad —dije.

—Cómo te atreves. —Balth se sintió animado por la agitación. Se agarró el pecho en señal de indignación, como si le hubieran apuñalado. El coro de risas se hizo más fuerte. Balth casi tuvo que gritar—: No hay que avergonzarse por pasar un buen rato con tu padre.

—Mi padre está muerto, Balthazar.

El silencio se impuso por todos lados y llenó nuestros pulmones como si fuera agua. Como si viniera de lejos, por encima de la superficie, sonó la voz de Eve.

—No era Paul, ¿no?

Presa del pánico, fingí no haberla escuchado. Miré a Balth, cuya expresión era una versión de la mía, dándose cuenta, demasiado tarde, de que en medio de su escaramuza jocosa, algo se había hecho añicos bajo sus pies.

Eve me agarró del brazo y me obligó a mirarla. Sus ojos me miraban como lo hacen los de los actores en las películas. Primero a la izquierda, luego a la derecha y luego de nuevo a la izquierda.

—Michaela —dijo lentamente—, ¿estás saliendo con Paul?

La franqueza de la pregunta, el hecho de que pasara tan fácilmente de la sospecha a la confirmación, demostraba que, en cierto modo, ya lo había adivinado. No dije nada. Me limité a mirarla, con la boca ligeramente abierta, y sentí el impulso de mentir.

—Por supuesto que no.

Parecía que la había abofeteado.

Dos golpes fuertes en el atril llamaron nuestra atención.

—Cuando estén listos, señoras y señores, he pensado que podríamos actuar.

Me gustaría poder decir que salí furiosa, con la cabeza alta, o que salí corriendo y llorando. Pero fue Eve quien se fue. No me miró mientras se iba.

• • •

—Eve.

Apreté el oído contra la puerta de la habitación y volví a llamar.

—Eve, por favor. Lo siento. Debería habértelo dicho antes.

La puerta se abrió. El sol se ponía a través de sus cortinas naranjas, inundando la habitación de un color oro. Ella estaba a contraluz y borrosa, una silueta ardiente.

—Lo siento —volví a decir.

No se movió, sino que se quedó con las manos en la cadera, bloqueando la puerta.

—¿Un profesor acostándose con una alumna de primer año? Es un cliché.

—Ya no soy su alumna.

Mi voz era débil. Eve tomó el relevo sin esfuerzo.

—¿Cuánto tiempo lleva pasando esto?

—Un tiempo. —Tuve que entrecerrar los ojos ante el sol, pero aún pude distinguir sus ojos: estrechos y sospechosos—. Habíamos terminado el curso y todo.

—Ah, bueno, está bien entonces. —Se dio la vuelta y la seguí.

Los montones de ropa en todas las superficies estrechaban la habitación y empapaban el aire.

Traté de cortar su sarcasmo, de lidiar con la ofensa personal.

—Debería habértelo dicho —dije.

—Bueno, sí. Me imagino por qué no lo hiciste. —Por supuesto, conociendo a Eve tan bien como lo hacía, debería haber sabido que su moral era, además de perfecta y objetiva, profundamente personal. Que yo viera el mundo de otra manera, que me moviera por él tomando otras decisiones, era una ofensa a lo que ella era y al juicio que había ejercido al elegirme como amiga.

—Obviamente esto no se trata de que me mintieras. Pero tampoco es irrelevante. Es exactamente por lo que todo esto es tan jodido.

Levantó las manos, dibujando formas violentas y caóticas. Tuve el impulso de alejarme más de ella, pero dado lo pequeña que era la habitación el gesto habría parecido inútil, como un animal enjaulado acechando el perímetro.

—Es evidente que te avergüenzas de ello, o habrías dicho algo. Te está atrapando en este retorcido y secreto…

—No estoy atrapada. Soy una adulta que consiente.

—¡De ninguna manera! —Dio un paso hacia mí—. ¿Qué tiene? ¿El doble de tu edad? ¿No hay nadie de su edad con quien pueda follar?

Me sorprendió la confianza con la que nos redujo a lo que compartíamos, a follar. Yo no podía usar esa palabra.

—No es solo sexo.

—Por supuesto que no lo es. Estoy segura de que las conversaciones son magníficas.

En mi opinión, la conversación siempre lo era. Tal vez porque ella había cortado de raíz mi orgullo, mi voz tembló cuando respondí:

—Él ha estado ahí para mí, Eve. —Los sollozos se acumularon, como una amenaza, en mi garganta—. Han sido tiempos duros.

—Michaela…

Para mi sorpresa, sus brazos me rodearon. Apoyé mi cabeza en la suya y me aferré a su espalda. Mis palabras se derramaron con lágrimas.

—Ni siquiera viniste al funeral.

Eve se apartó, sujetándome por los hombros, y estudió mi rostro, con las cejas juntas. La confusión normalmente se registra en el rostro de Eve como emoción, pero esta expresión era nueva para mí. Parecía estar realmente perdida.

—No sabía que querías que fuera. Si te soy sincera, pensé que tú tampoco querrías ir.

Las acusaciones a las que había llegado durante los últimos días se hacían patentes. Por supuesto, no se le ocurrió que podría estar afligida. Estar disgustada, sí. Perturbada, naturalmente. Pero ¿apenarse por el hombre que —a sus ojos— era un monstruo? Su cuaderno verde seguía sobre el escritorio, ocupando el lugar exacto en el desorden de su habitación que le había asignado. La ambivalencia no era un sentimiento con el que Eve pudiera empatizar. Y con Paul todavía en la habitación, acechando nuestro abrazo, sabía que si intentaba decirle lo que sentía por Nick —cómo pensaba que se equivocaba al juzgarlo tan duramente— solo me despreciaría más.

—Bueno, supusiste mal. —Fue todo lo que pude decir, entre sollozos.

Eve me apretó los hombros, antes de dejarme ir.

—Dios, qué año de mierda has tenido.

Me reí, lo que Eve debió tomar como un estímulo.

—¿Y cuándo fue que Paul…?

—¿Qué?

—¿Cuándo se te insinuó?

Me reí. Una carcajada de las grandes.

—Fue al revés. Le besé yo.

—¿Cuándo? ¿En una de vuestras reuniones académicas? —Lo dijo como si fuera absurdo.

—Fuera del pub, después de aquel estúpido evento de «Mujeres en la Filosofía».

Eve se quedó boquiabierta mientras reevaluaba su memoria. Luego, su rostro se transformó en una sonrisa. Se llevó una mano a la boca y disimuló una delicada risita. Me reí con ella. La situación parecía de repente tan improbable, y al mismo tiempo tan cómicamente inevitable, que resultaba hilarante que Eve no se hubiera enterado antes.

Seguíamos estando muy cerca. El sol estaba ahora a mi espalda, y los ojos de Eve brillaban más verdes que azules en el crepúsculo. Levantó la mano y, solo con el pulgar, me limpió una lágrima de la mejilla. La última vez que me había tocado la cara así, tan cerca, había sido con las dos manos, y las dos estábamos borrachas.

—Michaela —susurró—. ¿Cómo vamos a ayudarte?

El hilo entre nosotras, que hace un momento se sentía tan tenso, se rompió ante su tono condescendiente. Crucé la habitación para situarme junto a la puerta y, volviendo la cara, me limpié las lágrimas con la manga.

Cuando me giré Eve estaba mirando por la ventana, con el rostro iluminado por una nueva idea. Era una expresión familiar, que normalmente me emocionaba pero que ahora me daba un mal presentimiento.

—No me extraña que hayas sacado tan buena nota.

—¿Qué?

Me miró, tranquila.

—No me extraña que hayas sacado tan buena nota en el examen.

—¿Hablas en serio?

—Bueno, acababas de besarle.

—Será posible.

—Piénsalo desde su perspectiva. Te habría gustado menos si te hubiera suspendido.

—Eve…

Intentó hablar por encima de mí, insistiendo en que tenía razón.

Independientemente de que la tuviera, me opuse a su afirmación de que debía obligarme a escucharla, como si fuera una historia sobre otras personas y no sobre mi propia vida. Hablé más alto, ahogándola.

—No crees, y soy consciente de lo prepotente que suena esto y no quiero que te ofendas, per… —Respiré profundamente—. ¿No crees que existe la posibilidad de que tú seas…? Bueno, tú también estuviste en la clase de Paul, y coincidías en que es atractivo.

—Eso fue una broma, Michaela. Stalin de joven era notoriamente atractivo.

—Claro. Pero me estás diciendo que no hay ningún mundo en el que te sientas, ni siquiera en un rincón pequeñito de tu ser —me miró con tal fuerza que terminar mi frase se convirtió en un acto de voluntad—, ¿celosa?

La reacción de Eve fue lo suficientemente dramática como para permitir la posibilidad de decir la verdad.

—Vete.

Estaba tranquila; cada palabra era deliberada. Cuando me quedé boquiabierta, lo repitió, exactamente en el mismo tono, sin levantar la voz.

—Vete.

Para mi vergüenza, no pude estar a la altura de la situación. Me di la vuelta, murmurando disculpas, y cerré la puerta con suavidad, con un clic y no con un portazo.

• • •

No volví a mi habitación, sino que me dispuse a cruzar el aparcamiento, desesperada por salvar algo.

El sol se había puesto, y el atardecer era morado y gris. Él gritó mi nombre en la oscuridad.

—¿Michaela?

Balth salió de entre dos Volkswagen Golf, con sus pequeños portones blancos que brillaban a la luz de la luna.

—¿Qué haces?

—Vengo a verte —dije.

—Las grandes mentes piensan igual. Iba a verte a ti.

—Oh. —En ese momento estábamos plantados en ese espacio liminal de grava, y no estaba segura de querer ser la primera en disculparme—. ¿Caminamos?

—¿A dónde?

—¿A la pista de atletismo?

Así que nos dirigimos a la pista, con las linternas de los teléfonos oscilando, proyectando más sombra que luz en la oscuridad. Empecé yo:

—Me siento mal por lo que dije. No estuvo bien.

—No, no debería haber…

Le corté.

—No, no pasa nada. De verdad. No puedes ir por la vida sin bromear sobre los padres de la gente por miedo a que estén muertos. Al menos, no a nuestra edad.

—Bueno, si sirve de algo, lo siento mucho.

—No, yo lo siento.

—Esta debía ser mi disculpa, no la tuya —dijo.

—Ah. Me disculpo por haberte robado tus disculpas.

Me ofreció una mano.

—Acepto las disculpas.

Nos las estrechamos. Dijo:

—Nunca habría dicho nada si hubiera sabido…

—Lo sé.

— … si hubiera sabido que era una cosa freudiana. Tienes que respetar esa mierda.

Me reí, aliviada de que ya no intentara ser serio.

Era tan pocas veces sincero que ya no lo dominaba. O quizá fuera yo la que no era sincera. Al menos, la sinceridad no era el lenguaje de nuestra amistad.

Habíamos llegado a la pista y estábamos sentados, yo tirando de la hierba, él abrazando sus rodillas.

—Eve no parecía muy contenta.

—No lo sabes bien.

—¿Celosa, tal vez?

Su tono era tan ligero, su voz aguda y tonta, que tuve que reírme. Podría haber sido trivializado, pero lo encontré extrañamente tranquilizador. Consideré explicar nuestra pelea; articular por qué su opinión significaba tanto, por qué sus juicios —sobre Paul, sobre Nick— me estaban torturando. Pero estos pensamientos eran densos y pesados, y no quería romper el ligero hechizo de Balth.

—¿Podemos no hablar de ello?

—Por supuesto. ¿De qué quieres hablar?

—De nada.

Así que Balth —como solo él era capaz de hacer— no habló de absolutamente nada, hasta que se me enfriaron los dedos y me empezó a doler el estómago de la risa.

• • •

Durante los días siguientes, pensé en mi pelea con Eve desde una perspectiva más fría y menos acobardada. Cómo se atreve, pensé, a esconderse en su habitación, montando una representación para mostrarse herida. Claro que le había mentido sobre Paul. Pero ella había estado ausente, y esa ausencia me había llevado a un laberinto. No estaba del todo segura de haber conseguido salir.

El hecho de que se escondiera en su habitación, resentida por haberle ocultado lo de Paul y por acusarla de tener celos, me parecía una queja barata y sin importancia en el esquema de la vida y la muerte.

Era muy consciente de su presencia en la puerta de al lado: cambios de peso, armarios que se abrían y cerraban, el zumbido indistinto de los programas de televisión. Pero ninguna de los dos enviaba mensajes a la otra con insinuaciones o disculpas, ni siquiera con inicios de conversaciones diferentes. De hecho, por la forma en que no me llegué a topar con ella, ni siquiera en el pasillo o en el baño, tuve que asumir que nos estábamos evitando mutuamente.

Cuando Eve se puso en contacto, después de varios días de silencio y con los oídos tapados, consiguió sorprenderme. Debería habérmelo esperado.

El correo electrónico no fue enviado desde su cuenta personal, sino desde la del periódico estudiantil.

Estimada Michaela,
Me pongo en contacto contigo en calidad de periodista. Quiero escribir un artículo sobre el tema de la cultura tóxica de los colegios mayores y la misoginia interiorizada que fomentan. Me preguntaba si tendrías interés en ser entrevistada.

Saludos,
Eve Herbert Shaw

Leí el correo electrónico varias veces. Lo borré y lo volví a poner en mi bandeja de entrada. Ignoró por completo el tema de Paul. Al hacerlo, como siempre, se expresó muy bien. Si no la trataba con el respeto, la honestidad, de un confidente, si iba a ser una extraña en mi vida, entonces yo sería una extraña para ella.

Aunque solo fuera por la sensación de indignación que me produjo, me alegré de que hubiera enviado el correo electrónico.

En mi carpeta de borradores, guardé una respuesta melodramática.

He leído tu diario. Tienes que controlarte. Lo que les pasa a otras personas, lo que nos pasó a Nick y a mí, no tiene que ver contigo.

Dejarlo ahí, sin enviar, hizo que me sintiera empoderada. Como si tuviera el dedo en el gatillo.

16

Paul y yo caímos en una rutina. Una noche a la semana, normalmente el martes, tomaba el autobús a su apartamento después de la universidad y cocinábamos juntos. Yo ayudaba, pero solo para cortar y ordenar, nunca para freír. Él manejaba el wok o la sartén con la misma seguridad intuitiva que cuando gesticulaba detrás de un atril. Pero también era posesivo: ocupaba los fogones como si su masculinidad dependiera de ello.

El miércoles, que era la noche en que los estudiantes de Fairfax iban al bar, yo iba al bar. Los jueves eran lentos y dolorosos, pero eran así para todos los que habían salido la noche anterior, así que sufrir implicaba sentirse incluido. Pasé del comedor al dormitorio, llevando mis náuseas como una insignia.

El viernes o el sábado por la noche, o a veces ambos, me quedaba en casa de Paul. Tal vez porque ya no era mi profesor, o porque, con nuestra discusión en Redleaf, habíamos sobrevivido a nuestra primera pelea, quedarse en casa de Paul había perdido parte de su emoción. Se sentía menos temerariamente erótico, y rezumaba en cambio algo más parecido a la comodidad. Por supuesto, a él no se lo dije. No quería admitir que veía nuestra relación de forma tan lineal. Como una historia.

Era cuando lo veía por el campus —caminando por el patio central, o en la cola de Reggio's— que volvía un poco esa emoción prohibida inicial. Nos mirábamos a los ojos y sonreíamos. Esto me hacía sentir, de repente, unas ganas de comérmelo impresionantes. Luego nos enviábamos mensajes de texto sobre lo casualmente, lo fríamente que nos habíamos ignorado, antes de hacer planes para encontrarnos en privado.

Era en esos momentos cuando más me entusiasmaba. Cuando le veía así en público, podíamos mirarnos a los ojos como si miráramos a un desconocido y pensar: te conozco. Me parecía que había dos mundos: mi mundo privado con Paul, y el mundo más amplio, en el que lo más pequeño era un secreto. Este secreto —este mundo que nosotros habíamos creado— me distraía mucho. Durante unas semanas, olvidé que también existía el mundo en mi cabeza y el mundo en la suya. Y aunque visitábamos el mismo espacio secreto, este no era, ni nunca sería, el mismo en realidad.

• • •

Cuando entré en Reggio's, escudriñé las mesas y la cola en busca de Paul. Tomé una mesa de la esquina, y me aseguré de que mirara hacia afuera, por lo que Balthazar tendría que mirar a la pared. No creía que pudiera hacer frente a otro encuentro casual entre los dos.

Cuando Balth sugirió por primera vez que nos reuniéramos ahí, dudé.

—¿Podemos ir a otro sitio?

—¿Dónde voy a conseguir el peor café del campus?

—Exacto.

—No, tiene que ser en Reggio's. Eve no va a estar.

Tenía razón. Eve pensaba que el lugar estaba lleno de «prototipos universitarios», que era su manera de decir que no le gustaba algo. Las carreras de Derecho, por ejemplo, estaban llenas de prototipos universitarios. Al igual que todos los trabajos corporativos, el suburbio donde creció, y el gobierno australiano.

Hacía más de tres semanas que no veía a Eve. Tres semanas, por supuesto, no es mucho tiempo. Pero en la universidad, donde la compañía constante se confundía a menudo con la amistad, el tiempo adquiría una forma diferente.

Hacía unos días, había enviado un mensaje de texto a Balth para comprobar que estaba, en mi propias palabras, «viva». Me dijo que no había hablado con ella, pero que había oído que pasaba mucho tiempo en casa de Luke.

—A ver, Michaela —dijo mientras se sentaba—, esta pelea que estás teniendo con Eve…

—Balth…

Me hizo un gesto con un sobrecito de azúcar.

—No es bueno para la hermandad y, lo que es más importante, no es bueno para mí. ¿Puedes hacer las paces para que no tenga que hacer de intermediario?

—¿Intermediario? ¿Te ha preguntado por mí?

—El otro día me preguntó si te había visto por ahí.

—¿Y qué le dijiste?

—Le dije que era una pregunta muy personal y que cómo se atrevía y que sí, claro que te he visto por ahí.

—Gracias.

—¿Todo esto es por Paul? —Hizo que el nombre sonara agrio—. Muy poco elegante por vuestra parte pelearos por un hombre.

—No. Quiero decir, sí. En parte. Pero es más complicado que eso.

—¿Más complicado? —Sus ojos estaban llenos de picardía. Podría haber empezado a frotarse las manos, ya puestos.

No había ido con la intención de hablar de eso. De hecho, desde hacía semanas, había mantenido mis sospechas en secreto, asumiéndolas como una carga. Pero la frivolidad de Balth era contagiosa. De repente, sentí que mis secretos tal vez fueran obscenos: nada más que chismes de los que hablar mientras tomaba un café.

—¿Quieres saberlo? —Ya me empezaba a sentir aliviada al hablar de ello.

—Tienes que decírmelo ya.

—No puedes decírselo a nadie. Especialmente a Eve.

—Michaela. Puedes confiar en mí.

—¿Recuerdas que te dije que tuve sexo con alguien en la semana de bienvenida y que no sabía quién era hasta que Sackers lo mencionó?

—Sí —Balth sonó cauteloso.

—Fue Nick.

—¿Qué?

—Nick. Fue el chico con el que me acosté.

Su cuchara repiqueteó en el plato.

—Oh, Michaela.

Sabía, por la forma en que dijo mi nombre, que se negaría a tomar esto a la ligera. Bebí más café, por hacer algo con las manos. Su voz me inundó.

—Lo siento. No me di cuenta… Dios, pobrecita. Qué complicado.

—No, está bien. Yo solo… —Fijé mis ojos en Balth; su cara estaba tensa—. Eve siempre me decía que lo denunciara.

—¿Por qué… como agresión sexual?

—Sí. Quiero decir, obviamente estaba demasiado borracha para consentir, así que entiendo por qué ella…

—Si todavía quieres denunciarlo, obviamente yo te apoyaría.

—No, no quiero.

—¿Estás segura? Sé que sería doloroso —no hay que hablar mal de los muertos y tal—, pero estás en tu derecho.

—No, lo digo en serio. —Aparté mi taza vacía—. Ojalá hubiera hablado sobre esto con Nick. Pero, para ser honesta, creo que los dos estábamos muy borrachos y con ganas en ese momento. Fue un desastre. Quiero decir, estaba tan borracha que vomité en su papelera. Y él estaba tan borracho que usó su toga para limpiarlo. Creo que fue como el clásico rollo de una noche de borrachera que salió mal.

—Salió mal. —Balth contempló primero la expresión estéticamente, apreciando cómo sonaba. Por un momento, se relajó—. Entiendo lo que quieres decir. Supongo que, si Nick estuviera vivo, no adquiriría tanta importancia.

—Bueno, eso es lo que me preocupa.

—¿Qué?

La rapidez de su pregunta, la fuerza de su curiosidad, condujo la conversación, por fin, a un punto de cohesión. Me incliné hacia delante y bajé la voz hasta convertirla casi en un susurro.

—Eve se ha enterado no sé cómo. Ella sabía que era Nick. Me pregunto si ella habrá andado averiguando por ahí y descubrió que era él. Me pregunto si él sabía que ella estaba tras él. O tal vez incluso habló con él para decirle que lo denunciaría, como hizo conmigo. O, en su caso, sería más bien para obtener una confesión, supongo.

—Entonces... ¿qué? ¿Crees que Eve llevó a cabo una investigación?

Hice una mueca de asombro ante el «llevó a cabo». Su formalidad se burlaba de mí. Me senté más erguida.

—Quiero decir, ¿cómo podría saberlo, si no?

—Michaela, todos vivimos encima de los demás. Sackers lo sabía. Seguramente todos sus amigos de Fairfax lo sabían. Eve no habría tenido que investigar muy a fondo. —No puso comillas alrededor de «investigar», pero su tono lo implicaba.

—Sí, pero esa no es realmente la cuestión. Sackers habría pensado que era solo una historia divertida de sus amigos, que eran unos idiotas borrachos. Solo Eve lo habría visto como una violación.

—Sí, pero ya conoces a Eve. Todo es una cuestión moral. ¿No es ese su encanto? —Su sonrisa parecía minimizar mis preocupaciones, trivializándolas, en lugar de ponerlas en perspectiva.

Quería tomar las palabras físicamente y mostrárselas a Balthazar.

—Pero ¿y si hizo que Nick se sintiera culpable por ello? ¿Y si se subió a esa moto...?

—Michaela.

—¿Qué?

—Lo siento, pero eso es una locura.

—Pero...

—Mira, no sé qué más decirte. Es una locura. Quiero decir, primero, ni siquiera sabemos si lo que pasó en el parque nacional fue realmente un accidente o no.

—¡Estaba solo! ¡Puesto de MDMA!

Se acercó a la mesa y puso la mano en mi muñeca. Resistí el impulso de quitármela de encima.

—No lo sabemos —dijo—. Simplemente no lo sabemos. Además, no conocías a Nick. Créeme, fui a la escuela con él. Siempre ha tenido problemas con... —Hizo una pausa, buscando visiblemente la forma más delicada de decirlo—. Su salud mental no siempre ha sido la mejor. —La delicadeza no era el punto fuerte de Balth.

—Pero si ya era vulnerable —mi voz sonó aguda y débil—, seguramente el hecho de que alguien como Eve lo acusase de violación...

—Sí, pero ¿no ves que es demasiado complicado? No tendría sentido. Por cada factor de Eve, habrá otros que no conocemos. No estoy diciendo que estés equivocada, ¿eh?

Me burlé audiblemente, porque, por supuesto, eso era precisamente lo que estaba diciendo. Continuó, con más fuerza.

—Solo digo que no deberías señalar a Eve como tu villana.

Me sentí físicamente agotada por la cantidad de veces que Balth me había cortado. Su punto de vista se alzaba ante mí como algo sólido e impenetrable, y me molestaba la seguridad en sí mismo sobre la que estaba construido. Mantenerse tan firme y no dejarse mover... ¿Cuál era entonces el sentido de la conversación?

—¿Así que no hay ninguna realidad posible en la que sea relevante lo que pasó entre nosotros y que Eve lo persiguiera?

Suspiró y me miró con ojos nuevos, ni divertidos ni intrigados. Su rostro estaba apagado y su semblante era grave.

—Mira, Michaela. No sé qué más decirte. Un buen tío murió demasiado joven. No hay nada que contar.

• • •

Emily, Claudia y Portia no leían el periódico estudiantil. Así que cuando me desperté el lunes por la mañana con un artículo enlazado en nuestro chat de grupo, supe que debía concernirles directamente.

No fue hasta que Balthazar me envió un mensaje de texto que me sentí obligada a abrir el enlace.

Hola, solo estoy comprobando que estés bien. Estoy aquí si lo necesitas.

¡Estoy bien! (Creo??) ¿Pasa algo?

¡¿Has leído el artículo de Eve?!

Abrí el artículo en mi teléfono, tumbada en la cama. Por un momento, otro mensaje de Balth oscureció la pantalla.

Lo siento mucho. No creí que fuera capaz de esto.

El primer párrafo marcaba el tono.

Un asesinato sin resolver, de hace décadas. Una chica de dieciocho años que había sido vista por última vez al salir de casa para visitar a un chico del St. Thomas había sido encontrada muerta en la pista de atletismo de la residencia. Su cuerpo golpeado y magullado, abandonado con un montón de piedras.

Luego había historias más recientes, contadas con un estilo exacto y clínico. No hay más muertes, pero sí muchos cuerpos femeninos, maltratados y abusados.

Una chica ve su culo desnudo en la pantalla del teléfono de otra persona.

Una foto de ella, con la cabeza tapada, el trasero pálido y abierto ante la cámara. Está a cuatro patas ante un hombre, detrás del jacarandá del patio central del St. Thomas. Les han pillado. Y las pruebas fotográficas la perseguirán, implacablemente, hasta que encuentre otro lugar donde vivir.

Una chica está atrapada en un anillo de cuerpos. Suena *Eagle Rock* y los pantalones y los calzoncillos se han caído juntos. Está sola: un círculo de veinte chicos o más aletea, salta y se burla. No paran cuando la ven llorar. Se detienen cuando termina la canción.

Una chica yace en la cama de un chico desconocido, con la cara contra la pared. Al despertarse, un dolor punzante se adentra en su conciencia. Camina lentamente, con las piernas torpemente separadas, hasta la sala de urgencias del hospital, donde, después de varias horas, una enfermera le retira finalmente el tampón.

Y justo cuando el reportaje empezaba a adormecer al lector —una lista de degradación, promulgada en una única víctima sin rostro—, Eve cambió a primera persona.

«La historia de esta autora», escribió, «no es muy diferente».

Hubo partes que reconocí con una claridad espeluznante.

El rasguño de la toga; el olor metálico de la papelera; el sabor estomacal del arrepentimiento. Algunas partes —la agresión del chico, el dolor que sentía al día siguiente— eran nuevas. Estos detalles no eran necesariamente falsos. Más bien, la prosa lúcida y precisa de Eve los hacía más vívidos de lo que mi memoria podría lograr.

Al leer los párrafos en primera persona, me imaginaba a Eve, y no a mí misma, soportando el calvario. Su estilo era tan audaz y despreocupadamente filosófico, su voz encapsulaba tan perfectamente su confianza, que no era posible que las palabras evocaran otro cuerpo, otro rostro que no fuera el suyo.

Mientras vomitaba, me arrojó una toga. Quedó colgando abierta. No me cubría; subrayaba mi vergüenza. No hizo nada para ayudarme a ponerla en su sitio. En cambio, me gritó.

En las semanas siguientes, mi agresión sexual se convirtió en objeto de bromas en el campus. La gente levantaba la mano cuando pasaba y decía el nombre del chico, esperando que les chocara los cinco. Como si fuera un logro. Un privilegio.

Todo este tiempo, sus palabras resonaban. *Puta guarra*, seguía diciendo. *Puta guarra*. ¿Cómo terminé débil e intoxicada en la cama de un extraño? ¿Por qué no dije que no? ¿Por qué no me defendí?

Fui una puta guarra.

Esta autora no pretende ser objetiva. Si la objetividad requiere que mire a esos hombres y argumente que ellos también estaban borrachos, que los jóvenes no saben lo que hacen, que todo el mundo comete errores, que esos errores se cometen en todas partes y no solo en los colegios mayores, entonces, francamente, que se joda la objetividad. Ya me habéis oído. A la mierda. No me interesan los compromisos periodísticos que me obligan a fingir que veo el mundo con uno ojos despersonalizados y sin juicios.

Escribo desde la experiencia personal. Escribo desde su cama. Escribo desde su peso que me empuja. Y cuando escribo desde esa perspectiva, también veo con mis propios ojos, con mis propias percepciones morales.

Así que si vas a escribir en la sección de comentarios que estos eventos no tienen relación, que la institución no es el problema, que las instituciones no tienen su propia moral, entonces, por favor, adelante.

Libertad de expresión, etcétera.

Pero esta puta guarra no te creerá.

Cuando terminé el artículo, volví a leer las partes sobre Eve, y volví a sentirme mal por ella. Luego fui al baño y vomité. Después, me metí los dedos en la garganta y me sequé. Me senté en las baldosas, con las manos apoyadas en la fría porcelana, y me maravillé por el hecho de que me afectara más leer una historia contada sobre otra persona que reconstruir mis propios recuerdos rotos e intentar construir una imagen de mí misma.

El chat de grupo con Emily, Claudia y Portia fue implacable.

Las notificaciones me dieron la lata toda la mañana. Fueron a tomar café para discutir el artículo. Por sus mensajes, me di cuenta de que la discusión se desarrollaría en el tono reservado para el escándalo. Diseccionarían cada historia, se complacerían en los detalles más escabrosos y defenderían las partes que no parecían verdaderas, realizando una autopsia para preservar sus perspectivas, su experiencia de cómo era realmente Fairfax, como la más verdadera de todas las narraciones posibles.

Dije que no me sentía bien y me encerré en mi habitación. No respondí a Balthazar. En cambio, me quedé en la cama, muy despierta, escuchando cualquier sonido de Eve en la puerta de al lado, estremeciéndome al menor movimiento.

Los temores que había albergado desde que leí el diario de Eve —temores que Balth había intentado disipar— volvieron a aparecer con esos detalles precisos, plasmados en primera persona, pero, aun así, cruelmente ciertos. Nunca le había hablado del vómito, ni de la papelera, ni de la bata. Mi sospecha de que Eve había hablado con

Nick antes de que muriera se convirtió en una convicción, sin la satisfacción de estar en lo cierto. Más bien, me sentí enferma y fría al ver confirmados mis peores temores. Me acurruqué más bajo las mantas.

Aunque el artículo de Eve no nombraba a Nick, arrastraba su persona, sus acciones, peligrosamente cerca del centro de atención. Sin Nick aquí, ¿quién podía refutar las afirmaciones de Eve? *A la mierda la objetividad,* había dicho ella. La objetividad, en este caso, hacía tiempo que había muerto.

Busqué el consejo de redacción del periódico estudiantil. El único miembro que reconocí fue Luke, su rostro severo y engreído en la foto en blanco y negro de la página web. Contemplé la posibilidad de ponerme en contacto con una de las editoras y decirle que Eve estaba mintiendo. Al representar esta conversación en mi mente, se desvaneció rápidamente en el absurdo.

—Entonces, ¿lo que dice es cierto?

—Sí, pero me pasó a mí, no a ella.

—Lo siento mucho.

—No pasa nada.

—¿Y te parece bien que lo denunciemos?

—No quiero denunciar ni nada. Solo quiero que sepáis que no le pasó a Eve.

—¿Pero sí pasó?

El hecho de cambiarme por Eve no alteraba la naturaleza de la historia, su carácter oscuro, sobre todo porque yo era incapaz de sustituir ninguno de sus detalles por los míos. No recordaba que Nick me hubiera llamado *puta guarra*. De hecho, nunca supe que albergara ningún tipo de sentimiento cruel. ¿No se había sentado a fumar y a preocuparse de que sus amigos no tuvieran vida interior? ¿Quién era esa persona, ese Nick que yo conocía, sino un hombre con conciencia? Pero no podía superponer la historia de Eve con mis propias percepciones anecdóticas, acumuladas a lo largo de otras interacciones no relacionadas, con lo cual... ¿qué? ¿Defender al hombre que supuestamente me había agredido? Aun sabiendo que no podía corregirla, miré al techo hasta que mis ojos dibujaron formas en él, y contemplé la posibilidad.

• • •

Los días se alargaban. Cuando Paul llamó y me preguntó qué iba a hacer para cenar, casi lloro de alivio. Pensé que verle sería, al menos durante unas horas, vivir una vida diferente, ir a un lugar donde las palabras de Eve no fueran el trasfondo constante de mis pensamientos.

Habíamos terminado de cenar en la mesita de su balcón. Sentada con una pierna cruzada sobre la otra, apoyé el hombro en la barandilla y bebí un sorbo de cerveza. Era una cerveza negra que Paul tenía en la nevera. No me gustaba mucho el sabor.

Hubo una pausa en nuestra conversación y me esforcé por escuchar el océano.

—Ese artículo sobre Fairfax en el periódico de los estudiantes lo ha petado hoy.

Bebí un gran trago.

—No sabía que leías el periódico estudiantil.

—Normalmente no lo hago. Pero normalmente no tengo ningún interés en lo que pasa en Fairfax.

Quería hablar de cualquier cosa, cualquier cosa, excepto del contenido de ese artículo, y de cómo podría o no reflejar mis intereses. Me sorprendí a mí misma por la despreocupación con la que respondí.

—Conozco a la chica que lo ha escrito. Creo que le das clase, de hecho.

—¿Eve Herbert Shaw? ¿Cabeza afeitada con un fino cabello blanco? —La pausa entre cada pregunta era forzada, como si fuera posible conocerla sin darse cuenta de su aspecto.

—Sí. Se le permite asistir a tu clase, ya que no se acuesta contigo.

Me dio una patada en la pierna por debajo de la mesa.

—Y su pelo era rosa la última vez que la vi, pero creo que sí has acertado.

—¿Seguro que sois amigas?

—Tuvimos una pelea —dije—. No nos hablamos desde entonces.

—¿Ah, sí? ¿De qué se trata? —Paul se puso de pie y fuimos a la cocina a lavar los platos.

No le miré mientras raspaba mi plato sobre la papelera. Hacía semanas que no hablaba con Paul acerca de Nick. Lo que pasó entre nosotros —mi recuerdo borroso y el relato visceral de Eve; el misterio, que aún me asfixiaba, de cómo llegó a saberlo; lo que Nick podría haberle contado— necesitaba mantenerlo al margen de Paul. Así que dije:

—Sobre ti, en realidad.

Oí cómo el plato se estrellaba en el fregadero. Tal vez haya sido más fuerte en mi cabeza, porque cuando me volví, Paul lo estaba enjuagando con mano firme.

—¿Sabe lo nuestro?

—No se lo he dicho, por supuesto. Simplemente salió a la luz, después de que nos encontráramos con mi amigo en la playa ese día.

—Bien. —Dejó la esponja y se quedó inmóvil, mirando el agua jabonosa.

—Lo siento.

Se limpió las manos en un paño de cocina y se lo quité. No me miró.

—No pasa nada —dijo—. No es tu culpa. Es lo que hay.

¿Qué hay?, quise preguntar. Pero no dije nada. En su lugar, fui secando los platos que me iba pasando.

—Bueno, esta historia que ha contado en su artículo: muy valiente. Imagino que ha causado un gran revuelo. —Su voz era tensa, se tambaleaba hacia la inflexión ascendente. No dije nada, y él trató, de nuevo, de hacer avanzar la conversación—. La gente debe estar molesta con ella.

—Sí. Un poco lo estamos.

—¿*Estamos*? —Me miró, sonriendo. Había captado el aroma de un debate. —Pensé que no te gustaba mucho Fairfax.

—Bueno, esa es la cuestión. Pensé que no me gustaba. Quiero decir, siempre supe que la cultura era bastante atroz, pero supongo que no sostenía nada parecido a su indignación moral.

—Es donde vives. No puedes estar indignada todo el tiempo.

—Supongo que podría mudarme.

—¿A dónde?

Había terminado con los platos y observaba cómo limpiaba la encimera. Su pregunta no contenía ningún indicador de que fuera una invitación: su apartamento era estrictamente el escenario, no el tema de nuestra conversación.

—No lo sé —dije—. Supongo que no tengo otro sitio al que ir.

Más tarde esa noche, cuando la cabeza de Paul bajó más allá de mi estómago, la agarré con las dos manos y la volví a subir. No dije explícitamente que no, pero lo entendió. No preguntó por qué. En realidad, yo no sabía por qué, excepto por un instinto que me decía que no merecía esa clase de placer. Estar allí, indefensa y retorciéndome, mientras él enterraba su cara en mí y me lamía y acariciaba me parecía vergonzoso y egoísta. Como un robo. Que a él pudiera darle placer darme placer era algo que no sopesaba.

Por capricho, le dije que me estrangulara. Puso una mano en mi garganta, pero no apretó de verdad. Cerré los ojos y no volví a pedírselo.

Me quedé despierta durante horas, tratando de ponerle nombre a esta increíble pequeñez; esta sensación de estar rota y frágil, y tan totalmente en manos de Paul. Cuando finalmente me quedé dormida, mis sueños me encontraron con conferencias enteras de mujeres de su edad a quienes les gustaba leer y que encajaban mejor con él. Todas tenían un cabello suntuoso y unas elegantes gafas en las que basaban toda su personalidad. Sus rostros se parecían a los de Eve.

17

Portia pensó que todos necesitábamos un descanso.

—Sobre todo Emily —dijo.

Claudia y yo estuvimos de acuerdo. Estuve muy de acuerdo cuando me di cuenta de que los padres de Portia tenían una casa en la playa.

En el coche de camino a Palm Beach, hablaron de Eve en tonos que habrían hecho brotar lágrimas de frustración —polémicas y resentidas— de sus ojos. Durante semanas, la conversación se había centrado en el drama personal, como si ella no hubiera hecho ningún apunte político. Claudia había decidido, el día en que se publicó el artículo, que Eve tenía algo contra Fairfax: que no lo había pasado bien. Esto no se intuía por el «tiempo» tan gráficamente descrito en el artículo, sino por el hecho de que lo escribiera. Claudia percibió en el artículo de Eve algo deliberado, incluso vengativo. No se leía como una experiencia revivida, sino como una remodelada con un propósito.

Cuál era ese propósito —quién la había cabreado— era el tema de especulación favorito de Claudia. A su favor, no podía culpar a su instinto de falta de autenticidad.

—Debe tener un problema con alguien. —Claudia se dirigió a todo el coche.

Como siempre, no dije nada. Mi silencio se había vuelto característico en estas conversaciones. Era malinterpretado como lealtad, al menos por Emily, que solía presionar a Claudia, con los ojos abiertos, para que lo dejara. Esto era difícil de conseguir hoy, con Claudia en el asiento delantero, con los pies en el salpicadero, y Emily conmigo en la parte trasera.

Suponían, erróneamente, que yo había hablado con Eve después de que publicara ese artículo.

No tenía intención alguna de exponerla públicamente. No podía revelar su historia como mía sin revelar que también era la de Nick. Pensé en la cortesía de Emily la mañana después del baile, cuando se enteró de que me había acostado con Nick, cuando no se permitió la indulgencia de sentirse herida, pero tampoco lo había superado. Me dolía el estómago, pensando en el dolor que había sentido entonces y en la pena que había soportado desde ese momento.

Sabía, aunque con un profundo temor, que este dolor solo se reproduciría y mutaría si ella veía la escena, como yo lo hacía ahora, a través de la lente del disgusto de Eve.

Así que cualquier cosa que le dijera a Eve solo podía ser personal. Nada de amenazas ni de segundas intenciones por mi parte; nada de compromisos para corregirla. *¿Cómo has podido?* podría ser un comienzo. *¿Cómo te atreves?* Pero cuando me imaginaba este tipo de conversaciones, no podía ver más allá de la línea de apertura. Todas las cualidades que me atrajeron por primera vez hacia Eve ahora me alejaban de ella. Su inteligencia, su confianza, su elocuencia: eran obstáculos. Cualquier cosa que yo sintiera, por más que me doliera, ella tendría refutaciones listas, justificaciones que no podría superar.

Si la viera, supuse, me vería obligada a hablar. Mientras tanto, supuse que me evitaba, y esperé, paralizada, a que las circunstancias me obligaran a moverme.

En el asiento delantero, Claudia continuó:

—Lo que le ocurrió fue obviamente horrible y tal, pero el artículo fue demasiado.

Portia asintió.

—Lo de *puta guarra* fue pasarse.

Disfruté del eufemismo.

—Esa parte sí que me resultó difícil de creer. En plan, todo lo que pasó en ese encuentro fue horrible… —Claudia hablaba rápido, como siempre hacía cuando se preparaba para un *pero*— y, obviamente, estaban demasiado borrachos, pero lo de gritarle me pareció muy cruel. Sonaba a que era un matón.

—Creo que ese tipo de chicos pueden llegar a ser muy crueles. —dijo Emily en voz baja.

Claudia bajó el volumen de la radio y le pidió que repitiera.

—No creo que sea inconcebible que un chico del St. Thomas sea cruel.

Las palabras de Emily, aunque inseguras, me ahogaron. Era nauseabundo oírla hablar del chico de la historia de Eve, de lo que era capaz, como si no fuera el mismo chico al que ella amaba, sino un tipo sin rostro.

Me giré hacia la ventana. Estábamos conduciendo por el túnel del puerto. Con paredes sucias por todos lados, no podía fingir que estaba admirando las vistas. Apoyé la cabeza en el cristal y cerré los ojos.

Claudia no se volvió para mirarnos, sino que habló hacia el parabrisas.

—No digo que sea inconcebible ni mucho menos. Sé que su comportamiento puede llegar a extremos peores de lo que cuenta Eve porque cuesta que les pillen y les llamen la atención.

Le envié un mensaje a Balth en un intento por salir de la conversación.

Estamos hablando del artículo de Eve.

¿Quiénes?

Claudia, Portia, Emily…

Debe ser agradable tener algo de qué hablar.

¡Ja!

Seguro que le están agradecidas.

Por supuesto. Agradecidas de haber sido liberadas.

¿Acaso no estamos todos igual?

Podía sentir que Emily me miraba. Guardé el teléfono y mantuve la pantalla sobre mi regazo para sentirlo vibrar si Balth volvía a enviar un mensaje de texto. Claudia concluyó desde el asiento del copiloto:

—Me pareció un poco exagerado que intentara establecer un vínculo causal entre su experiencia en la semana de bienvenida y ese asesinato de hace décadas.

La coleta rubia de Portia se agitó cuando se volvió hacia Claudia. Atrapé la mirada de Emily y resistí el impulso de imitarla con la boca cuando dijo:

—Espera. ¿Qué?

—Habló de ambas cosas en unas pocas líneas de diferencia.

Portia mantuvo los ojos fijos en la carretera.

—Esa es una falsa equivalencia, no una relación causal.

Ahogué una sonrisa.

Emily me puso la mano en el brazo.

—¿Has hablado con ella, Michaela?

—¿Qué?

—¿Has hablado con ella? Sé que sois amigas. —Esto era tan predecible: que Emily se preocupara por los sentimientos de otra persona. No lo encontré conmovedor—. ¿Está bien?

—Sí. Está bien.

—¿Así que has hablado con ella? —La pregunta de Claudia desde el asiento delantero era más por investigar que por preocupación.

—La verdad es que no.

—Creo que ya se ha mudado.

Claudia se dirigió a Portia.

—¿Qué?

—Sí, el otro día la vi con todas sus cosas en el aparcamiento. Un chico la estaba recogiendo. Parecían un montón de cosas. La cantidad propia de una mudanza.

Traté de controlar mi expresión.

Durante el resto del viaje, me quedé pensando en la imagen de la habitación vacía de Eve. A pesar de que pasaba la mayoría de las noches en casa de Paul, y de no haber intentado contactar con ella, había dado por sentado que tendríamos la oportunidad de hablar. Si hubiera pensado que me estaba evitando, podría haberme consolado diciendo que esa estrategia era una prueba de cobardía. En cambio, sentí que se había escabullido, fuera de mi alcance. Tan rápido que ya no podía agarrarla bien. Meses atrás, habría sido impensable que se fuera sin despedirse. Sin embargo, aquí estábamos: una partida silenciosa; una habitación vacía. Sin rastros de una amistad.

• • •

Siempre había pensado que la belleza natural, como una rosa o una puesta de sol, era edificante. Seguramente nos enseñaba algo sobre la bondad, sobre el sentido de estar vivos, de perdernos en el placer irracional y estético.

Eso fue así hasta que contemplé la vista de Palm Beach y Pittwater desde la casa de playa de los padres de Portia en lo alto de la colina. El agua brillaba a ambos lados de la península; la arena no era blanca, sino amarilla, como si hubiera absorbido la luz del sol. Era tan bonito que resultaba satisfactorio.

—Puaj —solté, y todo el mundo se rio sin levantar la vista de las fotos que estaban haciendo con sus teléfonos.

El viento me estaba secando el pelo corto. Antes, en la playa, solo Emily y yo nos habíamos metido en el agua. En la casa, las dos nos duchamos por turnos bajo unas alcachofas plateadas y grandes como platos y usamos el jabón corporal Aesop que había en el suelo de baldosas de mármol. Salimos oliendo como un par de gajos de mandarina recién pelados y nos reunimos con Claudia y Portia en el balcón.

—Tus padres han sido muy amables al dejarnos quedar aquí —dije.

Portia estaba admirando la vista a través de la pantalla de su teléfono.

—No te preocupes. Están contentos de que alguien lo use.

Sabía que lo decía para que me sintiera más cómoda, pero me pareció una forma espectacularmente informal de hablar de una casa. Como una prenda de vestir, que entra y sale de uso, en contraposición a una propiedad que puede alquilarse, hipotecarse o heredarse. Pensé en mi madre, en la forma en que a veces decía «gente rica», con una sonrisa divertida y de superioridad, como si se refiriera a una secta.

Los chicos se retrasaron y llegaron al atardecer. La vista se desvanecía en sombras violáceas, y el océano se hacía más fuerte con cada ola que pasaba.

Los chicos cocinaron salchichas, y Portia preparó guacamole con semillas de granada, y una ensalada con berenjena y queso feta. Nadie mencionó el artículo de Eve. Habíamos acordado en el coche que nada podía acabar antes con el buen rollo que invitar a los chicos a reflexionar. En este caso, yo estaba muy feliz de abogar por mantener el buen ambiente.

Cuando iban por la mitad de su primera caja de cervezas, los chicos empezaron a hablar de Nick, como siempre hacían: brindando por él y bebiendo más. La noche era fría, así que nos trasladamos al interior y brindamos por Nick desde los enormes sofás de lino del salón.

Se habló de drogas y se llamó a un traficante, y cuando Sackers fue a encontrarse con él en la calle, Emily se deslizó por las puertas correderas de cristal hacia el balcón. Yo la seguí.

Nos pusimos una al lado de la otra, frente a las vistas, aunque estaba demasiado oscuro para distinguir el horizonte. Solo se veían diferentes tonos de púrpura intenso, iluminados por una luna pálida.

—Ojalá no hicieran eso —dijo Emily.

Ese mismo día, cuando estábamos en la playa azotada por el viento, Emily fue la primera en meterse en el agua. En cuanto el mar le llegó a los tobillos, se zambulló de cabeza en la espuma blanca. Nadó más allá de la rompiente, hasta que me pareció ver una aleta y le grité que volviera.

Cuando salimos, nos reíamos y yo jadeaba, pero Emily tenía esa mirada familiar, casi infantil, en los ojos. La mirada que decía: vamos a hacerlo otra vez. En contraposición a la cortesía de Emily, que por lo demás se autoabastecía, estaba su apetito voraz, casi egoísta, por la diversión: por la espontaneidad como un fin en sí mismo. Los pensamientos se convirtieron en acciones en el mismo aliento embriagador. *Vamos a nadar. Vamos a Macca's. Vamos a tomar otra copa.*

Y, a diferencia de muchas personas que conocía (incluida yo misma, a veces), ser divertida no era un rasgo que cultivara de forma consciente, como ser guapa o divertida, para hacer más deseable su compañía. Para Emily, era un estado del ser, tan natural e inconsciente como estar cansada o hambrienta: un picor que había que rascar. Los riesgos que asumía —beber otro chupito; nadar unas cuantas brazadas más; subirse a la parte trasera de la moto de Nick— los asumía con una premura instintiva y una indiferencia a ser observada.

Todo ello me hizo seguirla, preocupada, cuando salió de la habitación. Normalmente, cuando las drogas estaban sobre la mesa, se inclinaba, sonreía y decía:

—¿Queda algo para mí? —Aunque sabía muy bien que, para ella, no quedaba nada.

Estaba mirando el mar.

—Quiero decir, no quiero ser esa persona, pero Nick iba drogado cuando murió.

—Son todos idiotas —dije.

—Sí lo son, ¿verdad?

El océano era difícil de ver. Parecía sólido, como arena de un color más oscuro.

—A Nick le habría encantado este fin de semana —dije.

—No paro de pensar en eso. —Apoyó la cabeza en la barandilla, con la columna vertebral curvada. Luego se enderezó y se giró, de modo que el océano estaba a su espalda, y se puso de cara a mí. Pero no de forma agradable—. Cada vez que empiezo a divertirme, incluso hoy en la playa contigo, pienso: ¿por qué me merezco esto? ¿Cómo puedo andar por ahí, bajo el sol, cómo puede ser un día tan bonito, y que él no pueda disfrutar de nada?

Se me secó la boca.

—Lo siento.

—Debería haberle ayudado más. Solía estar tan callado; a veces no podía hablar, no correctamente, no realmente, durante días enteros. Y yo daba por hecho que quería romper conmigo o algo así. Asumía que era por mí.

—Eso nos pasa a todos.

—De todos modos… —Se cruzó de brazos y volvió a mirar a la península. El viento le acarició el pelo—. Hablemos de ti. ¿Cómo estás?

—Oh, ya me conoces. No hay nada que contar.

—Por favor. —Me miró de nuevo, y pensé que nunca la había visto tan triste. Como si no le saliera ya ni llorar—. Por favor, cuéntame una historia.

—Bueno, estoy saliendo con alguien.

—¡Uf! —Se estiró más allá de la barandilla—. Eso era lo que quería escuchar. ¿Quién?

Durante semanas, había sentido que lo que Paul y yo compartíamos era tan frágil como mi imaginación. Como si contárselo a alguien más solo confirmara que me lo había inventado. Pero cuando se lo conté a Emily, me pareció tan real, más real que esta casa de esquinas curvas con sus vistas impresionantes.

Cuando le conté cómo nos habíamos conocido Paul y yo, en lados opuestos de un aula, me preparé para su reacción. Un grito de sorpresa. Tal vez un chillido de placer, al imaginar cómo sonaría la historia cuando la contara más tarde.

En lugar de eso, entrecerró los ojos y se inclinó un poco más.

—¿Te gusta?

—Me gusta. —En cuanto lo dije, me di cuenta de que era totalmente cierto. Y ahora más aún porque lo había dicho en voz alta.

Ella sonrió.

—Eso es genial, Michaela. Me alegro por ti.

A través de las puertas correderas de cristal, pude ver a Sackers sacando un plato del microondas. Los demás estaban inclinados sobre la isla de mármol de la cocina como si fuera un abrevadero.

Emily tocó mi mano, que estaba apoyada en la barandilla.

—¿Sabes lo que deberíamos hacer?

Sacudí la cabeza.

—Vamos a darnos otro baño.

—¿Ahora? ¿No es peligroso?

Pero ella ya había sacado su toalla de la barandilla. Bajaba los escalones de piedra, cruzaba la carretera y luego la arena, y se adentraba en la gran negrura retumbante, con o sin mí.

• • •

El fin de semana en Palm Beach fue el primero en todo el semestre que no me quedé al menos una noche en casa de Paul. Cuando le dije que me iba, se rio de mí.

¿Palm Beach? ¿Qué eres? ¿Una socialité?

Jaja. Es la casa de mi amiga.

Ojalá mis amigos tuvieran casas en la playa.

Tú eres ese amigo, Sr. Apartamento Bondi.

Borde pero merecido. Entonces, ¿cuándo volveré a verte?

¿En algún momento de la próxima semana?

Lo cierto es que tenemos un profesor invitado
esta semana, así que estoy más libre durante el día.

Podemos quedar para comer el martes, ¿no?

Suena bien. ¿Dónde?

¿Nos vemos en mi despacho? 1?

Nunca habíamos quedado en el campus. Supuse que se trataba de la escalada natural de nuestra relación que, desde hacía semanas, se sentía menos como una secuencia de citas y más como un hilo consistente; una parte de mi vida. En todo caso, me decepcionó que saliéramos del secreto a la luz del sol. Me parecía el final de un capítulo que había devorado demasiado rápido, uno que debería haber saboreado.

Seguimos la familiar y estrecha escalera hasta su despacho. Colocó su botella de Coca-Cola sobre el escritorio, donde sudó y dejó un anillo de agua en la madera.

Como si fuera una alumna, me senté en la silla frente a su escritorio. Paul se situó al otro lado. En un momento de locura y pánico, pensé que quizá todos aquellos meses que había entre nosotros habían sido fruto de mi imaginación, y que realmente era solo mi profesor.

—¿Pasa algo? —pregunté. Él miró por la ventana de hierro forjado y se rascó la barba—. ¿Paul?

Colocó ambas manos sobre el escritorio.

—Creo que tenemos que dejar de vernos.

Mi respuesta fue tan inmediata que fue como si, no sé cuándo ni cómo, lo hubiera visto venir.

—¿Estás de broma?

—Nos precipitamos desde un principio y ha durado demasiado.

—Estás de broma.

—Michaela, yo no bromeo con estas cosas.

—¿Y me has llamado para que viniera a tu despacho para decirme esto?

—Pensé que debía hacerlo en persona. Y me pareció que era un poco contraproducente organizar una reunión fuera del campus para pedirte que tuviéramos una relación más profesional.

Me levanté y fui al otro lado del despacho. Quería que hubiera el mayor espacio posible entre nosotros. Me apoyé en su estantería, con la mano en un grueso y polvoriento volumen. De reojo, vi cómo el dibujo a carboncillo de un torso femenino desnudo se reía de mí.

—Claro, porque esto es muy profesional —dije—. Romper con una estudiante en tu despacho.

—Lo siento.

Le miré. Tenía las manos a los lados y estaba de pie, sin fuerzas, detrás del escritorio. Parecía tan inútil.

—¿Esto es por lo que te dije sobre Eve? ¿Lo de que sabe lo que tenemos?

—Claro que no.

—Claro, claro no está. Pareció preocuparte bastante.

—Por supuesto que me preocupó, pero no por la razón que crees. Cuando me contaste lo de tu amiga, me enfrenté...

—¿Te enfrentaste? ¿Tú?

Sus manos, firmes y expresivas, ya no estaban a sus costados. Fue extrañamente reconfortante verle tan alterado. Me hizo sentir que al menos esto era difícil para él también.

—Hizo que me enfrentara a lo mucho que te estoy pidiendo: tener una relación del tipo que sea con alguien mucho mayor. Por supuesto que está afectando a tus amistades.

—Bien. Así que te preocupa mi amistad con Eve, no su entusiasmo por el periodismo. Valentía, creo que lo llamaste.

—No es solo Eve, obviamente.

Me molestó la fluidez con la que pronunció su nombre, como si le resultara familiar y lleno de asociaciones. Me pregunté hasta qué punto la conocía, si pensaba que era brillante. Había más de cien estudiantes en su curso. No los conocería a todos por su nombre.

—Tienes dieciocho años, Michaela. Todavía estás en primer año, por el amor de Dios. Deberías estar saliendo todos los fines de semana, cometiendo errores...

Me acerqué y apoyé las manos en el respaldo de la silla, la silla en la que me había sentado como alumna suya.

—Vaya, eso es muy honroso por tu parte. Qué buen tipo. —Mi sarcasmo era estridente, no me reconocía—. Estoy segura de que el hecho de que estés gravemente comprometido profesionalmente por haberte acostado con una estudiante adolescente ni siquiera se te ha pasado por la cabeza. Has estado demasiado ocupado pensando en mi bienestar.

—Por supuesto que se me ha pasado por la cabeza. Siempre he aceptado esos riesgos. Es que... creo que si tuviéramos una relación seria, que fuera más allá de lo que tenemos ahora, tendrías que sacrificar mucho. Ni siquiera te das cuenta de los sacrificios que tendrías que hacer porque eres muy joven. Pero créeme, el tipo de vida que tendrías como mi pareja, y el tipo de vida que tendrías con un veinteañero normal, son muy diferentes.

—Guau.

—¿Qué?

—Guárdate ese paternalismo de mierda. No sé lo que estoy sacrificando porque soy muy joven.

—Es que no lo sabes. Es un hecho real, no estoy siendo paternalista.

—Bueno, siento que sí lo estás siendo. Parece que me consideras muy inmadura, de repente.

Paul se apoyaba ahora en el escritorio con ambas manos, como para estabilizarse.

—Nunca, nunca he pensado que fueras inmadura. Siempre te he admirado. Ya lo sabes. Creo que eres brillante y... —Dudó. Me dolía vorazmente la espera hasta la siguiente palabra—. Y hermosa, y obviamente tienes mucho potencial, pero esto fue un gran error. Lo siento. Fue muy inapropiado. No sé en qué estaba pensando.

Dicho eso, se sentó en su escritorio, con la cabeza entre las manos. Posando para un retrato de arrepentimiento.

—Esto no quita lo inapropiado, te das cuenta, ¿no? —Odié la forma fría y cortante en que había dicho «inapropiado». Como si estuviera evaluando objetivamente el comportamiento de otro. No había culpa en ello, solo absolución. Sabía lo que había hecho mal. Como si el autoconocimiento fuera consecuencia suficiente. ¿Qué más se puede pedir a un hombre, además de que reconozca sus errores?

Pero no quería que se abanderara lo de «inapropiado» con tanta tranquilidad. Quería forzarlo, como una camisa de fuerza, mientras se retorcía y pataleaba hasta que se viera obligado a someterse.

—Tenemos que ponerle fin, Michaela.

—Poner fin no significa borrar. No significa que hayas hecho lo correcto.

—Al menos significa que he dejado de hacer lo incorrecto.

—No, para nada. Lo que has hecho ahora, además de joder con una adolescente, es joder sus sentimientos. —Pronuncié las palabras en pequeños y violentos golpes, como si pudiera grabarlas en su mente. Dejé que florecieran para que le mostraran que me había tratado mal, y que palpitaran para hacerle sentir que era él quien había abusado de mí.

—No eres una adolescente.

—Tengo dieciocho años.

—Eso es ser una adulta.

—Creía que odiabas las discusiones sobre semántica.

Paul no podía ni mirarme. Bajó la cabeza. En el silencio, la adrenalina me recorrió. Me di cuenta de que nuestra conversación había adquirido un ritmo impersonal y combativo. Estaba encontrando un placer enfermizo en mis propias respuestas.

Paul levantó la vista hacia mí. Su rostro estaba hueco, sus ojos vacíos.

Bajó la mirada y tragó saliva. Por un momento, pensé que iba a llorar. Pero continuó, con los ojos secos.

—No quiero que me odies.

Mi alegría se disipó. Estaba suplicando. Sentí que si pudiera moverse, estaría temblado. Yo seguía de pie y, al mirarlo desplomado sobre el escritorio, sentí el impulso de acercarme y consolarlo.

—No te odiaré, Paul —le dije. Y luego, sin intención de herirle, sino porque creía que le debía la verdad, añadí—: Es casi seguro que estaré resentida contigo.

—Ah. —lo dijo como si fuera un grito ahogado, como si le hubieran dado un golpe.

—Es mucho pedir que exijas que recuerde toda esta saga con cariño.

Esta vez, cuando levantó la vista hacia mí, estaba llorando.

—Yo lo haré.

Se me hizo un nudo en la garganta.

—No creo que haya nada más que decir.

Me fui antes de que pudiera responder, pasando por última vez bajo las gruesas y generosas curvas de aquel retrato al carbón.

• • •

Bajé corriendo las escaleras y disfruté del torrente de lágrimas que atestiguaba mi dolor. A un ritmo endiablado, bajé por Glebe hasta llegar a la orilla.

Mirando hacia el agua —el Harbour Bridge sentado bajo el Anzac Bridge como un niño— dejé que mis pies colgaran y me vi como un objeto dañado y roto.

Pensé en llamar a mi madre.

Un hombre demacrado, con su calva afeitada y llena de baches asomando por una bolsa de basura, con la boca ancha y húmeda, gritó al pasar:

—Eres hermosa. Dios te ama.

Me reí. Preocupada, tal vez, de que me sintiera halagada, una mujer que paseaba un shih tzu me gritó:

—Se lo dice a todo el mundo.

El lado oeste de la ciudad estaba bruñido de oro allí donde reflejaba el sol de la tarde. Me arrepentí de mi conducta: cómo le había arañado con réplicas distantes, como si fuéramos simples compañeros de conversación, adoptando puntos de vista opuestos para el deporte verbal. No fue lo suficientemente bruto. Ahora me daba cuenta de que lo único que había hecho con mi compostura era demostrarle lo mucho que me importaba. Al tratar de adoptar una posición analítica, de situarme por encima y al margen de mi ruptura y de mi desprecio, había actuado —incluso diría que me había degradado— por su aprobación.

Llorar, dar un portazo, quizá golpearle en el pecho con los puños cerrados, como haría una mujer despechada en una película extranjera… Todas estas opciones habían sido pasadas por alto. Habrían sido vías histéricas, pero al menos habrían expresado mi emoción.

Podría haberla poseído entonces, ser la autora, y él habría sido un intruso. En lugar de eso, había hablado como si estuviéramos practicando esgrima, y él fuera mi respetado oponente.

Llamé a mi madre. No le hablé de Paul. La piedra angular de mi floreciente sentido de la adultez era una pequeña caja etiquetada: *Cosas que mi madre no necesita saber*.

Le dije que me alegraba oír su voz y ella, aunque creo que ya sabía la respuesta, me preguntó cómo estaba. Le dije que estaba dando un paseo y le describí lo impresionante que era la ciudad desde aquí, y me dijo que cuando me visitara la llevara allí.

Nuestra conversación fue como un abrazo, y sin ningún tipo de incitación empecé a llorar. Como las madres siempre lo hacen, estoy segura de que ella intuyó que se trataba de problemas con un chico. No me lo preguntó explícitamente, pero justo antes de colgar, me dijo que era preciosa y que me quería.

• • •

La noticia de que Paul y yo habíamos roto puso a Balthazar de un humor particularmente alegre. Tan alegre, de hecho, que parecía abrumar su capacidad de empatía, al tiempo que hacía que mi enfurruñamiento fuera más negro e indulgente en comparación. Así que le dije que estaba estudiando mucho y quedamos en volver a vernos cuando terminaran los exámenes.

Aquel semestre no tenía exámenes, solo redacciones, con fechas de entrega más tardías que las de cualquiera de mis amigos. Me pasaba la mayor parte de los días en la biblioteca. A eso de las cuatro de la tarde, el odio a uno mismo y el aburrimiento culminaban en dos o tres horas de estudio. Hasta entonces, vagaba por Internet y me compadecía de mí misma. Repasaba viejos hilos de mensajes con Eve, y con Paul, con una mirada más crítica que cualquiera de mis lecturas prescritas. Aunque al principio leí los textos de Eve con un entusiasmo vengativo en busca de los primeros signos de traición, después de varios días me di cuenta de que sentía algo más parecido a la nostalgia.

Me planteé enviarle un mensaje.

Paul ha roto conmigo.

Sabía que, si emprendíamos la actividad juntas, odiar a Paul podría resultar potente y seductor. Incluso podría ser la restauración de nuestra amistad. Primero, tendríamos que abordar su artículo. Tendría que aceptar que Eve utilizara mi historia, si no como algo bueno, al menos como algo hecho por las razones correctas. Esto no parecía imposible. Pero lo que sí parecía insoportable era añadir a esta indignidad su piedad. Se apresuraba a condenar a Paul; a protegerme; a encerrarme en su anguloso abrazo. Pero sus tópicos estarían impregnados de petulancia, de un tufillo a «te lo dije».

Me imaginé diciéndole que Paul había terminado lo nuestro porque nuestra relación era «inapropiada». Una mirada de horror expresaba su simpatía. Pero el movimiento de su boca, evitando una sonrisa, reveló que su compasión era, al menos en parte, interesada.

Eve era la única persona que conocía a Paul como nuestro profesor. Emily y Balthazar, y probablemente muchos otros, lo sabían como un hecho anecdótico, pero Eve lo había conocido, había ido a sus clases. Así que fue precisamente porque necesitaba no solo compasión, sino también indignación moral, que, incluso después de todo lo que había hecho, me encontré llorando tanto por ella como por Paul.

Cuando narraba nuestra relación —cuando le dije a Emily, por ejemplo, que el hombre del que había hablado en Palm Beach era solo «una falsa alarma»— fue con la lengua de Eve: para situar a mi audiencia en la posición de confirmar, como haría Eve, que había sido maltratada. No incomodada, ni herida, sino agraviada. Los hombres eran unos cerdos y yo, siendo una mujer, era una entrada más en la vasta base de datos del sufrimiento femenino, siempre conectado, siempre creciente, un universo propio, más grande que Internet.

En todos los relatos posteriores, el hecho de que él fuera mayor y, sobre todo, mi profesor, fue lo que hice resaltar. Fue así:

YO: Me acosté con mi profesor de Filosofía. (Con énfasis) Mi profesor de primer año.
AMIGO: ¿Qué edad tenía?
YO: Unos cuarenta.
AMIGO: (Atónito) Vaya, qué asco.
YO: Sí, ¿y sabes cómo acabó?
AMIGO: ¿Cómo?
ME: Diciéndome que lo que estábamos haciendo era «totalmente inapropiado».
AMIGO: Vaya mierda.

Esa frase final, o variaciones de la misma (*Ay, pobrecita; Dios mío; Qué cabrón*), suavizó y alisó la saga de Paul hasta que dio lugar a una forma geométrica limpia. Con la narración tan empaquetada, podía subirme a nuestra historia compartida como a un pedestal y mirar a Paul por encima del hombro, e ignorar el hecho de que era un hombre frágil, como todos los hombres, que, por un breve y brutal momento, había confundido desearme con amarme.

• • •

En mi último día en Sídney, fui a casa de Claudia a nadar. Fairfax ya se estaba vaciando, con Portia y Emily volando de vacaciones familiares y la habitación de Eve abandonada junto a la mía.

Condujimos el Volkswagen Golf blanco de Claudia y ascendimos una larga colina ventosa con el puerto a nuestra izquierda. La voz de Claudia llenaba el coche de ruido ambiental, como una radio a bajo volumen. Me di cuenta de que había dejado de hablar, y sentí que mi boca se movía, pero no dije nada. Mi cuerpo estaba fuera de alcance.

—¿Has oído lo que he dicho?

—Sí. —Me reí, y eso pareció satisfacerla.

No había nadie en casa. La planta baja era una gran habitación con una isla de cocina de mármol y ventanas del suelo al techo bañadas por una suave luz solar gris.

Mis pasos resonaron cuando dije:

—Vaya, qué bonita es tu casa —mis palabras se oyeron como si estuviéramos en un baño.

Por la ventana se veía una piscina, que parecía gratuita, dado que justo después de la piscina había una franja de arena y luego todo el puerto. Era el tipo de jardín en el que las modelos posarían con ropa poco ponible, o las personas esbeltas agitarían los canapés durante las fiestas. No había valla para la piscina: solo césped verde que se plegaba al agua azul claro sobre baldosas azul claro. Estaba segura de que las leyes municipales obligaban a vallar las piscinas. Los niños que se ahogan, al igual que las multas de aparcamiento, deben ser preocupaciones de la clase media. Incumplir las normas, había estado en Fairfax el tiempo suficiente para darme cuenta, era una cuestión de clase. Porque las reglas solo se aplican a cierto tipo de personas.

—Las vistas son increíbles —dije al darme cuenta de que estaba mirando.

Claudia estaba de pie junto a la encimera de mármol, abriendo un paquete de galletas.

—¿Verdad que sí? Desde la calle no se sabe que la playa está aquí.

Miré la playa, que se veía más pequeña desde esta distancia. El agua era plana bajo las nubes bajas. En el otro extremo había un camino de piedra con escalones estrechos, apenas a la altura de los hombros, que llevaba a la carretera.

Respondí, pero solo después de darme cuenta de que me estaba mirando expectante.

—Totalmente, es precioso.

—Es muy divertido enseñárselo a la gente que no es de aquí. Es un secreto de los lugareños.

Mentí y dije:

—Nunca antes había estado aquí.

Más tarde salió el sol y fuimos a nadar, y sentí las manos de Paul por todo mi cuerpo, en todos los lugares donde el agua me tocaba.

La primavera se iba convirtiendo lentamente en verano. Cuando salimos del mar, el pelo se nos pegaba al cuero cabelludo y las gotas de agua nos caían por el cuello sin prisa. En mi cabeza resonaba el sonido de los chapoteos y las risas de una mañana más pálida, cuando había estado en este mismo lugar, sintiéndome una persona diferente.

Aquella noche la tristeza me paralizó tanto que me metí en la cama después de cenar y cerré los ojos hacia las ocho, en cuanto el sol dejó de dorar los bordes de mis cortinas. Cuando me despierte, pensé, quizá me sienta más feliz.

18

El verano fue insignificante, y no solo a la luz de lo que siguió. Los días y las noches parecían fluir sobre mí sin que yo fuera partícipe. Volví a Canberra y, por primera vez en mi vida, encontré opresivo el interés de mi madre por mí. Que ella quisiera saber si estaría en casa para la cena me parecía tan razonable como condescendiente. Mis movimientos estaban sujetos a, y, por tanto, restringidos por su conveniencia, lo que sabía que era normal para dos personas que viven en el mismo hogar, pero dado que era mi madre —y que aquello me hacía sentir como una niña—, me molestaba.

Una amiga del colegio me consiguió un turno de prueba en el restaurante donde ella trabajaba. Era elegante, y los políticos comían allí a menudo, me dijeron, aunque no conocía ninguna de sus caras y mucho menos sus carteras. Conseguí el trabajo y me sorprendió lo mucho que me gustaba. Todas las tareas eran igual de intrascendentes: llevar cucharas de postre, ofrecer pan, retirar vasos vacíos, desplegar servilletas, reponer jarras de agua. Desarrollé una burocracia mental, una jerarquía de tareas, y hacía una lista mental que iba repasando en orden mientras escaneaba la sala con mi mantra: bebidas, cubiertos, comida.

Vi a algunos amigos del instituto. Fuimos de excursión y a la piscina. En una fiesta de Año Nuevo, comí rodajas de sandía y bebí vino tinto de una bolsa de chucherías, y casi exactamente a medianoche vomité de color rosa rojizo para recibir el Año Nuevo. Parecía, como observaron mis amigos con horror humorístico, sangre de la menstruación.

Hablaba con Emily, Portia y Claudia, pero solo de vez en cuando. Todas estaban de vacaciones con sus padres. Claudia y Portia estaban esquiando en Europa, y Emily estaba en Nueva York. No quería hablar con Eve.

En medio de todo eso, entre los labios secos y la piel quemada por el sol que me pelaba y descascarillaba mi base de maquillaje en el trabajo, entre el sabor de las chuches y los cigarrillos, entre las caminatas y los chapuzones y los mensajes de texto, me sentía vacía.

En los días soleados, mis amigos del instituto iban a la piscina de Kambah y yo nadaba hasta el centro, donde había suficiente profundidad para flotar, y miraba al cielo y escuchaba mi respiración, y pensaba en Eve. Por la tarde, antes del trabajo, me duchaba y me tumbaba en mi cama con el pelo mojado empapando la almohada, y me tocaba hasta que me corría, pensando en Paul.

Desafortunadamente, ya me había formado una imagen de mi verano, que lo incluía a él. Me veía abordando el autobús hasta Sídney para visitarlo y quedarme en su apartamento. Nos veía en la playa durante el día, y yendo al cine por la noche, o cocinando el uno para el otro, aprendiendo el uno del otro todo el rato. El hogar era un pobre sustituto a este verano imaginado y amoroso.

Pasaron tres meses. Cumplí diecinueve años. Era un poco mayor y quizás un poco más sabia por haber cuidado mi herida, pero todo lo que recuerdo sentir, cuando mi madre me llevó de vuelta a Fairfax, fue el orgullo de lo bronceadas que se veían mis piernas con los pies apoyados en el salpicadero.

Me imaginé a Claudia y a Portia felicitándome, lo que, por supuesto, hicieron. Luego se lamentaron por lo difícil que era broncearse mientras se esquiaba en los Alpes.

• • •

Me había planteado no volver a Fairfax para mi segundo año. Pero mi beca —o, más bien, la cara de mi madre si le decía que renunciaba a ella— me arrastró hasta ahí. Para Eve, la beca siempre había sido un complemento. En un momento dado, demostraba su intelecto. Ahora, la menospreciaba como si estuviera por encima de eso. Para mí, era demasiado útil para adquirir un estatus simbólico. Necesitaba dinero y un lugar para vivir. Fairfax me dio dinero y un lugar para vivir.

Así que, por segunda vez, llegué a la universidad para el comienzo de la semana de bienvenida. Esta vez, llegué a una habitación más grande porque fui el día antes de que llegaran los de primer año. Durante las vacaciones, Emily y yo nos habíamos apuntado para ser representantes de los estudiantes, lo que significaba seguir de cerca a los alumnos de primer año durante las festividades de la semana de bienvenida y guiarles por la casa, idealmente antes de que estuvieran tan borrachos que vomitaran, pero sobre todo si llegaban a ese punto. Por supuesto, con dos representantes estudiantiles para cien alumnos de primero, nuestra efectividad era limitada. Habría chicas que pasarían inadvertidas, como yo lo había hecho.

Los estudiantes de tercer año nos eligieron a Emily y a mí porque «sabían que podíamos con esto», lo que significaba que nos habían visto en situaciones comprometidas. Sentí que, si me quedaba en Fairfax, lo cual pretendía hacer, entonces debería al menos participar de forma constructiva.

Pero la oportunidad de participar constructivamente no se presentó. Para cuando los coches (desde los polvorientos Toyota Corolla hasta los Range Rovers chapados en oro) entraron en el aparcamiento y las chicas con sandalias y zapatillas blancas salían en tropel, manteniendo una estudiada distancia con sus padres, todo el mundo hablaba de Eve.

El personal de Fairfax estaba preocupado. Se estaba preparando un comunicado. Se rumoreaba que el director había dicho que aquello era una tragedia. Al principio, pensamos que quería decir: el contenido de la historia. Pero, cuando dio su discurso, se hizo evidente que la verdadera tragedia era el número de padres que habían sacado a sus hijas de Fairfax.

• • •

La mañana de la semana de bienvenida, el periódico local publicó un artículo sobre Fairfax y el Colegio Mayor St. Thomas. Se citaba cada una de las historias enumeradas en el artículo original de Eve, junto con varias otras que habían sido desenterradas en los meses intermedios.

Los pecados se amontonaban como cadáveres en una fosa común. Las mujeres de primer año habían sido puestas en fila y clasificadas según su atractivo. A los adolescentes se les había dado alcohol y se les había conducido cientos de kilómetros hacia el interior del país, donde se les dieron cincuenta dólares y se les dijo que hicieran autostop para volver a casa. A otros les habían afeitado la cabeza. Las chicas habían sido invitadas a fiestas en las que tener «las tetas grandes» eran una condición indispensable para entrar. Los objetos rotos, las camas sucias y los cuerpos destrozados. Aquello era un desorden sangriento y sin consecuencias, pero, por fin, parecía que se estaban empezando a poner al día y era gracias a la forma en que Eve, tan angulosa y articulada, estaba llamando a la puerta y reclamando una deuda.

Sus comentarios formaron gran parte del artículo. Hizo afirmaciones generales —sobre los fallos estructurales, sobre las intersecciones de los privilegios, sobre cómo deberían cerrar las universidades—, pero su prosa se disparaba cuando se armaba con detalles personales. En ocasiones, incluso articuló pensamientos que yo no sabía que había tenido hasta que los vi allí, en la página.

> Lo más difícil fue la alienación. No tenía con quién hablar. Estaba segura de que, si lo hacía, nadie me creería.

Y entonces, con descaro, añadió:

> No puedo ni explicarte lo que se siente.

En estas líneas, su traición tenía un filo especialmente aguzado. Era cruel pensar que podría haberme entendido.

Cuando todavía estaba en la cama, con las cortinas echadas, mi madre llamó.

La historia de Eve había llegado a los periódicos nacionales, donde mi madre había leído todas las acusaciones de terceros. Luego buscó el artículo original de Eve y, como ella era así por naturaleza, leyó también todos los comentarios.

—¿No es Eve Herbert Shaw una amiga tuya?

Me puse una mano sobre el estómago, que sentía como si se retorciera.

—Sí.

—Es un artículo fantástico. Y espantoso, si lo que cuenta es verdad.

—Sí.

—¿Estás bien?

Hablé más alto.

—Estoy bien.

—Suenas enferma.

—Estoy muy bien.

—¿Es verdad? ¿Son así las cosas ahí?

Aparté el teléfono de mi cara y me tapé la boca con la mano libre. No quería que me oyera llorar.

—¿Michaela?

—Sí, es verdad.

• • •

Emily y yo nos sentamos en el sofá color carne de Sackers. Como Sackers representaba al colegio en varios equipos deportivos, había sido recompensado con una habitación aún más grande que el año anterior. El sofá, por alguna razón, venía con él.

Lo había ubicado frente a la chimenea, junto con dos sillones verdes, creando una pequeña sala de estar. Detrás había una cama grande y un escritorio bajo un gran ventanal. Sobre el escritorio, Sackers había colocado dos fotos enmarcadas: una tomada en su graduación del instituto, con sus padres; la otra, en el baile del año pasado del St. Thomas, donde casi no se le distinguía en una hilera de esmóquines. Me fijé mejor. Sackers estaba en medio, con los ojos traviesos y la boca abierta en una «O» extrañamente halagadora, que acentuaba su mandíbula cuadrada. A su izquierda, Nick lo miraba y se reía, como si hubiera dicho algo realmente escandaloso.

—Son bonitas —comenté, y Sackers gruñó, como para demostrar que no era capaz de más sentimentalismos.

Nos había invitado a una reunión con el estudiante de último año del St. Thomas, que era el responsable de organizar su semana de bienvenida. Cuando nos mandó un mensaje a Emily y a mí, pensé que la palabra «reunión» era oficiosa, pero cuando el alumno de último año llegó y nos estrechó la mano, y Sackers sacó una libreta y un bolígrafo, me di cuenta de que una reunión era justo lo que tenían en mente.

Durante los primeros minutos, Emily y yo no tuvimos la oportunidad de hablar. En vista de la atención de los medios de comunicación, Fairfax y St. Thomas habían tomado la decisión de cancelar todos los eventos de la semana de bienvenida que incluyeran alcohol. Sackers y el estudiante más veterano tacharon esta decisión de «escandalosa». Esto no lo dijeron como si fuera meramente una opinión, sino como una afirmación, un hecho tan obvio que apenas necesita ser dicho en voz alta, como: *el sexismo es malo*.

Mis piernas estaban resbaladizas por el sudor, así que me levanté del sofá para abrir uno de los ventanales.

Los llamamientos de las redes sociales para que se nombrara a los culpables probablemente explicaban la celeridad de la reunión. Sackers defendía al St. Thomas, la institución, como una forma de defenderse a sí mismo. Su comportamiento, sus manoseos y «bromas» en estado de embriaguez, ahora parecían menos una anécdota y más un error. Pero Sackers, por supuesto, dudaba de que llegaran a adquirir el matiz de un crimen.

El consenso general era que las jóvenes brillantes como Eve no debían ser obligadas a proteger a los hombres que habían abusado de ellas. Por supuesto, en abstracto, esto sonaba como una propuesta perfectamente razonable. Sin embargo, la idea de que Eve pudiera nombrar a Nick me torturaba. A la luz de esta preocupación, el calendario social de la semana de bienvenida parecía una cuestión tan trillada que no podía mirar a Sackers sin querer sacudirlo.

Me señaló con su bolígrafo.

—Michaela hablará por nosotros.

—¿Qué?

Suspiró irritado y habló más alto y más despacio, como si fuera tonta.

—Podemos encargarnos de la administración del St. Thomas, pero necesitamos a alguien en Fairfax que defienda nuestro caso. Tenemos que presentar un frente unido si queremos conseguir que restablezcan las actividades de la semana de bienvenida.

—¿Por qué yo?

—Porque, ya sabes, te gusta discutir y eres obstinada y eso.

Me planteé mentir y decir que ayudaría, para poder dejar atrás el calor opresivo y todo el cuero de su habitación. Pero no pude evitarlo.

—Solo para tenerlo claro —apreté los labios, como hacía a menudo Portia cuando estaba confundida—, ¿por qué nos preocupa tanto que se cancelen los eventos con alcohol?

Me miraron con un silencio aturdidor. Pude distinguir a Emily a mi lado, ocultando una sonrisa.

—O sea, ¿teniendo en cuenta lo de, ya sabes, las acusaciones de violación y eso? —El cuello de Sackers se puso rojo. Igualó mi voz burlona y aguda bajando la suya—. ¡Porque es tradición! —La palabra «tradición» estaba cargada de valor, como si fuera un sinónimo de «bueno» o «esencial».

El alumno de último año se inclinó hacia delante.

—Michaela, ¿verdad? —Su tono era condescendiente, lo cual alimentaba mi pequeña rabieta, y sus gestos con las manos eran forzados, como si hubieran sido aprendidos. Se notaba que alguien le había dicho, quizá desde pequeño, que tenía buenas dotes de liderazgo.

—Sí.

—Michaela. Por supuesto que todos estamos de acuerdo en que el St. Thomas, como el resto de la sociedad, no es perfecto, y que hay margen de mejora. Pero para los de primero, que han venido aquí para hacer amigos —a expensas de un gran costo para sus padres, debo agregar—, es totalmente injusto privarlos de la oportunidad de vincularse y de disfrutar de los buenos aspectos de la universidad.

—Creo que la universidad debe tomarse esto en serio —dije—. O, al menos, que parezca que se lo toma en serio. No creo que debamos luchar contra ellos mientras intentan priorizar cambios culturales realmente importantes.

Sackers intervino con los brazos cruzados sobre el pecho.

—Entonces, ¿crees que la tal Eve tiene razón?

—Yo, sí. —Emily llevaba varios minutos sin hablar. Hubo un momento de silencio aturdido, antes de que Sackers estallara.

—¡Ni de coña!

—¡Que sí! —Emily se sentó más erguida.

—Pero si a ti esto te encanta.

—Me he divertido y tal, pero eso no significa que este lugar no tenga defectos, o que vosotros no estéis influenciados por él.

El alumno de último curso dejó de gesticular deliberadamente. Sus manos permanecieron sobre sus rodillas, cerradas en puños.

—Pero sabes que eso no es cierto. Tienes amigos aquí. No podemos ser todos cerdos machistas de repente solo por unos pocos artículos.

Emily parecía estar a punto de llorar.

—No la estás escuchando —le dije—. No está diciendo que seáis malas personas. —Sackers levantó las cejas, como si fuera un desafío, y abrió la boca para cortarme, pero me abrí paso, acelerando—. Simplemente tiene sentido. Cuando juntas a tanta gente privilegiada y la aíslas de las influencias externas, no es de extrañar que acaben en esta burbuja que es supersexista y racista y clasista. Tiene todo el sentido que estés un poco, no sé, empobrecido moralmente.

—No es que sea una burbuja total —dijo Sackers—. Tú estás becada. Nick estaba becado.

—Vete a la puta mierda. —La voz de Emily sonó tan fuerte que di un respingo—. No empieces a hacer afirmaciones sobre la diversidad. ¿Cuántos amigos que no sean blancos tienes, Sackers?

Empezó a sonreír y Emily le interrumpió con un dedo índice levantado.

—Y no te atrevas a decir «yo».

Con las cejas levantadas y la boca floja en una expresión de ofensa, Sackers parecía un bebé con un cuerpo corpulento y engorroso.

—No voy a enumerar una lista para ti. No todos en mi equipo de rugby son blancos, aunque tampoco tiene importancia. Es una observación estúpida. El St. Thomas no es diferente de cualquier escuela privada. Si no estuviera aquí, estaría saliendo con la misma gente igualmente.

—Pero no lo harías con un aura de prepotencia —dije.

—Si es tan poco importante, ¿por qué estás aquí? —El alumno mayor se sentó con las piernas abiertas e inclinó su silla hacia atrás sobre dos patas para apoyarse en la pared.

—¿Sabes qué? —Me puse de pie. Me imaginé empujando la silla y a él cayéndose. Quería revelarle su verdadera naturaleza: una criatura insignificante, irrelevante, capaz de avergonzarse y de dar pena—. Es la primera cosa inteligente que dices.

Salí de la habitación, dejando la puerta abierta tras de mí, porque Emily se puso a mi lado y me siguió de cerca. Ella hizo los honores y la cerró de golpe, con fuerza.

—Debería haberle dado una hostia a Sackers —dijo.

—Así está bien, estoy segura de que algún día recibirá una bofetada.

Salimos al patio del St. Thomas, que se tiñó de blanco mientras mis ojos se adaptaban al sol.

—¿No puedo volver ahí y hacerlo? —preguntó Emily.

Me reí.

—Solo estoy un veinte por ciento de broma.

—No lo hagas. No hay nada que puedas hacer que no les vaya a dar la razón. Si le dieras una bofetada, dirían que eso demuestra que estás loca. Debería haberme ido desde el principio. No van a cambiar de opinión.

Emily miró al suelo.

—Sin embargo, lo de «empobrecido moralmente» ha estado bien.

—Gracias.

Las paredes de arenisca del St. Thomas reflejaban el sol y el calor en el patio era como un asalto. Emily se llevó una mano a la cara y espantó una mosca.

—Ya sé lo que hay que hacer —dijo.

—¿Sí?

—Tengo tequila y limas en la habitación. —Me miró expectante.

—¿Vale?

Sin su habitual entusiasmo, pero con muchas ganas, dijo:

—Deberíamos ir a la playa y emborracharnos.

Y así lo hicimos. En la playa, cortamos las limas con las llaves de su coche y nos lamimos el agua salada de las manos antes de tomar un trago. El sol y el alcohol me secaron los pensamientos, y el océano me absorbió y me permitió olvidar, por un momento, todo lo que Eve me había hecho —a mí y a Nick— y todo lo que podía hacer todavía.

• • •

Salí sola del comedor para el primer día de clases, cuando faltaban dos minutos para que comenzara la mía. Era una asignatura de Filosofía de segundo año y había estado pensando toda la mañana en lo que le diría a Eve. Había elegido un vestido corto para la ocasión, para presumir de mis piernas bronceadas. Es algo mezquino, pero he llegado a aceptar (ahora al menos, si no entonces) que soy una persona mezquina. Puede que ella se haya apropiado de mi historia —haciendo algo que yo jamás podría—, pero al menos mi cuerpo ágil y próspero era mío.

Y qué cantidad de cosas había hecho de mi historia. En los próximos días se iba a emitir un reportaje en profundidad en la televisión nacional. No me cabía duda de que Eve sería entrevistada. La televisión parecía inevitable. Tenía una cara que pedía a gritos las cámaras. Temía nuestra confrontación, pero también me sentía resignada a ella. Estaba decidida a que no arrastrara a Nick, a su recuerdo, a esta tormenta que ella había iniciado.

La página de Facebook del St. Thomas había empezado a publicar artículos largos e inflados, utilizando palabras como «asediado», «atacado» y «crisis». Balth me envió capturas de pantalla y bromeamos sobre lo beligerante que sonaba todo.

Esto es lo que pasa cuando vas a una escuela que te obliga a hacer de cadete.

¿Tu escuela te hizo hacer de cadete?

Oh, ya lo creo. Lo odiaba.

¿Porque no eras bueno?

Porque la escuela ya es suficientemente opresiva.
(También se me daba fatal).

La puerta de seguridad de la parte trasera de Fairfax sonó cuando se cerró detrás de mí. Al final del camino de entrada se había reunido una multitud. Tuve que atravesarla para llegar a la clase. Más de cien personas, una mezcla de estudiantes y personal; había gente con pancartas y carteles, todos adornados con variaciones de «Abajo las residencias».

Un par de chicos del St. Thomas que caminaban delante de mí, vestidos con pantalones con pinzas, camisetas de Patagonia y con cortes de pelo idénticos, suspiraron.

—Por el amor de Dios.

Con la cabeza agachada, los empujé y me adentré en la multitud.

Lo primero que vi fue su pelo: oscuro y liso. Era la persona mejor vestida de la multitud, con un vestido de lino negro que habría hecho que una mujer menos delgada y con proporciones de modelo pareciera un criador de cerdos medieval. Estaba gritando con el resto, pero se detuvo a mitad de la frase cuando hicimos contacto visual.

—¿Michaela?

—Violet, hola. —Sonreí y solté una especie de carcajada, intentando reconocer la incómoda realidad de que, en cierto modo, estaba protestando contra mí.

—Hola. —Volvió a dar unos pasos hacia donde la multitud era menos numerosa. La seguí—. ¿Sigues viviendo aquí?

—Sí.

—Oh. —Se detuvo y se miró los pies: unas elegantes zapatillas de cuero—. ¿Qué tal el verano?

—Bien. Trabajé mucho. —Me sentí obligada a decirle que había trabajado. No quería que se cristalizara una imagen que encajaba con muchos de mis amigos: de champán en las pistas de esquí europeas y de comidas navideñas con jamones de trescientos dólares.

—¿Sigues haciendo filosofía? —me preguntó.

—Sí, de hecho iba de camino a una clase ahora.

—Oh, no debería retenerte…

—¡Violet! —No era la voz que usaba para dar clases, sino la otra más suave y cariñosa que yo conocía íntimamente. En cuanto lo oí, mi sangre pareció expandirse, amenazando con reventar mis venas. Me quedé inmóvil, y vi su rostro barbudo aparecer por detrás del hombro de Violet.

—Paul, conoces a Michaela, ¿verdad? Le diste clases el año pasado.

Fue admirable, incluso alarmante, la rapidez con la que Paul enmascaró su sorpresa con una inexpresiva cortesía.

—Michaela, sí, claro que me acuerdo. —Su sonrisa era indiferente: solo un movimiento muscular vacío.

—¿Así que estás protestando por las universidades? —pregunté, cruzando los brazos sobre el pecho, con lo que probablemente era una inclinación de la barbilla hacia él, obviamente conflictiva.

—Sí —dijo.

—Así que Michaela, conoces a Eve, claro. —Violet estaba tratando, valientemente, de hablar solo de trivialidades.

—Sí, somos amigas.

—¿No es fantástico? Es increíble lo que ha sido capaz de lograr.

—Es muy valiente.

—Sí, es genial. —Busqué entre la multitud sus delicados rasgos.

—¿Está aquí?

—Creo que sí.

Violet miró por encima del hombro mientras Paul seguía mirando a cualquier parte menos a mí.

—No la veo —dijo Violet.

La negativa de Paul a encontrarse con mi mirada, unida a la aparente trascendencia de Eve, hizo que mis pensamientos se replegaran y que las mandíbulas chasquearan. Sostenía un endeble cartel de cartón en una mano. Qué rechoncho y blando parecía, pensé.

—¿No crees que toda esta protesta, todo este escrutinio mediático...? —Hice una pausa, esperando que Paul me mirara. Sus ojos se encontraron con los míos—. ¿No les está dado a las residencias la importancia que quieren?

—Es que la tienen. Han causado mucho daño a mucha gente. —Violet sostenía su propio cartel de cartón contra la parte superior de su cabeza, usándolo como un sombrero. Debajo de él, me miraba con los ojos entrecerrados.

—Por supuesto que sí —acepté—. Pero todos los artículos empiezan con alguna variación de «el hogar de nuestros futuros líderes». No creo que necesiten que se les diga una y otra vez que representan algo más grande de lo que son ellos mismos.

—Por supuesto que representan algo más grande de lo que son ellos mismos. Representan el privilegio y el poder. ¿Te das cuenta de qué porcentaje de nuestros directores generales y miembros del gabinete fueron a estas universidades? —Bajó el cartel a su lado con un movimiento rápido y frustrado.

—Solo digo que, aunque protestar es muy noble y tal, los chicos que conozco, que viven allí arriba —señalé por encima de mi hombro, hacia el camino de entrada, donde las agujas de piedra arenisca eran visibles por encima de la línea de árboles—, no se sienten en absoluto subyugados por ello. Solo confirma su creencia de toda la vida de cuán importantes son.

—¿Qué sugieres que hagamos? —Los brazos de Violet estaban cruzados sobre su pecho, imitando los míos.

—Entiendo su punto de vista. —Paul tocó a Violet ligeramente en el brazo. Un toque apaciguador que pretendía venir en mi ayuda. Pero había una fluidez en él que me destripó. La ligereza de su roce con ella; la forma en que se relajó en vez de tensarse, como pasaría si le hubieran dicho, injustamente, que se calmara. En lugar de eso, suspiró. Me sentí mareada y el sol hacía que me picaran los ojos. No quería volver a ver a ninguno de los dos.

—Gracias, Paul. —Dije su nombre con la cantidad perfecta de ácido: lo justo para que lo notara, pero no lo suficiente para que Violet sospechara—. De todos modos, llego tarde, pero ha sido un placer verte... Violet. —Una vez más, imbuí a Violet de un impulso acerado. Más que tanto énfasis por Violet, lo que quería decir era que a quien no me alegraba de ver era a Paul.

Me pareció captar un gesto herido en sus ojos, y me sorprendió cómo me apuñaló las tripas, no con triunfo, sino con algo más cercano a la culpa. Violet gritó:

—Adiós —detrás de mí, mientras Paul permanecía en silencio.

Esperaba que me viera alejarse.

Me coloqué en la última fila del aula e inmediatamente analicé la sala. No estaba Eve.

Mi teléfono vibró con un mensaje. Paul.

Ha sido un placer verte. Siento que las circunstancias hayan sido tan... raras

(¡a falta de una palabra mejor!).
Espero que hayas estado bien. Sin presión, pero
¿te gustaría ponerte al día con un café?

Me pasé la clase con una mosca por cerebro, zumbando y vibrando, golpeando sus alas una y otra vez contra la pantalla de mi teléfono.

En el descanso, mientras los demás salían a tomar un café, me di cuenta de que el documento de Word que había abierto estaba vacío, salvo por el título.

Cuando se reanudó la clase, respondí.

Claro.

El resto del día fue solo ruido ambiental bajo mi corazón palpitante.

19

Al día siguiente, Paul y yo quedamos para tomar un café en las escaleras de la biblioteca, con vistas al Parque Victoria, por recomendación de Paul. Que nos reuniéramos en un lugar tan público era una clara señal de que éramos estrictamente amigos. Estaba desafiando a la gente que conocíamos a cruzarse con nosotros: declarando nuestra relación sobre el tablero.

Había tenido un día improductivo por la anticipación de nuestro café de las tres de la tarde, y cuando llegó la hora, me aseguré de llegar seis minutos tarde. Cinco podrían haber parecido calculados.

Me estaba esperando en la escalera, y hubo un poco de tanteo inicial sobre si iríamos los dos a por el café, o si uno de nosotros guardaría el lugar. Finalmente, se alejó con mi pedido y unas monedas que le había obligado, quizá con demasiada insistencia, a aceptar. Miré el teléfono y luego, preocupada por que pudiera hacerme parecer demasiado joven y distraída, lo metí en el bolso y miré hacia el parque. La brisa de la tarde hacía crujir los árboles, y la luz moteada bailaba sobre la hierba como las ondas de un río.

Observarlos no era una distracción. Me ponía más nerviosa, y cuando Paul se sentó a mi lado, di un pequeño respingo.

El ambiente de nuestro encuentro era tenso y no mostraba signos de aflojar, así que decidí que sería más agresiva que de costumbre mientras le miraba con los ojos fruncidos. Tal vez si me mostraba claramente irritable, él llegaría a la conclusión de que ya no me importaban sus sentimientos.

—¿Así que Violet y tú estáis saliendo ahora? —pregunté.

—Sí. ¿Quién te lo ha dicho?

—Me he dado cuenta yo.

—¿El otro día? ¿Cómo?

—Supongo que te conozco demasiado bien.

Se rio y tomó un sorbo de su taza de café.

—Bueno, tenemos intereses similares, supongo.

—¿Eres filosófico en todo? ¿Todas vuestras discusiones son una especie de dialéctica hegeliana?

—No hablamos mucho de trabajo, en realidad. Soy demasiado inseguro.

Nunca se había referido a sí mismo como inseguro, al menos no intelectualmente. No me gustó lo serio que parecía, la forma en que colocaba las palabras con cuidado: entrecerrando los ojos, como si estuvieran entrando en el campo de visión. ¿Era este el Paul confesional y más amable que Violet había conseguido revelar?

Hablamos de otras cosas durante un rato: de lo que habíamos hecho durante el verano, de las películas que habíamos visto, de los cursos que estaba haciendo. Luego, fingiendo observar a la gente, pero sin poder concentrarme en nada más que en sus pequeños movimientos a mi lado mientras sorbía su café y pasaba el dedo por la tapa, le pregunté:

—¿Hubo algún cruce? ¿Entre Violet y yo?

—No.

—Pero debías saber que te gustaba.

—Solo éramos colegas. No empezó hasta el verano. Cuando rompí contigo fue porque… —Hizo una pausa y sus ojos pasaron de mí al parque. Dirigió el resto de su frase a los árboles—. Fue por todas las razones que dije en su momento.

—¿Y ella no presenta ninguna de esas razones?

—¿Preferirías que me hubiera acostado con las dos al mismo tiempo? —Me miró de nuevo.

—Por supuesto que no. —Odié su perspicacia. Cuando nos acostábamos, siempre me hacía sentir como una versión mayor y más sabia de mí misma. Ahora, en retrospectiva, y cuando me hablaba así, en un tono frío, sin promesas ni suspense, me hacía sentir miserablemente joven. Una criatura patética y aniñada que no se entendía a sí misma, y mucho menos a los demás.

—Debe ser un momento tenso en la universidad —dijo en lo que fue claramente un esfuerzo concertado para llevar la conversación a otro territorio.

Me tomé su comentario como algo personal, como si tratara de decirme que estaba tenso y que tenía que calmarse. Le dije:

—Sí, está tenso. Se diría que nos están invadiendo. Se cerraron muchas filas, se insistió mucho en que no debíamos hablar con los medios de comunicación.

—¿Qué dirías si hablaras con los medios de comunicación?

—Realmente no lo sé. Todo el asunto ha sido bastante confuso. —Me miró, expectante—. ¿Recuerdas cuando salió el artículo de Eve? —Asintió con la cabeza—. ¿Y yo dije que no quería hablar de ello?

Soltó un murmullo esta vez. Intuyó una confesión. No recuerdo haber sido consciente de estar en una encrucijada. Pero echando la vista atrás, parece obvio que elegí, en ese momento, hacerle daño. O, si no para hacerle daño, entonces para consolarme a mí misma, tomando mi fragmento más débil y presentándoselo. *¿Ves?*, diría esta parte privada de mí. *No me conocías para nada.* ¿Cómo podría ser la intimidad, lo que compartíamos, si nos habíamos guardado tanto para nosotros mismos?

—La historia que contó en ese artículo, sobre lo que pasó en la semana de bienvenida... Bueno, en realidad me pasó a mí.

—¿Qué?

—Quiero decir, puede que lo haya adornado. Pero a grandes rasgos soy yo. Inspirado por.

Su respuesta fue tan inmediata que no dejó lugar a la lenta y deliberada racionalización de la que tanto se enorgullecía.

—Tienes que decírselo a la gente.

—¿Para qué?

—No lo sé, por algún tipo de retribución o restitución. —Tanteó; los términos académicos parecían fallarle—. Ella miente. Eres tú la perjudicada.

Me reí. Debió de intuir la ironía: que me estaba sermoneando sobre cómo me habían perjudicado, como si Eve fuera la única persona que me había perjudicado. Cuando continuó, su voz era mucho más suave.

—Es muy injusto.

—Mira, ella ha tomado mi historia, pero probablemente le ha dado un mejor uso del que yo iba a darle.

Se inclinó hacia atrás, con las dos manos apoyadas en el escalón en el que estaba sentado.

—Esa es una perspectiva muy utilitaria. El hecho de que otras personas puedan beneficiarse de tu daño no lo borra.

Volvimos a nuestro antiguo ritmo, esa danza entre lo conceptual y lo personal, que había sido el lenguaje de nuestra relación. A menudo lo hacíamos susurrando, con nuestras cabezas sobre la almohada, o la mía sobre su pecho. Aquí, con sus pies sobre los escalones, sus manos gesticulando, vi que podríamos estar hablando así para siempre.

—El problema es —dije— que el chico que estaba conmigo aquella noche es —no pude sostener la mirada de Paul; me miré las manos— ese amigo mío que murió.

Abrió la boca, pero no emitió ningún sonido.

—Todavía no ha dicho quién lo hizo, pero me preocupa que lo haga. Sé que es una tontería…

—No.

Me di cuenta de que esa interjección pretendía ser un apoyo, pero hablé más rápido, desesperada por terminar la idea, que hasta ahora no había formulado del todo.

—Está haciendo muchas entrevistas y se habla de nombrar a los autores. Si lo hace, no creo que pueda soportarlo.

Asintió con la cabeza, pero no habló, como si intuyera que yo tenía algo más que decir.

—Sé que es una tontería preocuparse por la reputación de un hombre muerto, en el esquema de las cosas. Pero es que no tengo su convicción. No sé cómo pudo hacerlo.

—Michaela, creo que deberías hablar con ella sobre esto.

—Pero ni siquiera sé lo que pasó. No lo sé. —Se me saltaron las lágrimas. Para mi desgracia, me dio una palmadita en la espalda.

—Dios, tú eres buena persona —dijo.

Se me escapó un sollozo ante la absurda confianza con la que podía declarar eso, y por lo mucho que significaba para mí escucharlo. Le aparté la mano con una palmada.

—¿Cómo puedes decir eso?

—Sigues pensando en los demás.

—¿No es eso lo que Eve intenta hacer?

—No es lo mismo.

Me limpié los ojos y me reí con lo que esperaba que fuera una forma de autocrítica.

—Lo siento. No debería haber sacado el tema.

—¿Estás bien? —Me observó atentamente. El temblor de su voz sugería que no me estaba preguntando si había dejado de llorar, si estaba bien ahora; sino si estaba bien en general, espiritualmente.

Esta preocupación por mi bienestar me irritó, como si mi salud mental fuera un concepto abstracto e independiente, no algo que tuviera en la palma de su mano.

—Claro que estoy bien. Estoy genial.

—Sabes, hay muchos servicios de asesoramiento disponibles en el campus si necesitas hablar con alguien.

—¿Quieres que vea a un orientador universitario? ¿Para hablarle de mis experiencias sexuales?

—Si lo necesitas. —Asintió con la cabeza.

—Oh, las historias que podría contar.

Eso le hizo callar.

—Lo siento —dije, quizá demasiado rápido.

Me sostuvo la mirada.

—Sabes, todavía me siento muy, muy culpable.

—Bueno, me alegro mucho de oír eso —dije—. Estoy de broma. Aunque no del todo. Me siento un poco reivindicada al oír que estás sufriendo.

Resopló.

—Pero veo la diferencia entre ser herida y ser perjudicada.

—Eso es muy maduro por tu parte —dijo.

—No me siento muy madura. —Me froté los ojos—. Creo que no estoy viendo las cosas con claridad.

Debió pensar que me estaba frotando los ojos porque estaba a punto de llorar de nuevo, o tal vez mi voz sonara menos segura de lo que pensaba, porque extendió la mano y me tocó la cara. Me pareció lo más natural y, al mismo tiempo, lo más significativo del mundo: un toque tan tierno que me hizo cosquillas con los recuerdos.

—No está nada claro —dijo—. Está mal mentir, está mal robar, está mal hacer daño. Pero al final de cada clase, la gente está menos segura de lo que está bien y lo que está mal que cuando empezó. Es entonces cuando sé que he hecho mi trabajo.

Se me hizo un nudo en la garganta. Le odiaba por ser tan sabio. Odiaba también que nos embarcáramos en lo que parecía ser una amistad, en la que podíamos discutir asuntos profundamente personales, y que él pudiera tocarme la mejilla y hacerme arder, y luego volver con Violet. Parecía crucial para mi integridad estructural —para evitar que me rompiera en miles de pedazos irrecuperables— que le ocultara algo.

—Creo que debería irme —dije.

—Claro —dijo. Recogió su taza de café y se puso de pie—. Ha sido un placer verte. Me encantaría repetir.

Yo también me puse de pie.

—No sé. No estoy segura de que debamos ser amigos.

Tenía un pie en el escalón en el que había estado sentada y otro en el escalón de arriba, lo que me hacía sentir, muy ligeramente, como si estuviera inclinada sobre él.

—Vale.

—Lo siento, es demasiado…

—No, lo entiendo.

—Bueno, nos vemos por ahí.

Se acercó a mí y, sin estar segura de si era para un abrazo o para un beso, rocé mi mejilla contra su barba sin compromiso. Me maravillaba que pudiera ser tan torpe con un cuerpo que solía derramarse como agua en el mío.

Quise decir una cosa más antes de separarnos, para cubrir el espacio que nos separaba.

—Tal vez me matricule en una de tus clases —dije.

—Tal vez. Podrías aprender algo.

• • •

Después de haber visto tanto a Eve en el periódico y en Internet, fue extraño verla en clase. Era inevitable que coincidiéramos en algunas asignaturas. En mi clase de Estética, se sentó en la parte delantera del aula. Vi su cabeza desde la última fila, con el pelo más largo y un pequeño peinado en la frente: el color volvía a ser su rubio natural más oscuro.

Al principio, la observé con los ojos desapasionados de un extraño. Poco a poco, en el transcurso de la clase, su aspecto se desvaneció, hundiéndose bajo otras mil percepciones e impresiones de la Eve que yo conocía. Si acaso la conocía.

La conferencia era sobre material introductorio, nada sustancial. No me molesté en tomar apuntes. En su lugar, me conecté a Internet y leí todos los artículos y reseñas que se habían escrito desde que había empezado el año. Miré sus fotos etiquetadas en Instagram, para ver a qué programas de radio y noticias había sido invitada, y leí su feed de Twitter, para ver qué nuevos elogios recibía.

Cuando la clase estaba a punto de terminar, me puse la mochila y esperé en el pasillo, lista para correr tras ella.

Cuando llegué al otro lado de la multitud, ya había cruzado la mitad del patio. Llevaba un vestido blanco de algodón con pequeñas mangas abullonadas y unas Nikes de colores con calcetines hasta el tobillo. Cuando llegué detrás de ella, el sol daba de lleno en el fino algodón y pude distinguir la forma de sus piernas hasta las caderas y la línea de sus bragas. La parte de atrás de sus brazos y piernas estaba bronceada por el verano.

—Eve.

Se giró y levantó una mano para protegerse los ojos de la luz. Esperaba sobresaltarla, pero debajo de la mano y de la sombra que le ocultaba los ojos, su rostro esbozó una amplia sonrisa.

—Michaela. Me alegro mucho de verte.

Me abrazó. No la rodeé con los brazos, sino que me quedé rígida. No olía a nada. Se separó y se apartó el flequillo de los ojos.

—Espera, vamos a resguardarnos del sol.

Me llevó a la sombra del claustro, desde donde miramos el patio: un verde fluorescente enmarcado por arcos de arenisca. La universidad, bajo esta atrevida luz de verano, tenía el mismo aspecto que en los anuncios. Eve se apoyó en la fría piedra y volvió a sonreír.

—¿Qué tal tu verano?

—Ha estado bien. Trabajé un poco. —Murmuré. La confrontación que había imaginado se estaba desvaneciendo bajo el brillo extrañamente opresivo de esta charla educada.

—Sí, igual que yo. No hay mucho que contar. Las vacaciones parecen haber sido hace mucho tiempo. —Sonrió como siempre lo hacía cuando presumía: una especie de risa que reconocía la falta de humildad sin disculparse por ello.

—Sí —dije—. Has estado muy ocupada.

—Ha sido una locura.

No podía creer el desparpajo con el que aludía a los artículos. Estudié su rostro en busca de una pizca de incomodidad. No había nada. Estaba totalmente relajada, como si yo no fuera la persona de la que hablaba tan públicamente, sino cualquier otra persona del mundo, interesada, como debería estarlo toda la gente, en el maravilloso trabajo que había estado haciendo.

—Violet dijo que se encontró contigo al salir de Fairfax.

La sonrisa de Eve me convenció de que sabía lo de Violet y Paul.

—Sí —fue todo lo que logré decir.

—¿Así que has vuelto a la residencia?

—Sí.

Eve me miró, enloquecida, con satisfacción, como si hubiera hecho una especie de apuesta y mi respuesta fuera la prueba de que había ganado.

—Por supuesto que sí.

—Todavía estoy becada, Eve. —Lo dije como un hecho, pero mi mirada, esperaba, era asertiva—. No hay ningún otro lugar en Sídney donde pueda vivir gratis.

—Claro, pero ¿a qué precio?

Me enardecía: la forma engreída en que convertía el dinero en metáfora, como si el precio no fuera material. Se cambió el bolso de hombro.

—Tengo que irme. Tengo una entrevista dentro de unas horas. —Otra vez esa risa fingida—. Pero ¿vamos a tomar un café algún día?

Cuando empezó a girar, la agarré del brazo.

—Oye, sobre tu entrevista…

Se cruzó de brazos y me miró, con la barbilla levantada, los ojos orgullosos y desafiantes sobre esos pómulos afilados. Me sorprendió cómo mi corazón palpitaba y el sudor se deslizaba bajo el peso de mi mochila. Como si fuera yo la que transgrediera al intentar comentar su historia. La severidad de su mirada, ni rastro de un parpadeo de disculpa, fue suficiente para desviar la carga. Decía: *Demuestra que me equivoco.*

—Tienes que parar, Eve. No puedes decirle a la gente que fue Nick.

—Oh, así que ahora puedes decir su nombre.

—¿Qué?

—Siempre lo has protegido. Siempre. Todas las veces que hemos hablado de él o de algo relacionado con él, nunca has dicho su nombre.

Mi mochila se sintió de repente incómoda e infantil, así que me la quité y la apoyé en la piedra arenisca. Representar esta conversación durante meses frente a una Eve imaginada no era en absoluto una preparación. Hacía que la Eve real, que ahora estaba ante mí, fuera aún más formidable.

—No es justo para él —dije—. Es una persona real. No puedes tomar algo que le ocurrió a otras personas y embellecerlo, tergiversarlo, hasta que se adapte a tu punto de vista.

—¿Embellecer?

—Bueno, no es difícil para ti, ¿verdad? Desde el principio descartaste a los chicos del St. Thomas. No viste a ninguno de ellos como personas de carne y hueso.

—Eso tiene gracia. Fuiste tan despectiva como yo. El hecho de que yo haya hecho una evaluación racional sobre ese entorno que cría individuos problemáticos, y haya tenido la integridad de actuar de acuerdo con esa evaluación, no significa que esté sufriendo algún tipo de fallo de empatía.

Fue exasperantemente elocuente: volví a empaquetar mi argumento de forma más elocuente antes de echarlo por tierra.

—¿Y cómo has hecho esta *evaluación racional*? A mí está claro que no me hablaste de ello…

—Lo intenté. No quisiste hablar.

— … y no sé qué le dijiste a Nick, o quién te dijo lo de los gritos, o si te lo inventaste.

—Michaela…

—No sé si le contaste tu versión y por eso se sintió tan culpable…

—Michaela, ¿de qué estás hablando?

Respiré profundamente.

—Obviamente, tú sabías lo que había pasado entre Nick y yo, y nunca hablé con nadie de ello. —Me tembló la voz cuando el pensamiento siguió a las palabras. Tragué saliva—. Ni siquiera lo hablé con Nick. Pero estoy segura de que se sentía muy culpable, sobre todo con gente como tú interrogándolo. No era tonto. Habría sabido qué tipo de amenaza suponía toda la situación para su reputación y su…

—No te atrevas a decir «carrera».

—Bueno, no me equivoco, ¿verdad? Podrías haber hecho que lo expulsaran de la universidad por haber tomado mi virginidad sin mi consentimiento. Eso es algo amenazante para un hombre.

Su voz, por una vez, era muy tranquila.

—No sabía que te había quitado la virginidad.

—Esa no es la cuestión. Solo estaba siendo hiperbólica. Ya entiendes lo que quiero decir. Se debió sentir aterrorizado. Y atrapado.

—Michaela, para. Yo… —Levantó las manos como si fuera a tirar de su pelo, pero, al encontrarlo demasiado corto, acarició la pelusa en su lugar. Parecía tan suave como el de un recién nacido—. No me lo puedo creer. ¿Crees que tengo algo que ver con su muerte?

—No.

—Es horrible acusar a alguien de eso.

La miré. El sol estaba detrás de ella, y en la sombra de los claustros, su rostro era difícil de distinguir.

—También lo es acusar de una violación, si te soy sincera.

—Realmente no lo recuerdas, ¿verdad?

El pavor me espesó la sangre e hizo que mi voz sonara distante.

—¿Qué?

—No hablé con Nick sobre ello. Ni con nadie más.

—¿Qué?

—No era necesario. —Armada con una sonrisa burlona, parecía que estaba disfrutando. Sus fosas nasales podrían haberse encendido—. Yo estaba allí.

La miré directamente, parpadeando como una tonta.

—Estuve allí esa noche. En la habitación de Nick. Fui yo quien te encontró y te llevó a casa.

Sacudí la cabeza mientras Eve continuaba.

—Estabas desnuda. Llevabas su toga, pero no te cubría bien. Tenías las extremidades muy débiles. Tu cabeza estaba prácticamente metida en tu propio vómito. Y Nick no hizo nada.

—¿Por qué no me dijiste nada? ¿Por qué no me llamaste al día siguiente?

—Lo hice. —Eve se acercó un paso y yo retrocedí. Mi hombro chocó contra la piedra arenisca—. Fui a tu habitación, ¿no lo recuerdas? Te pregunté cómo te había ido la noche y me dijiste que bien. Todavía no nos conocíamos. No quise insistir. Pensé… que sería humillante.

Me reí y, a mi pesar, la risa transmitía dolor más que diversión.

—Claro, porque ese artículo, todas esas entrevistas, ¿no son humillantes?

—¿Sabes cómo acabé en su habitación? —Su tono era de represalia—. Estaba en el pasillo y le oí gritar, así que fui a ver qué pasaba. Fue entonces cuando te vi vomitando. Tuve una conversación con él, Michaela. No estaba tan borracho como tú. Nunca he visto a alguien tan borracho como tú.

Me clavé las uñas en las palmas de las manos. Quería que se detuviera.

—Vale —dije, esperando que ahí se acabara.

—Te estaba gritando. —Eve se acercó a mí—. Gritando de verdad.

Todo lo que podía ver era su cara, su cabeza, un recorte burlón.

—Eve, para.

—No paraba de llamarte «puta guarra». —Me pareció ver un gesto de triunfo en sus hermosas facciones.

—He dicho que parases.

—¡Pero es verdad! Lo siento, Michaela, pero eso fue lo que pasó.

Fue la disculpa, el «lo siento», lo que me empoderó. Su cara desprendía una dulce simpatía. Como si realmente se creyera que le importaba.

—Para. —Me alejé del fresco claustro y salí al patio, con el sol brillando a mi espalda. Por encima de mi hombro, le repetí—. Tienes que parar.

• • •

Con la revelación de Eve, nuestra amistad cambiaba; recordaba las conversaciones, las que podía. Me había convertido en alguien de quien compadecerse, alguien de quien hablar. Nunca un sujeto digno de su amor o admiración.

La vergüenza, húmeda y pegajosa, se aferraba a mí. Sentí como si Eve me hubiera observado a través de una mirilla en la pared; como si mis pensamientos hubieran sido escritos en un diario por alguien que no fuera yo, y leídos en voz alta por Eve. La versión de mí misma que siempre había intentado acercarme a ella —ser segura de sí misma, obstinada— se burlaba de mí. «Puta guarra». Cuando Eve pronunció esas palabras, lo hizo con tal fuerza, con tal sentido de propiedad, que parecía que no estaba citando a Nick, sino que las estaba diciendo directamente.

Antes de que Eve tomara mi historia, había sido mi testigo. Me enfrenté a esta nueva autoridad. Traté de imaginar la escena a través de sus ojos.

No como la puso por escrito, o habló de ella, sino como la vio en ese momento. Cuando ella estaba allí. Aunque me revolvió el estómago y me hizo llorar, pude verme a mí misma, con la cabeza ladeada, como había dicho Eve, frágil y degradada. Incluso podía ver a Nick, con una cara no tan ancha de preocupación, sino egoísta y estrecha de horror. Pero no podía, no quería, oírle gritar. Me imaginaba su boca moviéndose, pero la voz que surgía era siempre la de Eve.

Esa noche, la entrevistaron en la televisión nacional. Emily, Claudia, Portia y yo la vimos en la televisión de la sala común. Apretadas, entre cuatro llenábamos el sofá. Las más extrovertidas de primer año salieron de sus habitaciones y se sentaron en el suelo a nuestro alrededor.

Jadeaban horrorizadas cuando Eve contaba su historia. Cuando el entrevistador le preguntó cómo se había sentido a la mañana siguiente, Eve dijo, con voz entrecortada:

—Avergonzada.

Uno de ellos suspiró:

—Pobre chica.

Observé a Eve como si fuera una extraña. Con el pelo peinado en un corte *pixie* se parecía un poco a mí, pensé.

El entrevistador anunció que su tiempo estaba a punto de terminar. Me di cuenta de que tenía las manos juntas. Las desplegué, lentamente, y mis nudillos pasaron del blanco al rosa.

—Por último, debo preguntar —la entrevistadora levantó la vista de sus notas y miró fijamente a Eve—: ¿Ha pensado alguna vez en denunciar esto a la policía?

Eve sonrió. No fue una sonrisa de atención, sino un pequeño temblor victorioso.

—Eso requeriría nombrar al autor.

Inspiré con fuerza y miré a Emily. Estaba paralizada, ajena a mi pánico.

—¿Sabe quién es? —preguntó el entrevistador.

—Sí. —Eve hizo una pausa. Me oí respirar—. Pero no lo nombraré.

—¿Por qué no?

Eve respiró profundamente. Era tan coherente y elocuente, incluso de improviso, que había que conocerla íntimamente, como yo, para reconocer que ese breve discurso había sido preparado.

—Realmente creo que es un producto de la institución. Y cuando digo que quiero justicia, no quiero decir que quiera que él sufra personalmente. Quiero un cambio institucional. Mientras no lo nombre, mi agresor será un sustituto de todos ellos, de toda la gente que instituciones como esta crean y perpetran.

Un golpe maestro.

Las de primero también lo pensaron.

—Es increíble —dijo una de ellas.

Y luego, a nosotras cuatro:

—¿La conocéis?

Las demás me miraron para que respondiera primero. No hablé. Claudia respondió por mí.

—Son muy buenas amigas.

—Vaya —La de primer año asintió, como si lo entendiera. —Debes estar muy orgullosa.

• • •

Cuando terminó el programa, mi teléfono vibró con un mensaje de Paul.

Acabo de ver a Eve en la televisión. Debes estar aliviada.

Lo abrí, para que viera el acuse de recibo, pero no contesté. Al cabo de varios minutos, mi teléfono volvió a vibrar.

Sé que el otro día dijiste que no querías que fuéramos amigos, y lo respeto totalmente. Pero solo quería que lo supieras: estoy aquí si lo necesitas.

Lo dejé en visto. No volvió a enviar más mensajes.

20

—Creo que estaba enamorada de él —le dije a Balth. Estábamos en su dormitorio en el St. Thomas. Él estaba sentado en el alféizar de la ventana con un cigarrillo y yo estaba en su escritorio, con mis pies colgando justo por encima del suelo.

—¿En serio?

—Sí. Es una mierda darse cuenta de algo así.

Una taza de té, que Balth me había servido, permanecía a mi lado, humeante y sin tocar. Mi muslo estaba caliente donde casi rozaba la taza.

—¿No es el amor, ya sabes, lo único que necesitas? —Balth se asomó a la ventana y quitó la ceniza de su cigarrillo—. ¿Qué hace que el mundo sea como es? ¿O era el dinero?

No estaba de humor. Estaba decidida a hacer que se pusiera serio, lo que requería que desafiara su naturaleza.

—Siento que me estaba reprimiendo —dije—, y fue justo cuando puse mi confianza en él, justo cuando me permití imaginar cómo podríamos ser juntos, cómo podría ser el futuro, que él decidió que ya no le interesaba. Y en cierto modo me odio por ello.

Balth habló en voz baja, haciendo rodar su cigarrillo de un lado a otro entre el pulgar y el índice.

—No deberías odiarte porque te gustara. O por ser vulnerable ante alguien. En realidad, es una especie de humanización.

—Pero antes era mucho más feliz. Era como una isla.

—Sí, estabas muy lejos ahí, en medio del océano.

—¿Así que crees que debería haber sido más vulnerable, que Paul solo quería que lo necesitara? —Dije «necesitara» en un tono burlón, como si fuera ridículo que la gente se necesitara mutuamente.

—Puedes resultar un poco intimidante. —Dio una última calada a su cigarrillo y tiró la colilla a la papelera. Desde mi posición en el escritorio, pude ver cómo se apagaban las brasas.

—Uf. Eve y yo solíamos bromear con que los hombres, bueno, los chicos que conocíamos, no estaban interesados en nosotras porque éramos demasiado intimidantes. Solíamos decir: obviamente, si todo el mundo está conduciendo en la otra dirección, estás en el carril equivocado, pero a la vez, todo el mundo debe estar conduciendo en dirección contraria porque soy un buen partido, ¿sabes?

Se tumbó en la cama con las manos detrás de la cabeza y habló con el techo.

—Para ser sincero, puede que hayas dado con algo.

—Era una broma. Probablemente no para Eve... Está bastante mal de la cabeza.

—No estoy de acuerdo. Quiero decir, obviamente estoy de acuerdo en que Eve está mal de la cabeza, pero lo único que quiero decir —hizo una pausa aquí para elegir sus próximas palabras— es que, si Paul te amaba, no creo que te lo hubiera dicho nunca. —Giró la cabeza hacia mí, como si quisiera comprobar que no me había molestado. Continuó—: No eres el tipo de persona que parece estar receptiva a ser amada.

—¿Estás diciendo que soy fría?

—Más o menos. No me imagino que seas frígida, por supuesto. —Me dirigió una mirada astuta. Le lancé un bolígrafo, que trató de atrapar, pero lo logró a tientas. Lo dejó donde cayó entre las sábanas.

—¿Imposible de amar, entonces? —le pregunté.

—Eres todo menos imposible de amar, Michaela. Creo que es más fácil para ti pensar eso... caracterizarte como perpetuamente sin ataduras. Eso rebaja la apuesta en todas tus relaciones.

—No creo que sea saludable andar por ahí pensando que todo el mundo está enamorado de mí.

—No, pero creo que es un poco indulgente, francamente, no considerar siquiera la posibilidad. —Estaba hablando con el techo de nuevo. Yo deseaba que me mirara a la cara.

—Vaya. —Intenté inyectar dolor en mi tono. Funcionó.

Balth se sentó, balanceando sus pies en el suelo, y se inclinó hacia adelante, con los codos apoyados en las rodillas.

—O sea, pasamos mucho tiempo hablando de lo hermosas que son otras mujeres. Incluso esta noche, querías saber lo guapa que me parecía la mujer de la película. Tú hablas de ello de forma abstracta, como si no fuera un poder que tienes.

—Bueno, no es como si fuera una pintura al óleo. En plan, supongo que soy tan guapa como cualquier persona joven, privilegiada y sin sobrepeso. Tengo buenos dientes y una piel clara y...

—Me sorprende que pienses eso de verdad. —Ahora estaba de pie; caminó hacia la ventana antes de volverse hacia mí—. Como si no fuera totalmente obvio para ti que eres... —Hizo una pausa. Cuando habló, su voz estaba llena de emociones—. Eres preciosa.

—Oh, Balth.

—No me mires así. —Estaba enmarcado por la ventana, la luz del aparcamiento proyectaba un resplandor alrededor de su cabeza, en la que el pelo negro bailaba.

—No tenía ni idea —dije.

—Claro que lo sabías.

Claro que lo sabía. Pensé en el baile, en la forma en que había formulado la invitación como una broma y luego, en la noche, extendió la mano para tocar mi brazo, invitándome a tomarlo en serio. Y yo, riendo, había fingido no darme cuenta. Pensé en nuestras numerosas conversaciones, en la forma en que me escuchaba atentamente, con asentimientos y concentración vocal, sin formular nunca lo siguiente que diría. Incluso cuando me cortaba, ahora veía que no me estaba ahogando, suprimiendo mis pensamientos con los suyos; solo me devolvía la llamada, guiándome por otro camino, hacia un lugar de mayor claridad. Y a veces, en nuestros breves silencios, le sorprendía mirándome como si yo fuera una obra de arte y el mero hecho de mirar fuera un placer y un acto educativo en sí mismo.

Me puse a llorar.

—Lo siento mucho —dije mientras me limpiaba las lágrimas de los ojos, deleitándome con el movimiento, que era una expresión más verdadera de lo mal que me sentía que las pocas palabras que podía decir.

—No, no seas tonta —dijo—. Ya lo he superado. Mírate: ¡eres un desastre!

Me reí y me limpié los ojos con movimientos más rápidos.

—¿Por qué no me lo dijiste?

—Porque obviamente no sentías lo mismo.

—Lo siento mucho —dije de nuevo—. Entonces, ¿estás...? ¿Estamos...? ¿Estamos bien ahora?

—¿Que si todavía estoy enamorado de ti?

—Supongo.

Hizo una larga pausa antes de responder. Inhalé con delicadeza, queriendo que fuera su dolor, y no el mío, el que sonara más fuerte.

—No —dijo Balth—. No de la misma manera. Lo disfruté en ese momento. Me sentía tan *abyecto*, como un poeta. Ahora me siento un poco menos inmaduro y codicioso gracias a nuestra amistad.

—¿Qué quieres decir?

—Creo que quiero lo mejor para ti, igual que para mí.

—Eso es lo que siento por mis amigos íntimos, creo. Solo son unos pocos elegidos.

—Es edificante, ¿no?

—Supongo que sí. Es agradable sentirse un poco menos egoísta.

—Espero estar en la puta lista de personas para las que quieres lo mejor.

Me reí.

—Lo estás. Sin embargo, ahora que lo pienso, Eve nunca estuvo. Quizás esa amistad estuviera condenada desde el principio. Desde luego, ella no quería lo mejor para mí, como se ha podido ver.

—Me de mucha rabia lo que te ha hecho. —Volvió a sentarse en la cama con la espalda apoyada en la pared y las rodillas recogidas hacia el pecho. Jugó con las sábanas, apretándolas con el puño, y luego alisándolas.

—No lo sé —dije—. Supongo que Nick no estaba herido. No de la manera que yo temía. Así que supongo que no ha hecho tanto daño.

—Excepto a ti.

—Claro, pero probablemente ha hecho algo bueno. Por ejemplo, para la sociedad.

—¿Tú crees?

—Sí, lo creo. Este lugar, este tipo de institución, no fue construido para durar. Creo que siempre trató de ser algo que no es.

—Los folletos dirían que es una aspiración.

—Claro. Y yo diría que es ilusorio.

—Aun así, odio que se haya apropiado de tu vida solo para hacer valer su punto de vista —dijo—. Es como si se convirtiera en una mártir, pero tú fueras la que tiene que sufrir. Incluso si hay algún beneficio social más allá, ella sigue siendo injusta contigo. Sigue siendo imperdonable.

—Eso era lo que pensaba Paul.

Se levantó y se acercó a la ventana, asomándose a la noche.

—Nunca entendí la expresión: *Aquellos que no saben hacer, enseñan*. Hasta que conocí a Paul, el profesor de ética.

Me reí, y él se volvió para observarme. Vi lo feliz que le hacía hacerme sonreír.

—Es solo que —dijo— si alguien tenía que salir herido, creo que debería haber sido alguien menos notable que tú.

Volví a llorar y él cruzó la habitación y se apoyó en el escritorio, rodeándome con su brazo. Dejé caer mi cabeza sobre su hombro, y sentí que de todas las decisiones que había tomado, esta, al menos, era la correcta.

—Te quiero, Balth.

—Dios. —Se rio y me dio una palmadita en el brazo—. Esta noche estás enamorada de todo el mundo.

• • •

Durante los días siguientes a la entrevista televisiva de Eve, nuestro encuentro perduró, con su vestido de algodón blanco entrando y saliendo de mi vista, como sábanas secándose en un tendedero.

Una pregunta me acosaba: ¿por qué no se lo inventó?

Había hablado con tantas mujeres, recopilado tantas historias, que no necesitaba la mía. Y aunque necesitara una historia que contar en primera persona, ¿por qué no inventar una? Después de todo, parecía que nunca había tenido intención de nombrar al autor.

Me consolé brevemente con la idea de que las acciones de Eve eran personales. Ella eligió mi historia para herirme porque, de alguna manera, yo la había herido. Tal vez porque le había mentido sobre Paul. O tal vez porque había descubierto que yo había leído su diario o la había copiado en aquel examen del primer semestre, en el que me había ido tan bien.

Tomé cada uno de estos episodios de culpa, como cuentas enhebradas en un rosario de arrepentimiento, y los utilicé, como una historia de fondo, para reforzar mi papel en la narrativa de Eve. Yo la había herido, y ella me había herido a mí.

Pero cuando traté de explicarle a Balth el peculiar dolor que me infundía, mi visión de la escena se volvió indistinta.

—Está loca —dijo—. Siempre he dicho que está loca.

—¿No crees que esto es demasiado loco hasta para ella? ¿Esto de fingir que no ha pasado nada? Estaba tan imperturbable cuando me vio por primera vez. Como si ni siquiera se le hubiera pasado por la cabeza que yo pudiera seguir enfadada.

—No es tan sorprendente, si te soy honesto. Es brillante, obviamente, pero vive en su propio mundo.

—Pero si vive en su propio mundo, ¿no es una razón más para inventar algo?

—Deberías preguntarle a ella. —Dijo esto con una mirada fija y sin palabras.

—¿Estás de broma?

—Si te causa tanto dolor, ¿por qué no?

—Por supuesto que me preocupaba pensar que Eve aceptara mi historia cuando podría haber imaginado una. Pero lo que me preocupaba más, lo que siempre me había preocupado desde que leí su artículo por primera vez, era: ¿cuánto de esto es cierto?

Algunas partes de su historia eran exactamente como las recordaba, lo que solo hacía que las otras partes, las que más dolían, fueran imposibles de descartar. La pena, como había dicho Balthazar, era por mi propia versión de los hechos. Parecía una indignidad irreparable: tener que creer en la palabra de Eve.

• • •

En cuanto vi acercarse a Luke, supe por qué Balthazar me había invitado.

—Eve probablemente esté aquí.

—No la he visto. —Balth no pudo disimular el descaro en sus ojos.

—Sabías que vendría.

—Podría estar en cualquier lugar y en cualquier momento, Michaela. Es bueno que te mantengas alerta.

Luke entró por la puerta principal, abriéndose paso entre la gente que se había desparramado por el pasillo y que estaba apoyada en las paredes, acunando vasos de plástico con licores o cervezas a temperatura ambiente. La música era difícil de distinguir. Incluso la base apenas latía. Solo un rumor de voces, que reverberaba en las paredes estrechas.

Luke me llamó la atención al pasar. Asintió con la cabeza.

—Michaela.

Pude distinguir gotas de sudor en su frente. Instintivamente, me limpié la mía. Pasó a mi lado sin hacer más comentarios.

Balthazar me había invitado a la fiesta en casa de un amigo del colegio. Primero cenamos en Newtown, y para cuando nos dirigimos a la fiesta, el sol se había puesto y yo ya andaba ligera.

—¿Le has dicho a tu amiga que vas a llevar a una acompañante?

—No es ese tipo de fiesta.

Ahora, de pie en ese pasillo con olor a sudor, con al menos una botella de vino dentro, viendo a Luke pasar junto a mí, no se me ocurría nada que decir. Tomé su gélido saludo como una confirmación de que, para Luke, yo solo había sido un medio para acceder a Eve. Me divirtió más que me ofendió ver que mi antipatía era recíproca. Si Luke y yo solo éramos agradables el uno para el otro en beneficio de Eve, entonces eso, al menos, era algo que teníamos en común.

Le seguí unos pasos, adentrándome en la casa. Me puse de puntillas y le vi unirse a la multitud del salón. Se inclinó para aceptar un beso en la mejilla, y su mano se extendió fuera de mi vista, entendí que para acomodarse alrededor de una cintura delgada.

Entonces la oí. O escuché la risa que ella inició. Una elegante mano bailó a la vista, ilustrando un concepto.

Me retiré y encontré a Balthazar, que seguía charlando en el pasillo. Le agarré del brazo y me dirigí a las escaleras enmoquetadas. Él parloteó detrás de mí.

—Michaela, gracias a Dios. Me había quedado atrapado hablando con un estudiante de honor. Su tema de tesis es si los números son reales.

—Balth.

—Le pregunté si el número de palabras era flexible, y ni siquiera se inmutó.

Llegué a la cima de las escaleras y me di la vuelta tan bruscamente que casi se cayó de espaldas.

—¡Balthazar!

—¿Qué?

—Eve está aquí.

Sus ojos se abrieron de par en par.

—¿Estás segura?

—Sí, acabo de verla.

Se inclinó todo lo que pudo en la estrecha escalera e hizo un gesto con el brazo para dejarme pasar.

—Después de ti.

No me moví.

—Buena suerte.

• • •

No me miró hasta que le toqué el hombro.

—Eve. Necesito hablar contigo —Pensé que nunca había sonado tan formal.

Como no quería que me interrumpieran, la llevé hasta la parte delantera de la casa. Al otro lado de la calle, Camperdown Park estaba iluminado. Un muro de grafitis se imponía. Las luces brillantes, obviamente instaladas por seguridad, proyectaban sombras nítidas con los árboles, lo que los hacía más siniestros.

Eve y yo nos quedamos en la carretera. Ella fumaba. Yo me aferraba a un vaso de plástico rojo, lamentando que ella hubiera conseguido el mejor accesorio. Habló primero.

—Michaela, ¿se trata de Nick otra vez? No voy a decírselo a nadie.

—Lo sé.

Exhaló con tanta frustración que bien podría haberle golpeado un pie. Como si estuviera ocupando un tiempo valioso.

—Solo quiero saber…

—No tengo nada más que decirte.

El vino aflojó el vínculo entre el pensamiento y las palabras. Hablé rápidamente.

—Tengo que saber: ¿por qué no me lo pediste?

—¿Qué?

—Si nunca ibas a usar nuestros nombres reales, podrías haberme preguntado. Antes de usar mi historia.

Se enderezó y apagó el cigarrillo. Con un movimiento de cabeza que se asentó en una postura de desafío (la barbilla levantada, los pómulos iluminados ante la luz), dijo:

—Nunca respondiste a mi correo electrónico.

El correo electrónico seguía en mi bandeja de entrada y mi respuesta no enviada seguía en los borradores.

Quiero escribir un artículo sobre el tema de la cultura tóxica de los colegios mayores [...]. Me preguntaba si tendrías interés en ser entrevistada.

Sacudí la cabeza y me expresé con un pequeño jadeo exasperado. Por un momento, no fui capaz de pronunciar palabras, solo esos sonidos frustrados y estrangulados. Sugerir que el correo electrónico enviado, en sus propias palabras, en su calidad de reportera, era su única línea de comunicación conmigo, cuando todo lo que hicimos, durante meses, fue hablar y hablar: en persona; en línea; por teléfono... No tenía palabras. Y cuando me vinieron, ignoré el correo electrónico, como había hecho desde que lo recibí por primera vez.

—Entonces podrías haberlo inventado —dije—. ¿Por qué no usaste tu imaginación?

Por fin, la reacción que buscaba, desde hacía semanas, apareció.

Su rostro formó un ceño herido y, por primera vez, vi que era capaz de ser fea. Había algo en el contraste entre su belleza natural y la expresión que estaba poniendo que me emocionó. Animada, seguí adelante.

—¿O lo hiciste? ¿Te has inventado algunas partes?

Ella vacilaba, moviendo la boca, incapaz de articular las palabras. Mi risa era maníaca, pero no podía parar.

—¿Es todo lo que se te ocurrió? Es un esfuerzo bastante triste.

Se encogió, como si supiera lo que venía. La vergüenza que había sentido durante meses, por ser alguien a quien utilizaba, no alguien a quien amaba, la vergüenza que alcanzó un *crescendo* con esa revelación burlona: *Yo estaba allí*; la vergüenza que tanto me había sofocado, ahora hablaba por mí.

La miré directamente a los ojos y le dije, sin malicia, como si fuera un hecho:

—Puta guarra.

Me di la vuelta y me dirigí a la casa antes de ver su reacción.

Encontré a Balthazar en el patio trasero, fumando en un cajón y diciéndole a una chica que acababa de conocer que sabía, desde el momento en que la vio, que era Tauro.

Se puso de pie cuando me vio, derribando el cajón.

—La he llamado «puta guarra».

Con una fuerza que yo no sabía que tenía, me levantó y me envolvió en un abrazo que culminó, como siempre supe que lo haría, en un beso.

Me sentí, creo, un poco orgullosa.

• • •

Mi amistad con Eve, fui comprendiéndolo poco a poco, nunca había sido una amistad, ni mucho menos. Intenté acercarme a mis recuerdos como lo haría Paul, o incluso Eve.

¿Qué es una amistad?, me pregunté. Si tuviera que escribir un ensayo sobre ello, pensé, este sería el enunciado de la tesis:

> *El compañerismo y todo lo que conlleva (la compañía de la otra persona; tener cosas en común; gustar de la otra persona) es una condición necesaria pero no suficiente para la amistad. El amor, sin embargo, y todo lo que conlleva (confianza; ser reconocido), sí lo es. En este ensayo voy a...*

Se lo conté a Balthazar, que me dijo que era tan imbécil que dudaba sobre si merecía la amistad. Pero lo dijo de una manera tan afectuosa —era tan comprensivo con mi dolor como intolerante con mi autocompasión— que me hizo sentir amada, en lugar de perjudicada.

Así que llegué a pensar, y sigo pensando, que Eve aceptó mi historia porque era una buena historia. Esa era una razón suficiente. Había suficiente especificidad, suficientes detalles extravagantes y pequeñas migajas de verdad para hacerla real para la audiencia. Por eso, de todas las acusaciones que le hice en todas las discusiones que tuvimos, la que más le dolió —o, al menos, produjo esa peculiar fealdad— fue la afirmación de que le faltaba imaginación.

Pensando en la amistad, de esta manera abstracta y metódica, me encontré, muchas veces, de vuelta en la habitación de Balthazar. *Muy lejos ahí, en medio del océano,* me había dicho que estaba. Como me propuse ser menos distante, más inmediata, más expresiva, más lo que fuera lo contrario de «distante», le envié un correo electrónico a Paul. Pensé que intentaría, por una vez, dejar que me viera: plenamente, con vulnerabilidad. Y pensé que podría verme a mí misma de forma diferente, lo que, aparentemente, solo podía ser algo bueno.

Hola Paul,

Sé que esto es totalmente inapropiado, e incluso egoísta, pero quería que supieras que mientras estuvimos juntos estuve un poco enamorada de ti.

Nunca había estado enamorada, así que me limitaré a explicar la forma en que se manifestó este sentimiento, y tú podrás decidir por ti mismo si el término es descriptivamente exacto.

Quería estar cerca de ti todo el tiempo. Mi apetito por tu compañía era insaciable. Una vez, cuando estabas en la ducha, doblé tu ropa interior para ti y la puse sobre la cama.

Luego decidí que estaba loca, y la volví a poner en el suelo. Cuando estaba sola, enumeraba todas las cosas bonitas que me habías dicho y sonreía como una idiota.

No sé por qué te envío esto, y, por favor, no quiero que se lo enseñes a Violet. Sé que es mucho pedir, cuando es evidente que esto es una transgresión a vuestra relación, y solo puede curarse haciéndoselo saber. Pero odiaría más que nada que se convirtiera en una broma personal entre tú y ella.

Por favor, que esto sea nuestro.

Espero que este correo explique por qué nuestro café del otro día fue tan tenso.

Nos vemos.

Michaela

No leí por encima mi borrador hasta después de haberlo enviado. Las palabras surgieron de forma natural, y al volver a leerlo me sorprendió su claridad. Me pareció adecuado despedirme de Paul con un largo y fluido correo electrónico, en lugar de con el gélido silencio de una lectura-recepción de un mensaje. Porque lo único que hicimos Paul y yo, en realidad, fue hablar. De hecho, la conversación, como he reflexionado muchas veces desde entonces, siempre fue mejor que el sexo.

Era más sensual, más espiritual, más parecido al roce de alma con alma, a la entrega de sí mismo, que se supone que es el sexo trascendente. Cuando Paul y yo hablábamos éramos como bailarines, siguiendo el ritmo del otro, moviéndonos a través de la memoria muscular y el instinto y, sobre todo, confiando en las capacidades del otro.

El correo electrónico también era un medio más adecuado que un mensaje de texto. En ese momento, me gustó la simetría: que nuestro primer modo de contacto pudiera ser el último. Lo envié a través de mi cuenta de la universidad, a la suya. Un terapeuta, o cualquier estudiante de primer año de psicología, podría haberme dicho que lo hice para castigarlo. Mientras nos acostábamos, habíamos sido meticulosos a la hora de asegurarnos de que ninguna comunicación entre nosotros fuera visible para la universidad. Al enviarle un correo electrónico poniendo nuestra relación por escrito, y en el servidor de la universidad, lo estaba exponiendo.

No recuerdo si esa fue mi intención en ese momento, o si era consciente de la posibilidad, pero después, siempre recordaba el correo electrónico y describía la particular emoción de pulsar «enviar», con una vertiginosa sensación de victoria.

• • •

No volví a ver ni a saber nada de Paul después de aquello. No hasta que asistí a mi ceremonia de graduación, e incluso entonces solo lo vi desde el otro lado de la sala abarrotada, vestido para pasar inadvertido.

Esa fue también, por cierto, la siguiente vez que vi a Eve. Después de esa primera conferencia, y de nuestra conversación en el patio central, me planteé dejar el curso. Pero ella no volvió. Era una asignatura de estética, sobre la intersección entre el arte y la ética. Como alguien que contaba historias que provocaban cambios culturales radicales en instituciones notoriamente conservadoras, quizá se considerara una experta en el tema.

Así que no fue hasta que me gradué en Filosofía, con mi madre al lado, que me di cuenta de que Eve había abandonado por completo la carrera. En la misma ceremonia se graduaban varias carreras de letras. Cuando se anunció el nombre de Eve y subió al escenario para estrechar la mano del rector, se le concedió el título de Estudios Culturales.

Eve siempre había sido *snob* con respecto a la filosofía. Decía que era la más «legítima» de las humanidades. Le pregunté cómo medía la legitimidad. *Por la utilidad social*, había dicho.

Así que repetí los errores del pasado, e interpreté su cambio de titulación como parte de una narrativa más amplia: una que me involucraba. Tal vez, pensé, estaba tratando de evitarme. Como mínimo, yo podría haber sido un factor. La idea de que pudiera hacerla sentir incómoda —que pudiera hacerle sentir algo— me daba calorcito.

Aquel día, cuando ambas recibimos nuestros títulos, tuve cuidado de evitar su mirada. El gran salón era cavernoso y estaba lleno de túnicas negras, por lo que el lugar se prestaba tanto para el silencio como para la reunión.

Sosteniendo mi trozo de papel, con mi birrete y mi toga, mi felicidad aumentó hasta coincidir con la de mi madre. Me hizo muchas fotos y me dio una tarjeta felicitándome por mis logros.

—No basta con tener éxito. Otros deben fracasar —le dije. Se rio. Lo dije en broma, pero si era gracioso, era únicamente porque sabíamos que era verdad.

EPÍLOGO

Los lugares, como las personas, cambian aunque sigan siendo los mismos.

Volviendo a Fairfax todos estos años después, mi yo más joven me acecha como una sombra. Ya no es un colegio residencial, ahora funciona como una especie de centro multifuncional. Los profesionales que asisten a conferencias pasan su jetlag en el edificio principal, y las mesas del comedor están cubiertas de bolsas de regalo y etiquetas con nombres.

Hoy estoy aquí para la presentación de un libro, y las caras que se congregan en el vestíbulo me resultan extrañas. Pero las paredes con paneles de madera y los altos techos blancos me resultan tan dolorosamente familiares, tan llenos de recuerdos, que no puedo evitar mirar el edificio con los ojos de alguien que tiene dieciocho años. Ahí sigue el patio, donde alargábamos nuestros descansos para comer mientras hablábamos y navegábamos por nuestros teléfonos, y donde las flores de jacarandá iban dorándose sobre el césped que teníamos a nuestros pies. Ahí sigue el hueco entre las dos sillas de respaldo alto, la distancia a la que Eve se inclinaba para susurrarme al oído. Ahí siguen las ventanas donde me sentaba y exhalaba nubes de humo por la madrugada, sobria por pensar erróneamente que aquellos podrían ser los mejores años de mi vida.

En el salón principal, tomamos asiento. En el público hay mayoritariamente mujeres, devotas de una autora de moda. Con sus rostros expectantes, se parecen a las estudiantes que solían poblar estos salones.

Todavía veo a esos estudiantes de vez en cuando. Pero cuando nosotras nos fuimos de Fairfax y los chicos del St. Thomas, quedó claro que para muchos de ellos todo lo que teníamos en común era la coincidencia de tiempo y lugar. Esa coincidencia se prolongó durante unos años, en pisos compartidos y noches de borrachera los fines de semana. Algunos de ellos, sobre todo los chicos, seguirán arrastrándose y reiniciando el ciclo. Llegarán a la salas de juntas y a las asociaciones de padres de los colegios privados. Yo me sorprendí deslizándome fuera de su círculo con tanta naturalidad que ni siquiera me di cuenta. No hasta que fui al pub en el quinto aniversario de la muerte de Nick y me di cuenta de que, a excepción de Claudia y de Emily, no tenía ni una sola cosa que decir a los presentes.

Escuché a Sackers hablarme de lo largas que eran las horas en su trabajo en la banca de inversión y llegué a la conclusión de que iba por el camino que yo había predicho años atrás y que acabaría, inevitablemente, con las infidelidades y la crisis de la mediana edad. En algún momento, es posible que pensara en esto con una especie de sonrisa de superioridad. Bebiéndome la cerveza, escuchando el ruido monótono de su voz de fondo, su pelo esponjoso comprometido con ese corte largo por arriba y corto por los lados, corto y largo... Me pareció que era una imagen muy deprimente.

• • •

Comienzan los discursos, y la multitud se calla. El estilo de vestir de la entrevistadora es conscientemente literario, o (lo que es lo mismo) inofensivamente estrafalario: collar largo y un estampado atrevido y caro.

La autora, dice, «no necesita presentación». La autora se ríe con la cabeza gacha y el flequillo que le tapa los ojos, lo cual hace pensar que el cumplido la incomoda, pero solo porque es humilde, no porque no sea cierto. El público se ríe con ella, y cuando habla, el silencio es reverencial.

Eve es tan elocuente como siempre: sus manos y su rostro son elocuentes; sus palabras, hermosas. Me doy cuenta de que tiene las uñas cuidadas y pintadas de un color verde bosque. Lleva un top de seda naranja sangre, que se ondula, que subraya sus puntos fuertes. El público se ríe, y luego, serio de repente, asiente con la cabeza. Luego jadea. Yo observo estas ondulaciones con una fascinación imparcial. Eve no puede actuar ante mí como lo hace ante ellos. Yo estoy más allá del tiempo, estoy en algún lugar detrás del velo que separa a los extraños, en el lado que comparte la historia y los recuerdos. Eve, en el escenario, no es solo la criatura grácil que es para ellos. También es la Eve de su pasado: la chica que se sentó en ese mismo escenario, ante una multitud de extraños, y se retorció y gimió y declaró con orgullo: *Acabo de correrme.*

Y ahora ha vuelto, en un nuevo estado de éxtasis, pero no de desafío, sino de triunfo. Cuando el entrevistador le pregunta:

—¿Qué se siente al volver a Fairfax y verlo tan cambiado? —ella responde, con una carcajada que resuena en todo el público.

—Ya era puta hora.

Está aquí —estamos aquí— para hablar de sus memorias sobre el tiempo que pasó en Fairfax. El hecho de que su nombre sea más grande que el título del libro en la portada lo dice todo sobre su éxito en los años transcurridos. Los medios de comunicación han hablado mucho de sus memorias. Por supuesto, lo leo todo. Por ejemplo, ya sé que empieza el libro con la historia que la hizo famosa: mi historia. Sé, por tanto, que permanezco tácita.

Balth, que siempre me da excelentes consejos, me dijo que no viniera hoy. Le dije que obtenía un cierto placer enfermizo y sádico al ver a Eve triunfar.

—Es mi perversión —le dije.

Por mucho que lo intente no puedo desligarme de Eve, como tampoco puedo desligar a Eve, que está sentada en el escenario como si estuviera en un trono, de la chica que se sentaba allí a los veinte años. Sus éxitos parecen iluminar mis fracasos; su carrera; su fama. El hecho mismo de mi obsesión es un ejercicio de fracaso:

preocuparse tanto, cuando a Eve no le importa nada; hacerla el centro de mi vida, mientras yo sigo siendo un capítulo cerrado de la suya.

—¿Qué dice sobre mí —le pregunté a Balth— que la persona a la que no puedo perdonar, aquella cuyo éxito más resiento, sea otra mujer?

Me dijo, como suele hacerlo, que estaba siendo indulgentemente analítica.

—Las mujeres también son personas, Michaela. Y algunas personas son una mierda.

• • •

La entrevista concluye con un fuerte aplauso y susurros emocionados sobre cómo Eve ha cumplido o superado las altas expectativas del público. La admiración es universal. Incluso yo la admiro. De hecho, mi admiración es un factor que complica las cosas. Ella, objetivamente hablando, ha hecho el bien en el mundo. Que este hecho pueda coexistir con mi dolor —el uso de mí, no como persona, con un fin en sí mismo, sino como una herramienta para el bien de Eve— lo único que hace es provocarme más dolor.

Por eso, cuando me pongo en la cola para que me firme el libro, lo hago con un propósito. La fila avanza lentamente. Las mujeres que están delante de mí hojean sus nuevos ejemplares. Leo los comentarios de la contraportada, palabras que he leído varias veces en Internet y que probablemente podría recitar de memoria.

Cuando me acerco a la primera fila, tengo la boca seca y la voz dentro de mi cabeza es más fuerte que la de Eve. Bolígrafo en mano, sin levantar la vista, tiene que repetir la pregunta.

—¿A quién debo dedicarla?

—A Michaela.

—¿Michaela…?

Nuestras miradas se cruzan. Momentos antes de que Eve localice una sonrisa, veo cómo el pánico recorre sus ojos y sus labios.

No digo nada. Le sostengo la mirada, exigiendo que me mire. A mí, a una persona que existe, que es real, tan real como ella.

Entonces, bajo mi mirada ininterrumpida, busca un bolígrafo, inclina la cabeza y escribe mi nombre. *Para Michaela*, escribe. Y nada más.

Lo que sucede a continuación es mejor que una disculpa. Toma el libro —el libro que contiene mi historia, y ahora también mi nombre— y me lo devuelve.